中国工程院院士
是国家设立的工程科学技术方面的最高学术称号，为终身荣誉。

中国工程院院士传记

朱尊权传

张红 著

人民出版社

责任编辑：侯　春　吴广庆
装帧设计：徐　晖

图书在版编目（CIP）数据

朱尊权传 / 张红 著 . — 北京：人民出版社，2022.12
（中国工程院院士传记丛书）
ISBN 978－7－01－025014－4

I. ①朱…　II. ①张…　III. ①朱尊权－传记　IV. ① K826.2

中国版本图书馆 CIP 数据核字（2022）第 153337 号

朱尊权传
ZHU ZUNQUAN ZHUAN

张 红　著

人民出版社 出版发行
（100706　北京市东城区隆福寺街 99 号）

北京汇林印务有限公司印刷　新华书店经销

2022 年 12 月第 1 版　2022 年 12 月北京第 1 次印刷
开本：710 毫米 ×1000 毫米 1/16　印张：25
字数：320 千字　插页：4

ISBN 978－7－01－025014－4　定价：82.00 元

邮购地址 100706　北京市东城区隆福寺街 99 号
人民东方图书销售中心　电话（010）65250042　65289539

朱尊权在办公室

朱尊权在烟田

朱尊权青年时代

朱尊权在河南烟区

《烟草科技通讯》杂志创刊人员合影（前排左二为朱尊权，左三为江文伟）

1984 年 10 月，朱尊权与金茂先（右一）、陈瑞泰（左一）在奥地利维也纳参加 CORESTA 大会

1987 年，“中美合作改进中国烟叶质量试验研究”项目专家在检查烟叶质量（右一为左天觉，右二为查普林，右三为朱尊权，右四为琼斯）

1994 年 12 月，朱尊权和袁行思（左一）、江文伟（左二）、谢剑平（右一）合影

2001 年夏，朱尊权与谢剑平（左二）等科技人员讨论工作

2002 年 7 月，朱尊权（左六）、左天觉（左五）、金茂先（左七）、赵元宽（左八）等老专家从郑州出发考察全国主要烟区

2002 年 7 月，朱尊权与左天觉（右）合影

2008 年 11 月，朱尊权在上海获得 CORESTA（国际烟草科学研究合作中心）的最高奖项——国际烟草科学奖（左为朱尊权，右为 CORESTA 理事会主席里德）

2009 年 12 月，朱尊权在郑州烟草研究院指导科研工作

朱尊权与本书作者张红合影

中国工程院院士传记丛书

总　序

20世纪是中华民族千载难逢的伟大时代。千百万先烈前贤用鲜血和生命争得了百年巨变、民族复兴，推翻了帝制，肇始了共和，击败了外侮，建立了新中国，独立于世界，赢得了尊严，不再受辱。改革开放，经济腾飞，科教兴国，生产力大发展，告别了饥寒，实现了小康。工业化雷鸣电掣，现代化指日可待。巨潮洪流，不容阻抑。

忆百年前之清末，从慈禧太后到满朝文武开始感到科学技术的重要，办“洋务”，派留学，改教育。但时机瞬逝，清廷被辛亥革命推翻。五四运动，民情激昂，吁求“德、赛”升堂，民主治国，科教兴邦。接踵而来的，是18年内战、14年抗日和4年解放战争。恃科学救国的青年学子，负笈留学或寒窗苦读，多数未遇机会，辜负了碧血丹心。

1928年6月9日，蔡元培主持建立了中国近代第一个国立综合性科研机构——中央研究院，设理化实业研究所、地质研究所、社会科学研究所和观象台四个研究机构，标志着国家建制科研机构的诞生。20年后，1948年3月26日遴选出81位院士（理工53位，人文28位），几乎都是20世纪初留学海外、卓有成就的科学家。

中国科技事业的大发展是在新中国成立以后。1949年11月1日成立了中国科学院，郭沫若任院长。1950—1960年有2500多名留学海外的科学家、工程师回到祖国，成为大规模发展中国科技事业的第一批领导骨干。国家按计划向苏联、东欧各国派遣1.8万各类科技人员留学，全都按期回国，成为建立科研和现代工业的骨干力量。高等学校从新中国成立初期的200所增加到600多所，年招生增至28万人。到21世纪初，高等学校2263所，年招生600多万人，科技人力总资源量超过5000万人，具有大学本科以上学历科技人才达1600万人，已接近最发达国家水平。

新中国成立60多年来，从一穷二白成长为科技大国。年产钢铁从1949年的15万吨增加到2011年的粗钢6.8亿吨、钢材8.8亿吨，几乎是8个最发达国家（G8）总年产量的2倍。20世纪50年代钢铁超英赶美的梦想终于成真。水泥年产20亿吨，超过全世界其他国家总产量。中国已是粮、棉、肉、蛋、水产、化肥等第一生产大国，保障了13亿多人口的食品和穿衣安全。制造业、土木、水利、电力、交通、运输、电子通讯、超级计算机等领域正迅速逼近世界前沿。"两弹一星"、高峡平湖、南水北调、高公高铁、航空航天等伟大工程的成功实施，无可争议地表明了中国科技事业的进步。

党的十一届三中全会以后，实行改革开放，全国工作转向以经济建设为中心。加速实现工业化是当务之急。大规模社会性基础建设，大科学工程、国防工程等是工业化社会的命脉，是数十年、上百年才能完成的任务。中国科学院张光斗、王大珩、师昌绪、张维、侯祥麟、罗沛霖等学部委员（院士）认为，为了顺利完成中华民族这项历史性任务，必须提高工程科学的地位，加速培养更多的工程科技人才。中国科学院原设的技术科学部已不能满足工程科学发展的时代需要。他们于1992年致书党中央、国务院，建议建立"中国工程科学技术院"，选举那些在工程科学中做出重大的、创造性成就和贡献、热爱祖国、学风正派的科学家和工程师为院士，授予终身荣誉，赋予科研和建设任务，请他们指导学科发展，培养人才，对国家重大工程科学问题提出咨询建议。中央接受了他们的建议，于 1993 年决定建立中国工程院，聘请 30 名中国科学院院士和遴选 66 名院士共 96 名为中国工程院首批院士。于 1994 年 6 月 3 日，召开了中国工程院成立大会，选举朱光亚院士为首任院长。中国工程院成立后，全体院士紧密团结全国工程科技界共同奋斗，在各条战线上都发挥了重要作用，做出了新的贡献。

中国的现代科技事业比欧美落后了 200 年。虽然在 20 世纪有了巨大进步，但与发达国家相比，还有较大差距。祖国的工业化、现代化建设，任重道远，还需要有数代人的持续奋斗才能完成。况且，世界在进步，科学无止境，社会无终态。欲把中国建设成科技强国，屹立于世界，必须持续培养造就数代以千万计的优秀科学家和工程师，服膺接力，担当使命，开拓创新，更立新功。

中国工程院决定组织出版“中国工程院院士传记”丛书，以记录他们对祖国和社会的丰功伟绩，传承他们治学为人的高尚品德、开拓创新的科学精神。他们是科技战线的功臣，民族振兴的脊梁。我们相信，这套传记的出版，能为史书增添新章，成为史乘中宝贵的科学财富，俾后人传承前贤筚路蓝缕的创业勇气、魄力和为国家、人民舍身奋斗的奉献精神。这就是中国前进的路。

宋健

2012 年 6 月

目 录

开 篇

2012年7月22日上午，郑州。

朱尊权院士安睡在鲜花丛中，享年93岁。

7月16日，因病医治无效，一个令人敬重和爱戴的生命，眷恋着永远干不完的烟草事业离去了；眷恋着无比珍爱的亲人、朋友、同事离去了；眷恋着给他带来忧伤、快乐，挫折、成功的日子离去了。

他像一匹骏马，跑累了，在安静处小憩，脸上依然是和蔼安详的神态。也许，小憩之后，他仍将奋力向前，驰骋大地。

悼念大厅两侧，摆满党和国家领导人为朱尊权送的花圈和挽联。党和国家给予这位科学家的荣誉和敬重，是中国烟草史上前所未有的。

7月22日，河南郑州，天色阴沉，细雨如丝。郑州殡仪馆中央大厅内，白花，挽联，哀乐低回；泪眼，低泣，哀思绵绵。朱尊权的遗体告别仪式在这里举行。

正厅上方，悬挂着黑底白字的横幅“沉痛悼念朱尊权同志”；横幅下方，是朱尊权的大幅遗像；大厅中央，鲜花翠柏簇拥着朱尊权的遗体，遗体上覆盖着中国共产党党旗；大厅周围，摆满了各级领导以及朱尊权生前亲友、学生及社会各界人士敬献的花圈。

美籍华人、世界著名烟草专家左天觉博士远隔重洋寄来挽联：“相交七十年如弟如兄，万事都商量何先我而去？切磋半世纪共甘共苦，一朝成永别愿魂兮归来!”情如手足的痛惜溢于字里行间。

上午10时，国家烟草专卖局党组成员、副局长杨培森，河南省委副书记、组织部部长邓凯，河南省政府副省长徐济超等人，在哀乐声中缓步来到朱尊权的遗体前，默哀鞠躬，分别代表国家烟草专卖局和河南省委、省政府向朱尊权作最后的告别。

前来吊唁的人们挤满了整个大厅。人群中，有白发苍苍的老者，也有意气风发的年轻人，他们向从前的老同事、尊敬的好师长告别、送行。

中国工程院院士、郑州烟草研究院副院长谢剑平怀着悲痛的心情，追念了朱尊权的功绩。他说：今天，我们在这里举行简朴隆重的遗体告别仪式，极其沉痛地悼念中国共产党的优秀党员、中国工程院院士、全国烟草行业的科技泰斗、中国现代烟草科技工作的奠基人和带头人、国内外著名的烟草科学家、郑州烟草研究院名誉院长、广受尊敬和爱戴的朱尊权先生，缅怀他为烟草科技事业作出的卓越贡献和他赤诚报国、淡泊名利、无私奉献的高贵品格，以寄托我们的哀思。

“卓越贡献”“赤诚报国”“淡泊名利”“无私奉献”，这是多么确切的概括啊！这一字一句都是朱尊权60余载奋斗足迹铺垫的，都是对他高贵品格的真切描述，也是对他非凡一生的真情赞颂。

第一章

出身名门：重品务实，源自家学渊源

1

如果按老祖宗定下的规矩，朱尊权不会叫现在这个名字。按朱家的家谱，近四代的字辈按顺序排列是“佩、绥、登、朝”。他的祖父是“佩”字辈，父亲是“绥”字辈，轮到朱尊权这一辈该是“登”字辈了。老祖宗的良苦用心，从“佩绥登朝”的释义解意中很容易领会，与大多数中国人望子成龙的传统意识一脉相承，蕴含了千百年来士大夫们“万里觅封侯”的思想根基，培植了千年难变的梦想：为官谋政。

朱家的佩、绥两代确实很有造化。朱尊权的祖父朱佩琳清末时在福建为官。朱尊权的父亲朱绥光（字兰荪），参加过辛亥革命和北伐战争，在不足半百时已官至国民党陆军上将，成为一名建树颇丰的军事理论家。

到了朱尊权他们本该属于“登”字的这一辈，却没有按老祖宗的家规办事。这完全是朱绥光的主张：推翻了帝制，不用搞登朝临君那一套了。朱绥光“冒家族之大不韪”亲自修改了家谱，用“尊法”取代了“登朝”。朱家绵延不息的漫长家谱谱系从这里改道易辙后，似乎就不再去刻意地遵循什么章法了。后辈们若是自作主张地更改名字，朱绥光也不会追究。有道理去做的事，他都支持。

朱绥光有 9 个子女。1919 年 2 月 3 日，农历正月初三，朱绥光的第三个儿子出生了，总排行第六。朱绥光和夫人赵希莲管他叫老三。朱绥光抱起儿子，喜上眉梢，情不自禁要扮演一个护栏的角色，拦在儿子和大千世界之间。

“给老三取个名吧！”赵希莲对丈夫说。

做父亲的仔细端详着襁褓中熟睡的儿子，越看越觉得儿子长得像自己，眼睛、鼻子、嘴巴，还有那双大耳。人曰：大耳有福啊。

“嘿嘿!”朱绶光笑出了声，对赵希莲说：“叫尊权吧。此权非彼权。古文语，权者，反于经而合乎道。希望他一生既循章而行，且顺时而变。再则，希望他能尊重自身的权利，更尊重旁人的权利。”

赵希莲看看儿子，再看看丈夫，点头同意了。她知道丈夫每次为子女取名都费了一番心思与文思，说明名字的微言大义、来龙去脉。朱绶光为儿女取名，也像他研究军事学术一样，郑重其事。

定了，老三就叫尊权。赵希莲从丈夫身上看到了儿子将来的模样。她感受到一个生命对另一个生命的神秘感应、重复、吻合，因为尊权的长相直承其父。

2

朱尊权的先世隶籍江西，清初迁入湖北襄阳。

对于朱尊权来说，襄阳城里的那幢朱家老宅院是陌生的。很早以前，他曾听朱绶光讲述过襄阳老家的一些事情。而老家是什么样、襄阳如何变化，直到20世纪70年代末，因工作出差之便，他亲临其境才找到久盼的答案。

那次是朱尊权第一次回到他的先辈们曾生活过的地方。不远的路途距离，连接的却是差不多60年的等待。他觉得不可思议，但又是事实。他的兄弟姊妹都回来过，唯独他被时间阻隔了这么久。在朱尊权的记忆中，老家并不陌生，他的脑子里已经有了一幅家乡的图画。小时候，听家里人讲起，襄阳的老屋设计考究，建筑坚实，高耸的白墙包裹着一个很大的院落。

只是这一切等朱尊权赶到时，曾经的场景只剩下蛛丝马迹。

唯一留存的是一堵厚实的青砖墙垛，孤耸着，仿佛在坚持朱家老屋历经百余年的最后荣华。

断碣残碑，都付与苍烟落照。朱尊权沿着这堵凹凸的残墙走一阵、想一阵。毕竟这是朱家祖宅。先前的朱家老屋地基上，如今建起了襄樊市人民医院。不久后，连这堵残墙也会变成一缕烟云，消失于历史，就像水消失在沙中一样。

此前，襄阳老家的亲戚在信中告知了朱尊权这些情况。亲戚们是朱家祖业的继承人，朱尊权也是。他们说，烂船还有几斤钉，何况一个偌大的祖业。希望朱尊权这次利用技术专家的身份，就帮助指导襄樊烟厂工作之便，又被县长、地区专员们敬为座上宾的机会，向地方政府提出拨付些拆迁补助，其中也有朱尊权的一份。

面对从不向他提要求的亲戚们期待的目光，朱尊权确实有些为难，难就难在如何做通亲戚们的工作。这是因为，他自己早就认准了一个理：我没有为家乡做什么，却向政府要拆迁补助，说不过去呀！

了解了朱尊权内心想法的亲戚们，没有一声抱怨，没有一字一句流露出失望，反而受他感染，向政府要补助的念头就此终了。在他们看来，一个对属于自己的家产一分未取、全部分摊给亲戚的人，是持重耿直、不贪不求的。

朱尊权正是这样的人。

3

关于朱家，关于父亲，朱尊权有一些零星的记忆。

襄阳老家人知道朱绶光是个上马横槊、下马赋诗的武秀才，但很少人知道他还是个革命党人。1905 年，19 岁的朱绶光赴日留学期间，在日本东京参加了由孙中山领导的同盟会，并同后来的国民党政要人物阎锡山、程潜、李书城、黄郛等人组成“丈夫团”，进行民主革命活动。

当革命高潮即将到来的时候，他频繁往来于苏州、上海之间，与孙中山的忠实追随者陈其美、黄兴等人密切联络，筹划部署起义斗争，为苏州、南京等地的光复立下了汗马功劳。辛亥革命成功后，朱绶光在军界的声望日显，从事军事教育工作，督办陆军将校讲习所，保定陆军军官学校慕名聘他为兵学教官。长年深研军事学术所得以及博而后精的教学方法，使他成就甚众，成为民国早期的军事教育家。

但辛亥革命胜利的火焰没有升腾多久，中国大地再度被黑暗笼罩。那个年代，国是日非，人民日苦，苛政猛于虎，乱军也猛如虎，今天哗变一团，明天哗变一旅，且久战无功，全是打内战。官位与名声，不会在朱绶光的心里增添多少荣耀和自豪感。严峻形势下，能激发他志趣的仍旧是研求军事学术。1917 年，朱绶光毅然辞卸教职，入日本军事高等学府陆军大学，走上第二次留日求学道路，再登高峰，探寻军事领域的广袤与深远。这些对他后来的人生产生了深刻影响。

朱绶光回国后主持国民军的建设计划，任北洋政府陆军部军械司司长，后任第三集团军总参谋长；之后，任北平政治分会委员兼平津卫戍总司令部参谋长，主持总司令部工作；1929 年，代理国民政府军政部部长，后由何应钦接任。朱绶光参加了冯玉祥、阎锡山组织的倒蒋活动，还曾以同乡关系，设法营救共产党人出狱。1932 年，他出任山西太原绥靖公署参谋长，1937 年被授予陆军上将军衔。朱绶光戎马一生，他的人生命运几乎始终与风起云涌、变化多舛的中国局势相伴相随。

4

朱绶光的军旅生涯，直接影响到他一家人的生活方式。朱尊权对童年的很多事情记不清了，他能回忆的是对“旅途生活的记忆”。朱尊权从幼年开始到初中毕业，差不多都是在北京与山西两地的交替往来中度过的。全家人跟着朱绶光在辗转中安下家，又会在或长或短的时间里全家出动，再辗转。

像所有生性喜欢打破沉闷的孩童一样，来来往往的生活正好满足了朱尊权成长阶段好奇、求新、求变的心理需要。舟车劳顿的路途上，他体验出来的兴奋难以名状。他和兄弟姐妹们的喧闹，可以把火车车厢搅成一锅粥。大大小小八九个孩子在一起能不沸反盈天吗？奔波的日子营造了他们那个年龄本该有的欢愉。

随着他们的长大，那样的喧哗渐渐变成了一些低语或者是对某个问题的激烈争论。成长离不开思考，思考离不开安静。他们看着车窗外的景物，想着可以想到的问题。

随着大动之后出现的大静，朱尊权感觉自己已经不再是懵懂少年。他萌发了观察社会、感知事物的兴趣。

他喜欢北京，也喜欢山西。两地迥然相异的地理面貌和文化内涵让他心有所思、思有所得。

初中二年级时，朱尊权把山西这块神奇土地带给他的心灵震撼写到了作文本上：“造物者真是高手，她在黄土高原上垒起吕梁、太行两座大山，又引来黄河，切割后组成群山、平原。关山展其英姿，河流显其清波。层层黄土，敞开宽大的胸膛，向人们供奉五谷杂粮。山西，就这样出现在华北大地。”

朱尊权在与大自然和历史文化接触的过程中，增长了知识，也让心灵得到了升华。这些同他以后形成着眼长远、不计得失、思维开阔、大胆实践、高雅稳重的性格不无关系。

“那时候，我喜欢读一些课外书籍。有句话让我印象深刻，大概内容是：不能在心灵上做一个诗人，就不能成为一个数学家。我就觉得，人类的知识、人类的事物是一个大系统，你中有我，我中有你。哪怕取一滴水，也是氢原子与氧原子相互依存的结合体。”朱尊权说的“那时候”是指他的青少年时期。

对人文知识的储备和思考，为他后来从事烟草科技工作起了潜移默化的作用。“搞科研的人思维讲严谨，方法求实证，如果多与大自然接触，有意识地看看文学、哲学方面的书籍，可以培养发散思维，不让思路走进死胡同。”若干年后，朱尊权也是这样用自己的心得鼓励和指导着自己的学生。

青少年时期给朱尊权留下了很多难忘的记忆。朱尊权的小学和初中有三分之一的时间属于山西。太原国民学校是他读小学的地方。1933年，朱尊权从北平育英中学转到山西铭贤中学读初二。这次，四妹朱尊慧与他分到了一个年级，一同转到铭贤中学的还有读高中的三姐朱尊群。

对铭贤中学的名声，朱绶光早有耳闻；给儿女选择一个好学校作为成长环境，也是他的愿望。铭贤中学在山西太谷县，距太原市百余公里。太谷县代表着晋中的富庶，发达的金融业是太谷县的一块招牌。朱尊权就读的铭贤中学是国民政府财政部部长孔祥熙创办的，当时有“丰裕的太谷，开放的铭贤”一说。美国欧柏林学院每年派两名优秀教师给铭贤中学的学生教英语，那些说一口标准美式英语的老外，把朱尊权和同他差不多大小的孩子们带到被最广泛运用的语言领域，去听，去说，去感受。美国老师一开始就要求他们养成习惯，对话时尽量找准语音，控制手上动作“帮忙”。得天独厚的条件对学好有别于母语的另一门语言多么重要。朱尊权自小说得一口发音较好的英语，受益的源头就在于此。

一样的时间表，一样的活动内容，住宿制把每一个学生融进一个像大家庭的环境里，一同起床，一同早操，一起吃饭，一起玩耍。课余，他们难得去一趟离学校四五里地的太谷县城，除了学校图书室，孔祥熙的祖坟陵园竟成了他们经常光顾的地方。与陵园共界的树林葱茏，幽静空朗，是紧张的学习生活后身心两闲的好去处。

一名姓黄的同学经常找朱尊权下棋。朱尊权很快觉得下棋既然有输赢，何不设定一个条件，每盘棋的胜方有权给对方布置作业——背诵英语课文，失败的一方必须在下次会面“交战”之前“交卷”。他俩棋艺大致相当，相互督促提高了英语口语水平。

年岁渐熟过程中，总不可避免地有些事情发生。

朱尊权觉着，他和同学们身上或多或少带有一些与学校校规相背离的叛逆色彩。有件事情，他记得很清楚。

1934年，初中毕业前夕，班上的学习气氛明显比往日紧张了。此时，每个学生都不希望有任何情况来打扰，只想集中精力搞好复习，考个好成绩，直升铭贤中学的高中部。

就在准备进考场的前一天，他们突然听到一个无论如何也坐不住的消息。

同校一名女生在返校途中，遭到山西省政府机关一个小车司机的欺侮。在从太谷县城到铭贤中学的公路上，这名女生的后面跟上了一辆轿车。那个司机按喇叭，吹口哨，死赖着要女生上他的车。女生置之不理，自顾朝前走。司机故意把车往她身边靠，逼得姑娘没地方避让，一脚踏空，滚到路基下面，腿脚受伤了，脸皮蹭破了。司机却猛踩油门，朝县城方向扬长而去。

“岂有此理！找到他，揍他一顿。”几个男生听完经过，当即掷下课本，分头去召集同学，要找那家伙算账。朱尊权也是响应者之一。他们跟着高年级的同学一起来到太谷县城，肇事的小轿车停在一个店铺旁，司机已不见踪影。有学生提出卸下车牌，正待动手，那个司机果然现身阻止。几十个同学蜂拥而上，把他团团围住。小小县城顿时沸沸扬扬，看热闹的人不断朝这里涌来。这个小县城与其他任何地方一样，不管何时，看热闹的劲头总是不减。闻讯赶来的太谷县警察局局长、铭贤中学教导主任，用温和而又不乏严厉的语言，劝着这帮十五六岁的孩子在气头上保持冷静，不要冲动。

一番工作做下来，同学们被劝了回去，但心头的气没有消。就这样饶了那司机，他们不服，可又无计可施。无奈地回到学校后，一些同学很沮丧，在他们看来，这件事就这样完了。他们爱莫能助。

紧张的毕业考试让他们顾不得心里的不快。随后，就是隆重的毕业典礼。从孔祥熙亲自主持，还有山西省的各界社会名流齐齐出场，看出了那次典礼的规格。整个校园像过节一样。

朱尊权的父亲朱绶光也坐在主席台上。当时，他任太原绥靖公署参谋长。

对于子女的学习和日常生活，朱绶光极少管理。诸多的政务军机在肩，他难得有暇打理儿女的事情。再说，对于八九个子女，他也难于做到细致入微。他是一位从容擘画、经文纬武的军政要人，但对于子女的前途，似乎疏于策划，无意去铺垫子女的发展路子。他相信一花一世界、一鸟一天堂，也相信好的人生一定是每个人根据自己的愿望和能力去发展的。他认为，每个子女都会有属于自己的人生舞台。

对于子女们各从所好发展的结果，朱绶光感到欣慰。这种欣慰体现在他常说的一句话里："功到自然成。"朱尊权的大哥朱尊民和二哥朱尊谊在 20 世纪 20 年代末留学德国，分别学习造纸技术和建筑设计。大姐朱尊宪毕业于北平中国大学教育系。后来，除二姐朱尊德因病早逝，朱尊权和另外 7 个兄弟姊妹都接受了高等教育，并得到了较好的发展。

那次铭贤中学毕业典礼上，朱尊权和姐妹 3 个人交换着得意的眼神，传递内心的满足与兴奋，因为他们看到朱绶光看过成绩单后，脸上露出了为他们骄傲的神情。

“好好学习，继续进步。”朱绶光把 3 个孩子拥在自己身边。对儿女爱意的表达，正吻合他的军人性格。真爱无语，话不絮繁，就像平时那些经过慎思密虑的军机命令一样，他往往用最简单明了的方式下达。这次，他用这句简单的话，算作对儿女们的嘉许与奖赏。

在朱尊权的印象里，父亲朱绶光不仅是位学富韬钤的儒将，而且是位正其谊不谋其利、明其道不计其功的正直军人。在军界，朱绶光的为人令人仰首。当时，他反逆蒋介石的旨意，力保名将蒋百里免遭杀头之祸的事盛传很广。朱尊权从小就对父亲朱绶光特别敬仰，也希望与父亲在一起的时间多一点，长一点。

毕业典礼结束后，朱尊权、朱尊群和朱尊慧一同搭乘朱绶光的轿车回太原。三人高兴得跳了起来，这样的机会对他们来说实在太少了。

车经太谷县城，朱尊权突然想起山西省政府那个司机的无礼行为。“爸，我跟您说件事儿。”朱尊权把那天事情的来龙去脉说了一遍。朱绶光听了没吱声，沉默。朱尊权心想，父亲又在思考他自己的事情，根本没有留意旁人说什么。

过了几天，有人告诉朱尊权，那个小车司机倒了霉，挨了 40 大板的处罚。

“噢!”朱尊权觉得有些突然。

“是你父亲亲自查问的。”那人很高兴。

“省政府的一些人总是为非作歹，早该整整了，只是谁也不敢动他们。你父亲是头一个拿他们开刀的。”

朱尊权想，那次在车上，他不过是顺便跟父亲说说，还以为父亲根本没往心里去，没想到“搬出阎王，吓了小鬼”。朱尊权不觉又惊又喜，还有些得意。至此，他和同学们惩恶扬善的行为总算有了结果。

日子随钟槌摆动，无休无止。在山西留下的一段令朱尊权难忘，充满天真与幻想、顽劣与思索的青少年时光，也渐行渐远。他又返回北平，读高中。

5

相对于山西，朱尊权在北平居住的时间要长些。

北平城内有条叫东观音寺的胡同，林荫夹道，在闹市中独特地辟出一块静地。可以想见，当年定有一座独具匠心的寺庙，累月长年地静静守候着香烟的缭绕。这条街上有座朱漆灰瓦、宽敞疏朗的四合院。院子从南向北层层递进，一进连着一进，共有四进。

这座四合院就是朱宅。

当年的朱宅从外形规制上仍能够辨识原主人的身份，它是清朝一座有地位人士的旧居。

住进这座院子前，朱尊权和他的家人在北平城里出出进进过好几处老宅门，但都是借居。现在的四合院是朱绶光为一家人买下来的。家人一直随他东战西征，自从有了这个家，也就有了一个稳固的后方。在山西太原，朱家也有一处住宅。相对北平，那里是他们的驿站。除朱绶光居住时间长些外，到了 1934 年朱尊权读高中时，一家人都安顿在北平。往后，全家人就没有再跟着朱绶光辗转了。

他们住的四合院，房子大大小小有上百间。朱家十一口人，加上三五个用人和一些亲戚，还有朱绶光的副官，最多时也就二十来人。除了住人的房间外，剩下的用来堆放杂物，大多数就空空地闲在那里。

朱家把第二个院落用于会客。客厅摆设典雅，正中墙上有字画和对联，其下有红木条案，案前有八仙桌，两侧有太师椅，也都是红木的。此外，依东西两边各设两溜座椅。来了客人，用人把茶水端到茶几上。客厅专为朱绶光的门下之客走动，朱尊权去得不多。他和一家人住在第三个院落，院内有个环形游廊，下雨时无须打伞，就可由一间屋子进另一间屋子。

全家人去得最多的就是饭厅。只要没人生病，家规是不允许单开饭到各房的。因此，吃饭时是全家人其乐融融的时候。看着一家人稔熟的面孔，说些每日里免不了要说的家常话，暖意便携着饭菜的香味荡漾出来了。

如果没有要紧事，吃完饭后，大家并不着急回房间。天气好的话，一家人就到院子里散散步。院子里的一景一物，基本上是当年原主人的留存。

宽松、富裕的家庭环境，为朱尊权和他兄弟姊妹的成长涂上了一抹优越、单纯的色彩。

朱绶光喜好京剧，朱尊权他们有时也会跟着父亲到金鱼胡同的吉祥戏院去“叫好”。他们坐在包厢里，登台的都是名角，唱到妙处，全场喝彩，他们也跟着来一声“好”。

久而久之，朱尊权入了些门道，看京剧集中在品评表演技巧上。

“包龙图打坐开封府（哇）……”

“为什么要加个‘哇’字?”朱尊权问父亲。

“因为‘府’是闭口音，加了‘哇’衬托，更加重包拯愤慨的情绪。”

徽班进京，京剧定始。京剧很容易让人入迷，入了迷可终其一生。

20 世纪 40 年代，朱绶光与部分家人合影。后排站立者，中为朱尊谊，左为朱尊谊之妻，右为朱尊志

那时候，朱尊权和兄弟几个聚在一起经常开展的一项活动就是唱京剧。

余叔岩、言菊朋、马连良、郝寿臣、梅兰芳、程砚秋……一些著名京剧老生和青衣的代表剧目，他们几乎都能张口唱来，尽管发声用嗓还不够地道，就是为了过一过戏瘾。那把京胡也会在他们手上道出西皮的流畅、二黄的深沉与凝重。朱绶光在场的话，也会哼着京剧的韵调，用手指头在膝盖上敲板眼。他不反对儿女们得闲时唱唱京剧，一则可以愉悦身心，活跃家庭气氛；再则，他希望儿女们以那些凭艺德立身、立户、立派的高乎众望的艺人为榜样，用功尤笃，学有专长，并提炼做人的道理。在儿女们的力邀下，朱绶光还会放开清爽嘹亮的嗓音唱上一两段。

父亲朱绶光开明、谦随，母亲赵希莲温良、宽厚，无须一家人围绕什么事情争执、闹红脸。在家里，朱绶光不作正言高论，不作训勉之词。家人很少看到他戎装肃整的模样。不管他盛名之下正在气势中也好，他的名字外人听得如雷贯耳也好，在家人心目中，他始终都是妻子身边的丈夫、儿女心中的父亲。因而，朱尊权他们的情感发育在温暖有爱的家庭中没有受到任何阻碍。

朱绶光之所以带领家人随自己辗转，就因为在他看来，家也像军队是个整体，他有责任镇守得好好的。全家人的喜怒哀乐都在他的“视力”范围内，可知可感，让他放心。当儿女们长大了，当他们不需要更多的照顾了，更重要的是，当他们可以照顾好上了岁数的母亲了，朱绶光才感到吃了颗定心丸。有了这个前提，他才让一家人正式在北平安居下来，不再与他一起四处辗转。而他仍然因为工作，因为职位的升迁更替，在山西、南京、北平等地往来。从那以后，一家人与朱绶光的分离多于团聚。

6

城市面貌以不可思议的速度发生着变化。20 世纪 80 年代初，北京城里那挨挨挤挤的街面房子形成的绵密屏障开始被拆除。一些延续了几十年、上百年甚至更久远的篇章行将结束，另一些新篇章则将起首。朱尊权陪着从美国回来探亲的四妹朱尊慧到北京，特意踏访了曾经庇护过他们的幸福的家。他们记忆里的一切全部变了样。原来的朱家四合院一连四进，前三进已经拆掉，只留下第四进的最后一排房子立在路边，经风吹雨打，显出陈旧的灰褐色，但仍坚固，它是朱家宅院仅剩的痕迹。两三年后，最后一排房子也被拆除一尽。以后，人们再从这一带经过时，仰头看到的是赫然矗立的北京国际饭店。

现如今，北京国际饭店与北京火车站，一北一南遥遥相对，宽阔的长安街横在它们中间。两座建筑距离很近，来去很方便。朱尊权读高中的学校叫汇文中学，就在如今的北京火车站附近。

20 世纪 30 年代，骑着自行车往返于家和汇文中学的朱尊权走的是另外一条路。从家里出来后，得穿过几条小胡同，才能到学校。

当时像朱尊权一样骑自行车上学，是一些同学热切向往却断难拥有的事。有了这份优越，再加上学校离家近，朱尊权不像别的同学那样住校。

每天回来后，他不忙着做功课，先跟弟弟妹妹们打打乒乓球，或看看报纸、听听收音机，让脑子放松一会儿再翻开课本。其实，这有助于他利用足够的休闲时间，保持体力和心情去应对繁重的学业。

学业对朱尊权来说，从小学、中学到大学，都不是一件费劲的事。他不理解为什么有些同学一天到晚老捧着书看，他们朝向旁人的总是一张苦思蹙眉的脸和一张弓起的背脊。

朱尊权有较强的学习能力，除天资颖悟外，恐怕与早期的智力开发和接触社会有很多关联。当家里为孩子们请来家庭教师，母亲赵希莲就把《三字经》《论语》《左传》这些传统蒙学丛书放到了少不更事的朱尊权手上。

“夏有禹，商有汤，周文王，称三王……”

“天地玄黄，宇宙洪荒……”

学龄前，朱尊权对照手上的几种读本，就多多少少能读其音、识其字、明其意了。

父母给了朱尊权一个官宦人家的深宅大院，但家庭对他的教育不是外人想象的笃言慎行，对他的保护也不是铺天盖地的细致入微。这个家庭的家教原则只强调重品行、务实学，而不干预孩子的成长和天性。

朱尊权长大后，也像当年哥哥姐姐带他一样，带着弟弟妹妹到厂甸、天桥逛庙会。他们手上拿着一人多高的糖葫芦，还有用秫秆做的风车，在摩肩接踵的人群里游目骋怀。

“庙会是吾师。”朱尊权把庙会称为“游动的课堂”，不仅看到了人世百相、营生千业，也启迪了他对学习的一些看法：学习不是种瓜得瓜、种豆得豆的简单接受，而应该是掌握原理，触类旁通，举一反三。

掌握了学习方法，朱尊权就能较好地处理学和玩的关系，该玩的时候玩，该学的时候学。他承认自己在学习上不是那种特别用功的人，对自己的要求是把重点、要点弄清楚就行，而不拘泥于做多少听课笔记、得多少高分。他的学习成绩一直是中上水平。有人说，凭朱尊权的聪颖天赋，再用点儿功，他每次考试肯定拔得头筹。朱尊权却说：“不一定，我不是一个很有才华和极端聪明的人。再说，这不符合我的性格。即便明天就要考试，如果我认为平时已经把问题弄明白了，该做啥还做啥。”有次大考前夕，他和弟弟还提着马灯在院子里捉蟋蟀。这里不是说朱尊权不付出就有收获，凡老师布置的作业，他没有一样不是完成得很认真、仔细的。

这种率性而为、从容平和的性格基调，直接演变为他后来的人生态度：与世无争，淡泊名利。从这里已经看到朱尊权不拘泥的禀性。

第二章

学农济世：邂逅烟草，结下不解之缘

1

朱尊权转眼到了高中三年级。1936 年，已是国难当头。

血与火的岁月、切肤之痛的人生，朱尊权还没有直接或深刻地体验过。时间和变故对他似乎没有太多的影响，他仍然按部就班地骑着自行车上学、回家。

朱尊权就读的汇文中学是所教会学校，这样的学校是出了名的脱离政治、不问国事。学校的宗旨是“少谈主义，多谈问题”。

一天，朱尊权按班主任的要求，把胡适写的《爱国运动与求学》一文中的相关段落抄写在宣传栏上。文章被他一行行工工整整地抄写下来：“排队游街、高喊着‘打倒英日强盗’，算不得救国事业；甚至于砍下手指写血书，甚至于蹈海投江，杀身殉国，都算不得救国的事业”。文章内容是提倡学生闭门读书。国家的纷扰、外间的刺激，只应该增加求学的热心与兴趣，而不应被引诱着去呐喊。

朱尊权一边抄写一边思考，认为胡适的观点不完全对。国破家亡之际，难道唯有闭门读书，才能“把你这块材料铸造成个有用的东西”吗？朱尊权越抄写越没兴趣，索性把接下来的抄写任务交给了另外一个同学。

社会动荡的风雨声，在汇文中学校园里引起的回音很小，不像其他学校那样，由学生自发组织的闹学潮运动如火如荼。尽管抗日游行队伍里没有朱尊权的身影，但燃烧在心的爱国热情莫不使他为国家的前途命运担心，对爱国学生的同情、对国民党政府的不满也一步步加深。

战争中没有旁观者。1937 年，朱尊权拿到高中毕业证书的同时，无情的现实推到了他跟前，举世震惊的七七卢沟桥事变爆发了。北平局势急转直下。他们全家也被汹涌的激流推到了风口浪尖，宁静的生活被打破了。

人在山西的朱绶光发回急电，要求全家人即刻转移到苏州。他预测苏州的局势也不会太平，但相对北平会稍微平稳点。重要的是，朱尊权的大哥朱尊民在苏州浒墅关办了个造纸厂，全家人去了会有人照应。接下来的事情，朱尊民能做主安排。

迁徙是朱尊权一家人过去生活的组成部分，但这次非同以往，走得触目惊心。

最后，赵希莲还是决定暂时留在北平，但她并非舍不得家业。一则，上了年纪的人不习惯说走就走。再则，她想在一一处理完身边琐事的同时，静观局势，再作决断。这样，朱尊权与三姐、弟弟和两个妹妹共 5 人一同去苏州，投奔大哥。

朱尊权的大哥朱尊民、二哥朱尊谊高中毕业后都去德国留学，一个学造纸技术，另一个学建筑设计。朱尊权弟兄 4 人中，没有一个子承父业从军的。作为一个高级军官的儿子，他们也从来没有觉着有什么了不起。他们后来都走的是技术谋生的道路。

朱尊权的大哥朱尊民（1911—1946）

朱尊民在 1935 年回国后，与两个留德回国的同学合股，在四川宜宾筹办了中元造纸厂，即现在中国有名的造纸工业企业——四川宜宾造纸厂的前身。他们还在江苏、浙江、湖北、贵州开设了分厂。朱尊民主要负责中元造纸厂的生产和技术工作。1937年，他在苏州浒墅关造纸厂主持工作。

朱尊权他们5人带着简单的行李，随着逃亡的人流从北平乘火车来到苏州，住进与朱尊民合伙办厂的钱子宁家。

钱家只有一个保姆看家。偌大的宅子正好可以安置远来的客人。

苏州城的夜晚异常宁静。朱尊权他们洗漱后，上了楼，互道晚安，准备就寝，在睡梦中消除旅途的劳累。

也许是太静了，反而让人感到一些不安，悬在一种等待的心情中。

敏感的神经终于被一阵尖厉的警报声惊动。空袭警报拉响，声音蹿上夜空，像闪光一样，在全城肆无忌惮地穿梭。日军空袭苏州了。

朱尊权他们仓皇地聚到了楼梯口，那一刻，他们不知道怎么办才好。

“关灯!”朱尊权作出了第一个反应。随后,5个人簇拥在一起，坐在楼梯上，屏声静气。

“哥，我怕!”四妹和五妹身子颤抖着。

“不怕!”朱尊权自鼓勇气，用手搂住她们。在场的5个人中，他是老二，还是男孩中的老大。这样的关头，他要做主，要保护好大家。这么一想，他有了一种力量，镇静多了。

隐约听到飞机的轰鸣声，接着是炸弹爆炸的闷响。从声音听去，轰炸区离得不太远。玻璃窗也像受了惊吓一样，阵阵抖动。

紧张得令人窒息的气氛持续了半小时左右，城市的静寂复原，黑夜却愈加深重。

朱尊权他们原打算在苏州城里多待几天，一场轰炸突如其来，哪敢再多待下去？第二天一大早，他们就匆忙收拾行李，告别钱家保姆，直奔浒墅关找大哥。

出得城关，5个人沿着京杭大运河往南走。不出四五里地，五妹突然惊恐地说：“听!”

果真，远处传来了轰鸣声，像飞机。

“快！躲到堤下去。”朱尊权暗自叫苦，刚化险，又历难。

轰鸣声近了，听着不像飞机的声音。

朱尊权撑起身子，壮着胆爬到堤上，手搭凉棚循声张望。

“快起来。是船……啊，是大哥!”

虚惊后因喜悦发出的呼喊，反而把站在船头的朱尊民给镇住了。

“怎么是你们？这么巧!”朱尊民是听到苏州城被日机轰炸的消息后，赶着去城里接他们的。他在想，弟弟妹妹们一定很着急，在苏州城里多待一天多么可怕。

“大哥，我们差点儿没命了。”五妹不知是喜悦还是委屈，眼睛里闪着泪。

“放心吧，到了这里就不会丢你的小命了。”说这话时，朱尊民的笑容惬意又和蔼。他把弟弟妹妹们带到浒墅关造纸厂安顿下来。

关于浒墅关，有这样一则典故。清乾隆皇帝下江南时，路经浒墅关，朝着一块石匾，脱口而出“许墅关”三字。原来，是柳树遮挡了“浒”字的一半。既然皇帝老子开了口，当地人只好以讹传讹延续下来，把浒墅关叫作“许墅关”。

浒墅关是宁静的，朱尊权的心绪却变得有些急躁。朱尊民明白他的急躁情绪源于何处。

“尊权，你和四妹考大学的事，先别急。大哥和你一样，每天都在注意招考的消息。大哥会支持你们的。”听着朱尊民的一番话，朱尊权再次感到了亲情的温暖。从小到大，他与这位年长他 8 岁的兄长相处的日子不是很多。朱尊民的诚笃、友善、热情却一直鲜明地刻在朱尊权心里，使他感念。

朱尊权又恢复了往日的平静。在平静中，他等到了包括武汉大学、浙江大学和中央大学在内的南方联大招考的消息。考场在南京。

朱尊权和四妹朱尊慧一起走进考场。从来不怕考试的朱尊权，这次同样从容地交了卷，自信地出了考场。

八一三事变后，国土失守的消息，像惊人的霹雳，一个接着一个。上海失守后，朱尊民又安排弟弟妹妹们乘中元造纸厂的货船到杭州，暂住市郊之江畔的中元造纸厂杭州筹建处，附近就是风景秀丽的之江大学。

在等待南方联大发榜的日子里，朱尊权带着朱尊慧参加了之江大学的考试。之江大学设文、理、商和建筑 4 科，19 世纪中叶由美国长老会创立。

几天后，之江大学发榜，朱尊权魁星点斗，占了鳌头。朱尊慧也榜上有名。

报考之江大学，实际上是朱尊权为自己铺垫的一条退路，若果南京考试失利，还有退而求其次的选择。在做有备无患的准备时，他仍然自信能够得到想要的结果。

朱尊权终于在报纸上看到了自己的名字。南方联合大学在报上发榜，结果不出所料：朱尊权考上了中央大学农学院农艺系，朱尊慧考上了武汉大学园艺系。

一切如期而至，他们如愿以偿，多少给笼罩在战争阴影下的心情注入了一线光亮。朱尊权没想到，他人生的第一个转折点竟处在国家内忧外患的时候，前方的路将如何走呢？大动荡的年代里，谁也无法确定未来将给自己怎样的结果。

2

“民权”号轮船离开武汉的江汉码头，沿着芳草萋萋的鹦鹉洲在万里长江中逆水而上。

在无数难民历尽艰辛，从沦陷区仓皇奔逃到大后方的时候，中央大学为朱尊权他们这批 1937 年入学的新生启程做好了准备。他们的集合地点在武汉，由水路直上重庆。秋日的长江波平涛落。轮船经宜昌、丰都、万县，逆三峡而行，昼行夜宿。与惊恐奔逃的无辜百姓相比，朱尊权他们真是幸甚、幸甚。一周后，船上的学生顺利到达重庆。

当年中央大学首屈一指的背景和地位，从校名中就显现出来。北京大学和中央大学曾因政权转移与首都迁徙，而成为独领风骚的“首都大学”。相对来说，一度由蒋介石兼任校长的中央大学，获得的政治上以及经济上的支持，显然胜过北京大学，一度被称为“民国最高学府”。

国民政府可以保障中央大学所需财政拨款，也可为学生提供最优秀的师资，但保护不了它在战争中免遭劫难。在遭日军飞机轰炸 4 次后，南京的中央大学于 1937 年 10 月初被迫随国民政府重要机构一起西迁重庆，是最早迁到重庆的一所大学。校址在嘉陵江畔沙坪坝的松林坡，与重庆大学毗邻。抗战胜利后的 1946 年，中央大学复回南京。

1949 年 10 月，中央大学更名为南京大学。抗战期间，中央大学名师云集，学风浓郁。师生们在强烈的爱国精神激励下，成就卓越，铸就了中央大学历史上的鼎盛期。朱尊权在这里度过了 4 年的学习时光。

1937 年 10 月底，朱尊权这批新生从武汉到达重庆中央大学时，看到了教室、实验室、宿舍，一切都是新的，当然，一切又都那么简陋。

墙，里面是竹子，外面糊了层粗糙的泥巴。学生床，一律双层，一个大寝室里一住就是 200 来人。朱尊权还从来没见过这样的大阵势，来来往往看到的全是人。校园生活，人多，热闹。凑热闹的也多：蚊子、臭虫咬人；老鼠嘴馋，连肥皂也吃。朱尊权先是讨厌它们，久了，也就习以为常了，竟还发现老鼠的种种“可爱之处”。有同学为了防这位“高客”偷吃肥皂，干脆用绳子把肥皂吊起来。想不到，这精灵施展出“魔高一丈”的本领来，两只前爪抓起绳子一点点往上拉，然后抱起到嘴的“胜利果实”吃得津津有味，把在场的人都看傻了。

大学校园有着一半是神圣、一半是嬉闹的奇特混合。中央大学与其他学校一样，可以用两句话概括：一是物质生活不得了，非常艰苦；二是精神生活了不得。充塞于整个校园的是青年学生青春洋溢的气息，他们是校园的主人。新思想活跃于校园，图书馆中灯光不灭，学生宿舍里高谈阔论。在这里，简陋与热闹、艰苦与欢愉一点儿也不矛盾，反而如一首进行曲，伴随着莘莘学子潜心问学、奋发向上的求学生涯。

按照朱尊权的家庭传承关系，在别人看来，他不会选择学农。学农意味着经常要离开城市，去农村、去野外。这与他的现实生活环境离得太远了。他的两个哥哥，一个选择了造纸工业，另一个选择了建筑设计，听起来都是体面的专业。朱尊权也应该像他的兄长一样，选择一个光鲜亮眼的专业。

一直生活在城市、从未躬耕于陇亩的朱尊权，从一开始报考中央大学农学院，似乎就没有过多理由解释他自己的行为。他并没有想着自己要去改天换地，要去做一番轰轰烈烈的事业。他最深切的体悟是中国农民太苦，中国农业太落后。要改变这种状况，需要很多人的努力。正因如此，在这个广阔的领域，需要学习的东西很多，有作为的机会也会很多。他的想法和行动直接、真实，并不在意别人怎么看他。富裕的生活和优越的成长环境，与善良、同情之间没有屏障。朱尊权的父母一向主张儿女要接触社会，体恤民情，以善为本。几十年后，一条不平坦的求索之路贯穿朱尊权的一生。这条线索的发源处，正是他 18 岁时心灵深处最真实的感受："中国农民太苦了！"。

"中央大学的学生真幸运，大学一年级就摊上名教授讲课。"外校学生的评论反映了中央大学对学生的基础课程非常重视，也使朱尊权他们倍感荣耀。

给朱尊权他们上课的物理学教授张钰哲，后来是紫金山天文台台长；植物生理学教授罗宗洛，后来是中国科学院植物生理研究所所长；有机化学教授袁翰青，后来是兰州大学校长。指导他们学习烟草专业的导师金善宝，后来是中国农业科学院院长……他们在学生的航程中，发挥着启航、定向、催发的作用。朱尊权和同学们像被春风吹进阳光地带的种子，出苗拔节，蒸蒸日上，学业日益精进。从老师们广博精深的学问里、儒雅敬业的态度上、雍容风趣的气度举止中，朱尊权不断感受一代学人的风范和魅力，不断熏染对农业科学越来越浓烈的兴趣，也由此确定了终身奔赴的方向。

3

富于朝气、感觉敏锐的大学生对时事的关注超乎寻常，对看不惯的人和事，最直接的表达方式是针砭与批判。

当时，中央大学校长罗家伦对青年学生要求实行战时教育、改革旧的教育制度的强烈呼声十分不满。他认为这些学生是"为外界浮言所动"，甚至讥笑他们"至于想活动活动，做做小领袖，而借此夺取民众，更是幼稚可笑的观念"。

官僚和说教的东西，往往为青年学生所不满、不齿和厌恶，也促使他们作出一些激进而单纯的事情来。

一天，学校厕所墙壁上出现了一幅罗家伦的漫画肖像，并配了一首恣意嘲讽的打油诗："一身猪狗熊，两眼势利钱，三能吹拍骗，四维礼义廉。"打油诗的前两句嘲讽罗家伦的长相，他经常戴着一副大黑框边的眼镜。所谓"四维"指礼义廉耻，打油诗的结句唯独不提"耻"字，影射罗家伦无耻。凑巧的是"四维"重叠，即"罗"字的繁体"羅"。很显然，这是作者的心思和文思所在，令人称绝。

"当然，无论如何，罗家伦作为现代教育家，没有谁能否定他对中国教育的贡献。"几十年后，朱尊权回忆这位校长时，仍不无钦佩。从1932年8月起，罗家伦任中央大学校长，即以明晰的教育理念，提出安定、充实、发展六字治校方针与诚、朴、雄、伟四字学风，并把"创造有机体的民族文化"作为中央大学的使命，为学校的恢复与发展指明了前进方向。

在中央大学校园里，平时看似每个学生都紧紧地守着个人屏障读书研究，而实际上，学生中既有代表国民党的三青团，也有代表共产党的青年团。敏锐的学生能感觉到弥漫在学校里的政治气氛和藏而不露的斗争。朱尊权没有"站队"，依然保持着他的中立立场，不太关心政治，但从感情上，他倾向同情共产党。

国民党政府对高等学府的许多著名教授进行排挤、打击，迫使他们离开学生、讲坛。还有一些党官政客声称肩负"党国使命"，踏进高等学府进行所谓的"整顿学风"。朱尊权对这些做法非常愤慨和反感。蒋介石到学校发表训词、作报告时，朱尊权都直说："没什么好听的！"而对那些敢于直面人生、尊重个人气节而又关心青年学生处境和前途的教授，他非常钦佩。

一天，校园海报中有条消息把朱尊权吸引住了：蜚声国内外的马寅初教授某日到重庆大学沙坪坝礼堂作报告。

中央大学与重庆大学紧邻，很多人看到了这条消息。"太好了！”他们欢呼雀跃，相互转告，“我们终于能一睹大师的风采了！”

一场有别于以往由校方组织、硬性规定学生参加的报告会，吸引了许多同学早早地来到沙坪坝礼堂。朱尊权和同学们一起提前几个小时到礼堂占座位，迫切的心情牵动着一双双眼睛不时朝礼堂入口处张望。即将进入他们眼帘的马寅初此前已在重庆实验剧院发表了一场演说，他的演说词已经在同学们当中口口相传——如今国难当头，人民大众是有钱出钱、有力出力、浴血奋战。但是，那些豪门权贵却乘机大发国难财，前方吃紧，后方紧吃，真是天良丧尽。要抗战，就要求这帮人拿出钱来！

沙坪坝礼堂被几百名师生塞得满满的。马寅初时而舒缓时而激越的声音，贯穿着痛砭时弊、揭露腐败、宣扬抗日的思想主题。全场只剩下呼吸声和不约而同响起的掌声。正值战事激烈、民族灾难极其深重的时刻，能聆听这位爱国人士高瞻远瞩、鼓舞人心的演讲，在师生心里产生的震撼已经超出了演讲本身。

“我从这里出去，也许就有人抓我，但是我不怕！所以，我把太太和孩子都带来了。”马寅初深沉又昂扬的话音成为结束语。而真正的结束语是一片热烈的掌声，高过以往任何一次。

很多日子过去了。有些事情如流水浮云，在记忆里想留都留不住；有些事情却坚如磐石立在生命中，想绕也绕不开。马寅初那句“我不怕”深深感染了朱尊权，事隔经年，每当想起，音犹在耳。确实，时隔不久，马寅初就被国民党政府监禁在集中营。

这件事像面镜子，朱尊权从中看到，来自尊严、来自精神和生命的力量，可以使人心甘情愿作出牺牲，却不会半途而废。对于这些人，单单用“勇敢”来形容是远远不够的。这是大学 4 年中朱尊权心灵深处最受震撼的一件事情。

4

人们提到朱尊权，往往会提到他的家庭。在朱尊权班上，有一种说法，把同学的家庭背景分成三个世界，分别是政府官员子弟、富裕人家子弟、平民家庭子弟。

“朱尊权的家庭背景还用说？谁能跟他比？”不少同学知道，朱尊权的父亲朱绶光已是“一身令名”。这个阶层的子弟享受着社会特权，能得到许多人没有的机会和可能性，前途平坦顺利。

朱尊权并没有因父亲官位显赫、权倾一方而倍感优越。他说：“我们现在不都是学生吗？真正的高低还得将来见哩。”朱尊权的性格决定了他不爱出风头、不事声张。而恰恰因为这种有美不言的沉静反而使他成为同学们注意的对象，对他有一种信赖的感觉。“走，去问问尊权。”有些人遇到难事，会想到找他商量商量、出出主意。

1941 年的毕业联欢会上，全班三十多人一致推举英俊潇洒的朱尊权为主持人。在他那个保留至今的小簿子上，记下了全班所有同学为他写下的表示美好祝福的赠言。

大学生活的特点，便是前前后后、反反复复地展开一种类似轮回的作息。从早晨 8 点起，直到下午四五点这段时间里，课程严格按要求运行着，朱尊权他们沿着这条轨道求学求知。

到了大三，基础课程基本学完，朱尊权所在的农艺系开始分组。全班形成农艺组、农业经济组、植保组“三足鼎立”的格局。其中，农艺组是占主导地位的一脉，全班一半以上的同学选择了这个组，朱尊权也在其中。但是，他只在“山门”外盘桓了一会儿，望了望四周的景色，就取道另一条路而去。

事情是这样的：抗战时期，中国经济虚弱不堪，物资贫乏，民族工业几近瘫痪，就连日常生活物资也要靠走私和额度有限的进口商品来维持。光为物资商品付出的代价，就已让国民政府的“赤字财政”不堪其累。

卷烟及烤烟也不例外，在大后方重庆新建的卷烟厂所用烟叶要从许昌艰难地偷运过来。“烟荒”带来的后果虽不如“粮荒”那样触目惊心，但对于烟民，香烟也跟柴米油盐一样每天须臾离不开。特别是在当时的战争年代，出生入死的士兵在战壕里得到一支香烟的满足感不亚于杀死一名敌军，他们需要香烟缓解紧张的情绪。还有，士兵们常常脱掉衣服，露出腋窝，然后点燃香烟或雪茄去烧那些虱卵。

当年，中国于烟草有研究者寥若晨星。有人指出，在抗日危急关头，筹集抗日资金，需要烟草行业的税收。发展烟草事业，可以挽回国家巨额漏卮，增加财政收入，乃是振兴中国农工业不可忽视之事业。烟草关系国计民生的重要性，使国民政府财政部制定了一个放眼长远的计划：培养烟草人才，发展中国高校的烟草专业。同时决定，在中央大学和金陵大学这两所名牌学校的农艺系开设烟草种植专业，并设立奖学金。这两所学校的农学院在当时都是非常有名望的，财政部正是看中了这一点。

这么一来，朱尊权所在的农艺组还要进一步细分。当时，选择学水稻、小麦、棉花的学生很踊跃。人人皆知，中国作为一个被饥荒折磨了几千年，当初仍然缺粮的国度，粮食生产永远占有举足轻重的地位，粮食也永远是人类的第一必需品。所以，不少同学不约而同选择了“民以食为天”的事业。

朱尊权却在思考。当大家都朝着同一个方向涌去的时候，他想，自己是不是应该选择鲜有涉猎的“冷门”。他自然就想到了烟草。烟草跟茶叶、麻等作物一样，是经济价值比较高，而涉及的人比较少的一个类别。但是，那时还不抽烟的朱尊权，对烟草

朱尊权与同学在20世纪50年代初期摄于上海，前排左起为朱尊权、张逸宾，后排左起为洪承钺、王承翰、徐洪畴

知之不详。他最直接的感受，就是看到父亲朱绶光经常抽一种叫“三炮台”的香烟，还有父亲房中无日或空的香烟罐。朱尊权偶尔也见胡同口的老头拿着烟袋，大腿架着二腿，从容地装着烟

丝，若有所思地吸上一两口；再就是闪烁于霓虹灯下和张贴在各处的香烟广告。

而真正种植于田里的烟株，朱尊权从来没见过，对种植生产过程更是茫然不知。如果问起"小白杆儿"是如何制成的？烟草从何来，为什么能成为那么多人的嗜好？于国于民又能作出多大贡献？那就更不知道了。一切对朱尊权来说，只知流而不知源。于是，他决定学习烟草专业，一解心中的"十万个为什么"。

与他同赴此道的还有班上另外 4 名同学，他们是王承翰、张逸宾、徐洪畴、洪承钺。巧的是除朱尊权是湖北人，他们 4 人都是安徽人。

一次决定，订下终身。从进入烟草专业开始，他们已经着手铺垫事业的基石，影响久远一生的事情悄然开始了。从那一刻起，烟草成为他们一生中永恒的主题。当然，他们那时还没有完全意识到这一点，就一头扎进了烟草知识的海洋。

烟草是大自然的造物，比起它的果或被包裹的籽，人们更偏爱的是那生机勃勃的叶子。

烟草虽然是一种发展较晚的农作物，但又是古往今来传播最快的作物之一。世界四大农作物——稻、麦、谷、豆从发现到普及，都经历了千年乃至几千年的时间。而烟草被文明世界发现后，仅在短短百年间就席卷了文明社会。

许许多多东西都是风尘仆仆的考察者收获的。他们行路，他们发现，然后再带给世人。

15 世纪末，西班牙王宫里多了一种观赏植物，叫烟草。哥伦布和水手们在带回其他物品的同时，也把烟叶和烟草种子从美洲带到欧洲，并把烟草当作观赏植物和药品进奉给西班牙国王。

西班牙语的"Tabaco"一词，后来演绎为英文的"Tobacco"（烟草）。烟草种植慢慢普及民间，此端一开，吸烟习俗逐渐形成，并有了自成一统的烟草文化。

在哥伦布发现新大陆之前，除美洲的印第安人之外，全世界没有一个民族知道吸烟是怎么回事。

1492年，哥伦布率探险队踏上美洲大地，揭开了历史的新篇章。在探险队员的报告中，提到“许多男人和女人手上拿着‘燃烧的炭’，以此使自己得到某种香气”。后来才弄明白，这种燃烧的“炭”就是卷着的烟叶。印第安人将这种烟叶的一头燃着，另一头含在嘴里吸食，然后从嘴和鼻子呼出烟雾。

“今天，吸烟之风吹遍了地球的每一个角落，烟草与人们的生活发生着千丝万缕的联系。而他们吐出烟雾的那一刻，绝大多数人恐怕不会想到，手上拿着的物什，其雏形竟被称为一支‘燃烧的炭’。”朱尊权望着讲台上的一支支香烟，思绪飞离了课堂。许许多多关于烟草的事情，在他看来、听来都是新鲜的。

“烟草真是一门大学问啊，深可无底，阔可天涯。”在烟草组的第一堂课上，朱尊权发出了这样的喟叹。

指导烟草组的教师是著名教授金善宝。他的教学方式不是殷殷垂教，而是提纲挈领地讲述重点，然后要求学生自己看、自己领会。他不鼓励死记硬背，学生们有创造性和独到观点的答卷往往得分很高。

当时，中央大学的学习氛围十分浓厚，每个学生深感不进则退的竞争压力，学校评估学生优秀与否的重要参考标准是学习成绩。不过，金善宝强调烟草学是一门综合性的应用技术科学，研究内容需要多种有关的技术科学作为基础。他主张，研究烟草的学生要理论与实践并用，重视调查研究，以科学实验为重要手段。

朱尊权他们在金善宝这位务实学、重实际的教授指导下临近大学毕业。这时候，他们被统统派往四川烟区搞调查。用金善宝的话说就是“操千曲而后晓声，观千剑而后识器”，并打破常规，要求学生以一份烟区调查报告代替一成不变的毕业论文和毕业答辩。他的直接意图无非是希望学生多花些时间在调查研究方面，多掌握第一手材料，免去那些华而不实、大而无当的表面功夫。

5

这是 1941 年夏天。朱尊权和烟草组的另外 4 名同学，一起背着蚊帐、席子和一些简单的生活用品徒步开拔了。

四川得气候、土壤及都江堰水流之利，土烟产量甚丰，产区大多集中于成都盆地。朱尊权他们这次要去的是成都周边几个烟区。先是他们烟草组的 5 个人一起行动；后是 2 个人一组；最后，为了抓紧时间多跑些地方，他们决定各自分头进行。他们把这次调查当成一次学习的好机会，借以弥补在实践上的不足。

朱尊权跑新都、金堂、什邡、绵竹 4 个县。长期生活在城市的小伙子走进乡村田野，顿时倍感神清气爽。到处可见丛生的翠竹、藤蔓、野草，听到各种山禽的鸣啭。偶尔发现山岩边的一个泉眼，从那里淌出一股清亮的泉水，通过一条竹笕，发出清脆的声响。原来，泉水流进了一家农户屋中的水缸里。

一畦畦烟田就零星散布在农家的房前屋后、山旁水边。白天，朱尊权走村串户搞调查，跟着烟农下田搞生产；晚上，就着一盏如豆的油灯，把一日的见闻、收获、感想记在本子上。

以全国气候与土质而论，自南至北均有烟草种植。烟草类型是根据栽培措施、调制方法和自然环境等条件的特点来分类的。

朱尊权跑的几个烟区主要是索晒烟区。中国的晒烟方式一般分为两类，一类是折晒烟，另一类是索晒烟。索晒烟的晒制方法是用绳子将采收的烟叶串起挂在木架上，阳光暴晒下调制干燥，一般是晴天晒、阴天晾，白天晒、夜间晾。

朱尊权看到，索晒烟的晾晒工具都是就地取材，用竹木搭个棚，棚两边各有一根长10多米的杉木条。有烟晒的时候，你才知道这些杉木条的用处。原来，采收的烟叶被烟农每三到五片结为一束，主脉并排，扣在两股草绳中夹紧。长约10米的草绳两端分别系上一个竹制圆环，当烟叶夹满一绳后，就把草绳两端的圆环分别套在两边的杉木条上。

最让朱尊权感兴趣的是草绳两端的圆环。当烟绳需要调节间距时，这些圆环就可以发挥作用。傍晚或下雨时，可以迅速把烟绳全部推入棚内，这些都是圆环的功劳。

朱尊权以前在课堂上和实验室里接触的大多是烤烟的生产与调制，对晒烟了解不多。他曾以为，晒烟调制就是简单的脱水干燥，其实不然，要按凋萎、变色、干筋3个阶段，调控烟叶丧失水分的速度，才能达到烟叶颜色由绿变黄再至红褐色，也才能得到所需的香味。他看到，烟农调控水分的手段主要靠改变烟绳间距、掌握晾晒时间。如果失水过快，晚上就推迟进棚时间，让烟叶吸收些露水。

这些晒烟区的种烟历史始于明代。生产出的优质雪茄烟叶看上去柔软似缎，香味浓醇，燃烧持久，灰色白而紧聚不散。叶片卷起来就可以装进烟袋里吸用，由手工作坊制作出售的小雪茄烟远近闻名。特别是新都县独河桥等地所产的烟，原来都是当作贡品晋京的。直至新中国成立后，一些中央领导人吸的雪茄烟，也是选这一带所产烟叶制造的。当然，这些是后话。

朱尊权一边看，一边学，一路上，把以往知之甚粗的烟草知识用足迹辗细。他发现，那些没有多少文化的烟农从多年种烟实践中总结出了不少生产经验。比如：为了使烟叶有特色，烟农在秋季或翌春还要进行一次“糊米水加工”。就是把大米炒焦，但又不能变为炭质，用沸水熬煮，待水成深褐色，进行过滤，将糊米水淋在烟叶上，立即堆放，严密覆盖。两三天后，以手插入烟堆试温，如果烫手就翻堆。经数次翻堆后，堆内温度下降，手捏烟把有弹力，松手能复原，鼻闻无水气，颜色红亮有光泽，才是正式的成品。还有的地方，为了增强烟叶的红色，用红曲米及茶叶、白酒等进行加工。

从实践中来，到实践中去。朱尊权向经验丰富的烟农请教，对什么问题都拿出“打破砂锅”的劲头，直到彻底弄明白为止。宝贵而丰富的生产经验都被朱尊权一一记到本子上，他不再把烟草调制看得那么简单，而看作一门学问。他就这样边走边学，边学边调查。到达什邡时，他专门去了一趟四川省烟叶示范场的什邡烤烟试验站。

当时，大后方所产烟叶虽多，但都是土烟，不适宜卷烟所用，急需大力推广种植美种烤烟。国民政府开办了四川省烟叶示范场，大本营设在四川省郫县。什邡烤烟试验站是四川省烟叶示范场下设的一个试验点，但实际上，这里什么设备也没有。空空荡荡的屋子里，只有一个叫董祥庆的技正（相当于现在的高级农艺师）。他租了农民的一块地，做试验项目。眼前的一切，让朱尊权感到非常意外，突然觉得一台有分量的戏怎么是在一个简陋的草台上演出，这不免让他惊异。一种失落的情绪，使他隐约为自己的前途担忧起来。

行行复行行，凭着两条腿，朱尊权和他的同学们完成了烟区考察之行。起初，他们还住一些“鸡鸣早看天”的旅馆，后来为免遭臭虫侵扰，索性住茶馆。两张桌子一拼，铺上席子就做床。没法架蚊帐，干脆就只罩住头，反正穿上长衣长裤和鞋袜也不怕蚊叮虫咬了。第二天清早卷起行李，又继续赶路。20 天后，烟草组的几个同学带着诸多收获，也带着一些迷惘，相继回到了学校。

6

日军侵华步伐长驱直入，对中国云南、贵州、四川等大后方照样实行空袭。与在川西区的武汉大学、四川大学、金陵大学一样，中央大学、重庆大学等几所在川东区的学校也遭到日军轰炸。

空袭又来了。师生们在声声紧逼的警报声中夹起课本，一起朝防空洞跑。防空洞位于学校附近，在嘉陵江边的一些山洞里。日军飞机丢下的炸弹震得防空洞里的土渣像雨点儿一样掉下来。一颗炸弹刚好落在中央大学农场的烟草实验区，烟田的烟株折秆断叶，一片狼藉。

朱尊权和他的同学们站在田埂上，无法从梦魇般的现实中恢复平静。这是他们烟草组几个人亲自播种、栽培的，是他们学以致用的园地。他们从中观察着烟叶的生长情况，常常在清晨烟田的薄雾还没散去、片片烟叶上还挂着露珠时，就来到这片试验田里，轻轻地拨开烟株，仔细地查看烟株的长势长相，然后在记录本上详细地做着记录。他们看着一株株幼小的烟苗从育苗、移栽，直到在大田成长。每一株他们都不知道摸了多少遍，也能清楚地记起哪一行烟株，甚至哪一株烟苗与其他烟苗长得不同的地方。

几个月下来，每个人都记录了一大本观察笔记、心得。平时，他们散步也会不知不觉走到这里来，然后走进烟田摸摸这、看看那，说说烟叶的长势，对某株烟叶的病情提出自己的看法，有时还会因不同的意见争吵几句。有些不搞烟草专业的师生也会到他们的烟田里来看看。

如今，面对被毁坏的大片烟株，人人心里不是滋味，但又找不到什么话来安慰自己和周围的人，只好都站着，发呆。

这时，一个同学突然说了一句："烟不死于地老虎，死于天老虎。"

话音一落，在场的人都笑了，尽管笑容里还有些无可奈何，心里还有些苦涩，但凝固的空气总算松动了些。

他说的"地老虎"是一种专门吃植物的害虫。这种虫子一般不吃叶，专找烟苗茎秆咬，茎断了，苗就完了，烟叶也就没了。大概这是小小虫子内含着强大的摧毁性，因而得了个与外表形象反差极大的名字。学校也洒药治虫，但不能消灭尽。小东西白天潜伏地下隐蔽，晚上出来活动，天亮后又钻入地下。朱尊权他们曾为这事烦恼过好一阵子。有段时间，他们每天早晨起床后的"功课"就是到田里捉虫。在被咬坏的烟株附近很容易就挖出它们，然后再补栽一棵烟苗。捕虫者弯腰弓身的模样，被他们自谑为给"虫大人"请安。有时候，烟草组的指导老师金善宝也会加入到捕虫者的行列来。

烟草组的5位学生对金善宝非常敬重。金善宝没有大学者的架子，课余喜欢与学生天南地北地聊聊天。他说话从容，举止端庄，背脊微佝，从模样上看，身体不那么健朗，超过了他不到50岁的年龄。自从朱尊权认得金善宝起，他就是这副模样。哪怕过了四五十年后再见金善宝，似乎仍没多大变化，他享寿102岁。

金善宝与他的学生谈得最多的是学习态度和思考方法，鼓励学生多观察、勤思考，培养有准备的头脑。"如果有什么需要明天做的事，最好现在就开始"，"以为最没希望的事，也要努力争取，最后可能会出现意想不到的效果"。金善宝时常引用一些哲理名言教育他的学生。

朱尊权由金善宝教授的教诲联想到自己看过的一些科学家的故事，青霉素发明者弗莱明就是一例。微生物学者一般在实验中都做过葡萄球菌培养，许多人都发现培养皿一发霉就不长葡萄球菌了，只好重新培养。一天，弗莱明拿着发霉的器皿引发了思考：为什么一发霉，葡萄球菌就不长了？霉里面是否含有某种抑菌物质？于是就培养出了青霉素。1928 年青霉素的发现，开创了抗菌素的新时代。弗莱明由此成为抗菌素的发现者。弗莱明的成功，被朱尊权当作典型的“有准备的头脑”“出现意想不到的效果”的例子。

7

1941 年农历正月初三，朱尊权从睡梦中醒来，透过学生宿舍的窗户，看到屋顶和树枝上已银装素裹。头一晚下了一夜鹅毛大雪，整个中央大学的建筑物仿佛成了冰雪雕像。

“真美啊！”朱尊权站在窗前做了个深呼吸。

寒假中的校园静悄悄的。不一会儿，他的身影出现在通往学校图书馆的道路上。寒假前，朱尊权的大哥朱尊民到重庆办事时特意到学校看望了朱尊权。一见面，朱尊民就把弟弟从上到下打量了一番，发现眼前的三弟有所变化，不光个子高了，眉宇间还添了一分成熟，眼神里也多了一分淡定。那天，兄弟俩彻夜长谈，论国事、议时事、说家事，话题最后落到了朱尊权的学业上。

“尊权，你选择烟草专业非冲动之举，我很赞成你的选择，全家人都尊重你的决定。烟草专业虽不引人注目，还不太被人知晓，但必定有前景。”朱尊民非常了解自己的三弟，他把手按在朱尊权的肩头上，以鼓励的口气说，“决心既定，就该全神贯注，全力以赴，全心全意地对待，不应半途而废。”

每次与大哥相处，朱尊权的内心深处都会感到一种力量和安慰。在大哥面前，朱尊权流露最多的是信赖和敬佩之情。面对大哥的鼓励，他更加下定决心，要把自己的人生航船驶向光明的彼岸。

回忆的思绪还未断，朱尊权已走到了图书馆的大门口。

放寒假前，朱尊权从朱尊民那里得知家里一切安好，就决定不回家过年了。现在，图书馆的楼道里只能听到朱尊权“咚咚”的脚步声。他掏出从管理员那里借来的钥匙，开了门，径直走到经常光顾的一排书架前，选择了几本书，静静地看起来。他想在假期里把没读完的书籍认真看一遍，把已读的再温习一下。

专心致志的朱尊权似乎并不在意与之相伴的时间，当然，时间也不会打扰他。当他把目光从书本上挪向窗外时，外面已经被久违的夕阳涂上了金色。他心里顿时涌上一股暖流。与早晨的景致相比，又是另外一种风貌：在夕阳的映射下，外面的建筑群染上了明亮的色彩，时而橙红，时而赭黄，时而像金碧辉煌的宫殿，时而像虚幻缥缈的城堡，光芒闪耀。

这一天是农历正月初三。每年的这一天对朱尊权来说是个特殊的日子。这时，一缕金色的阳光从玻璃窗外照射进来，恰好落在他的书本上，如同一枚金灿灿的书签。“今天是我的生日，这是上天送给我的生日礼物吗？”朱尊权突然生发了一丝感慨。

就在前不久，他收到一位高中同学从昆明西南联大寄来的一封信，信中写道：1939 年一次猛烈的空袭中，西南联大有数名学生遇难。他们带着家人的牵挂和希望，辗转逃难，前来求学，却命丧他乡。

“在动荡不安的年月，我能够遵循季节交替的规律，完成顺乎天地之道的成长，实属不易啊！”1941 年的农历正月初三，朱尊权迎来了 22 岁生日，也是他大学时期、纯真年代的最后一个生日。今后，朱尊权的生命之旅将在不可预知的天地里展开。

8

夏末秋初，朱尊权收获了他生命之树的又一颗果实：他大学毕业了！这是1941年。朱尊权与烟草组的另外4名同学一起，被分配到四川省烟叶示范场。

抗战期间，进口外烟每年花费巨大，加之交通困难，运价飞涨，随后便禁止进口。而大后方各省所产烟叶仅能供制皮丝烟、旱烟及土雪茄之用，不能制作纸卷烟。

国民政府财政部为供给战时实际需要及将来经济发展所需，于1939年在四川郫县设立四川省烟叶示范场，研究试种、推广烤烟，以谋改良四川烟叶，提供制作卷烟的原料。

为了充实基层单位的力量，四川省烟叶示范场又把朱尊权等人分配到两路口镇烟草试验场。朱尊权他们在9月份到岗时，场里已有四五个人，一个是金陵大学毕业的老学者，还有两三个是浙江大学农学院毕业的年轻人。

两路口镇距著名的都江堰所在地灌县不远。从成都到灌县的公路边有座小庙，小庙附近有一大片烟田，那就是两路口镇烟草试验场的烤烟试种田。试验场的办公地点和宿舍就在公路边那个安静的小庙里。朱尊权发现，工作环境比他大学毕业前到烟区搞调查时看到的什邡试验点要好些，毕竟有这么多人，而且多是同龄人，还有一个看起来过得去的工作场地。朱尊权兴致勃勃地开始了踏入社会后的第一份工作。他知道，不是每个大学毕业生都这样幸运。战争年代，能够顺利地得到一份工作真不容易。

然而，这样的心情能够维持长久吗？答案很快就出来了。干了一段时间，朱尊权从别的同事脸上看到了与自己同样失落失望的表情。以他们天真的想法，要把自己从学校带来的“电量”释放在这里，在此得到应用，并获得成功。事实上，他们开出了一系列“菜单”，却没法做成“筵席”。试验场里看不到一样用于工作的仪器设备，更不要说实验室之类的设施了，烟田也是向农民临时租用的。他们原指望总部来解决这些问题，但四川省烟叶示范场资金紧缺，也是经不住风雨冲刷的沙丘，对下属的试验场爱莫能助。朱尊权感到，他们这群人像一只既没有航标引路，又没有桨可撑的船，结果只能搁在浅滩上。

现实与梦想的反差让朱尊权一次次问自己，今后的路如何走？曾经储蓄的活力、期望为什么被现实毁得那么快、那么多……

一切都没有变化。这时候，朱尊权开始学着抽烟了。几个同事已经先于他抽了起来。他们说，研究烟叶的人，如果不会抽烟，就等于画画的不能评价自己的作品、厨子品尝不出自己的手艺。他们拿来自己种的烟切成丝，填在纸上，卷成喇叭筒，感受各种烟叶抽吸时的烟味特征、香气好坏，还把市面上的卷烟买来做比较。朱尊权的动作有些生疏，喇叭筒老是卷不紧。同事帮他卷好，塞到他嘴里。第一口烟下去，呛得他眼泪双流，气都差点憋了过去。同事们也流出了泪，那是被他的窘相给笑出来的。

一次，他多抽了几支，马上感到头晕恶心，把胃里的东西全吐光了。以后，他小心翼翼地抽，抽一口，咳三声。日子长些后，再抽，不咳也不呛了，烟雾从嘴里徐徐吐出来，一团弥漫的青烟在眼前飘动。香烟就这样进入了朱尊权的生活。从此，他一生没再离开香烟。除了研究、评吸所需外，抽烟还成了他抒发内心喜怒哀乐的特殊方式，成为他考虑工作、思索问题，特别是对重大事情作出决策前必不可少的行为习惯。

相对于千千万万与烟结缘终生的人，朱尊权的不同之处在于，他穷其一生的热忱、精力和智慧，从事着与烟草农业、工业、科研有关的工作，用激情与虔诚追求自己选择而挚爱的事业。他参与烟草，组织烟草，影响烟草，以此为生，成为中国烟草科技的奠基人和带头人之一。

对于发生在几十年后的这些事情，当年身在两路口小镇的朱尊权是没法料到的。那两年是他最有挫败感的时候。午夜醒来后，朱尊权时常感到无依无凭的空虚和郁闷。这时，他干脆披上衣服走到户外。暗蓝的天宇中，没有月亮，只有闪烁的繁星，编织成一幅神秘的图画。

整个宇宙是这样的宁静，静得像止水一般。

大自然的神奇魅力，给朱尊权带来了些许安慰。如果不是接下来发生的一件事情，朱尊权或许还会在更多的午夜时分，披上衣服，静静地走在悄无声息的天宇下。虽然他的心仍然孤独，但这种孤独有了些升华，变得宽远了。毕竟，小小的两路口镇还有让他和同事们心有所恋的一大片烟田，他们在第二年就可以开展试验工作了。

可是，谁也想不到会有一场火灾。那把火不仅烧毁了烟田里的苗床，也烧光了朱尊权他们对试验场仅有的一点希望。

那天是个好日子，村里的男女老少兴致勃勃地到镇上去赶集。早晨，一大帮人去了；黄昏，一大帮人回来了。村子里冒起了炊烟，随后传来张家呼儿吃饭、李家洗涮盆碗的声音。暮色四合，村子渐渐归于沉寂，偶尔传来几声犬吠，显出田野的空阔和不可捉摸的神秘来。

与平时没有两样。村里的人进入了梦乡。如果不是突然响彻夜空的呼喊声，他们睁开眼睛看到的会是第二天的黎明。而此刻，他们看到了冲天的火焰。

“着火啦！着火啦！”村子里响起了敲锣的声音，惊心动魄。

试验场的苗床被烧着了。

一团团火苗腾空，升起一团团黑雾，翻翻滚滚直冲上来。风挟着火苗奔跑，大片苗床顷刻间烧成了一片火海。

全村立即响起奔跑的脚步声。村里人拿着各种各样能派上用场的物什，奋力灭火。终于，最后一点火星落入了无边无际的黑暗深渊。

朱尊权与同事们放下了盆和桶。他们身上是湿的，脸上是黑的。寒风迎面吹来，砭人肌骨。朱尊权的心头突然感到一阵悲凉。他叹息了一声。

这时，夜色正在消逝。东边开始露出一缕血红的曙光，远远望去，真像一缕尚在燃烧的烟火。

谁也没有料到一场火灾会发生。火源来自一个火把。那天赶集的村民中，有一个人没有随大伙儿一起回来，他留在镇上喝酒了，喝到午夜过后往回转时已是酩酊大醉。他手上的火把也像个醉汉，随着他走一步、晃三晃。村子的路边是试验场的烟田。烟田经过翻耕、消毒，做了苗床，苗床上播了种，种子出了苗，上面覆盖了稻草保暖。这些烟苗准备在来年开春时就移栽到大田里。醉汉的火把就掉在苗床上面……

苗床被烧毁后的狰狞痕迹赫然在目，朱尊权他们仍然不愿放弃残留下来的一些烟苗。他们费尽心思和气力，但重新清理、培栽的烟苗所剩无几。

朱尊权和同事们茫然地站在烟田里，默默无语。

种烟的人都知道，一株烟从播种到成熟采收要经过几十道工序，而第一道工序就是准备苗床。苗床要经过翻耕、耙细、平整、消毒，目的是改善苗床的通气性能，培育壮苗。一般进入初春，就要将苗床的苗一棵棵移栽到田里，进入大田期生长，直到成熟采收，然后进入烘烤调制阶段，烟叶生产的全过程才算画上了一个句号。

如今，一把火烧掉了烟苗，意味着朱尊权他们面临的结局是来年的实验计划落空了。

“尊权，我们干不下去了，还是各自想想办法吧。”一同分配来的中央大学同学王承翰、张逸宾、徐洪畴、洪承钺去意已定。现实条件下激发的困难和矛盾，凭他们的能力左右不了。路，走到了尽头。他们有如涸泽之鱼，只好采取自救的办法，自己寻找自己的生存出路。他们告诉朱尊权，这回走定了，不管前途是什么。

“是啊，现实的大墙阻碍了我们的视线，原先设定的理想之门无法叩开。事已至此，该怎么办?”朱尊权与自己的心灵默默对话。

暂时放下烟草农业，转到烟草工业方面试试。5 个人的想法不出所料的相同。他们先前的共同点是彷徨，现在的共同方向是攻进烟草工业试试身手。表面上看，他们在逃离，实际上，总目标还是烟草。中国有句老话：返观而自然精进。返即是进，向后的方向本质上也是向前。农民插秧退着走，三轮车工人倒着蹬，方向上总归是向前。

一直朦胧的对于今后的路的迷惑，这一刻在朱尊权心里变得明朗起来。自有了这个念头，他第一次感到恐惧被希望战胜了。

9

有一种力量驱使翱翔时，就不会爬行。这次，他们是说到做到。王承翰、张逸宾、徐洪畴去了重庆华福烟厂。洪承钺去了川康区烟类专卖局。

朱尊权想筹办一个烟厂。激起这个想法的重要因素，首先要提到朱尊权的大哥朱尊民与他人合股创办的四川宜宾中元造纸厂。卷烟纸可以由中元造纸厂解决，再添一些简单的小卷烟机、切丝机，然后再把几个仓库改造一下，就是厂房了，投资不多。没多久，一个取名为“多福”的烟厂由多人策划，在朱尊权的具体操办下办起来了。

先期工作千头万绪，朱尊权的老同学王承翰等人来帮忙。他们 5 个搞烟草专业的同学现在分开了，但他们各自的发展是一个不避讳的过程，互相支持帮助。

王承翰已是华福烟厂的副厂长，他帮助朱尊权在重庆购买卷烟机械、选聘技师、采买烟叶。洪承钺则被请来参与生产工艺设计和卷烟产品配方。1943 年 8 月，第一批卷烟在朱尊权等人的苦心运作下生产出来了。他们看见齐齐地一溜排下来的烟支，被工人包成一小盒一小盒，再 10 盒成条，整整装了好几大箱。此时，烟支独特的香味仿佛从朱尊权的眼神中就能闻得出来，这是他走出大学校门后，第一次享受“成功”的快乐。

生产出来的卷烟与它的厂名一样，叫“多福”牌。烟标正面图案上有 12 只大小不一的蝙蝠，排列错落有致，简约灵动，既与“多福”呼应，又宛若翩翩起舞的烟叶。“多福”牌卷烟问世后，由中元造纸厂设在各地的办事处帮着销售。首战告捷，朱尊权心里虽高兴，但并不十分满意，感觉自己对卷烟工业的情况知之甚少，有必要深入调研和学习。1945 年 5 月，他借推销中元造纸厂的卷烟纸为由，与各地卷烟厂接上了头，以行调查学习之实。

启程前，朱尊权以“不虚此行”的期望值为出行订下线路图，先西安，再许昌，经武汉，最后到上海。然而，这次行程没有让朱尊权奏凯而归。在战火连连、经济衰弱的大环境下，这样的结果在意料之中。而意外中最大的收获是，外面的世界引发了他对自身命运深层次的思考，并催逼着自己赶快拿出行动。

因为有了两路口镇那段经历铺垫，朱尊权不奇怪自己有了思考就有了想法，有了想法就准备行动。现在回头再看自己的过去，他发现是一个非常有意思的磨炼过程。经历越多，就越纯熟。这是成长的经验，也是成长的代价。

还是先说说1945年那次路途上朱尊权的一些经历吧。

首先，西安秦丰烟厂的王老板亲自为远道而来的朱尊权接风洗尘，又陪着他参观车间、厂地。这位陕西省最大烟厂的大老板“不失时机”地说出了心里话：“朱先生，你学过烟草专业，又有工作经验，能否留下来……”

得到的结果当然也在王老板的意料之中。这是由不得己的事，但他确实为心愿难遂而遗憾。眼前这位帅气、稳重的年轻人在谈吐中表达出的对烟草专业的谙熟与热忱使王老板心生好感，他默默地为朱尊权评了个“优秀”。

当朱尊权双脚踩在泥地里，他已经告别王老板，从西安到达河南许昌烟区。与烟草打交道的人，看到烟叶自然会有别样的心情。朱尊权踩着被雨水泡稀，又被人足、牲口蹄踏烂的泥地下到烟田里，沿着烟株一行一行地看过去。他每次下烟田，神情总是这般关注、这般专业，而且在一脸汗珠下面，会有很多神采。这时候或许谁也没去想，多少年以后，发生在朱尊权身上类似的情形会经常出现，而且伴其一生。因为工作，许昌烟区乃至全国各地的主要烟区留下了他无数往返的足迹。

当年，许昌烟区的烟叶以襄县烟叶最负盛名。20世纪40年代，襄县城内烟行林立。各地烟商与烟厂在烟叶尚未采收完毕前就纷纷云集此间，坐等采购。朱尊权像当初在大学里到烟区搞调查那样，徒步考察许昌烟区。他发现，即使像许昌这样闻名全国的大型烟区，烟草种植事实上也十分落后。没有烟草农业作基础，哪有烟草工业的发展?

落后必遭列强欺凌。中国烟草工业的初基，是在帝国主义经济侵略方式下培植起来的。一方面是强大的英美帝国主义在华烟草企业的独占垄断，另一方面却是微弱的民族卷烟工业的喘息和挣扎。

面对英美烟商的肆意掠夺，立志实业报国的南洋兄弟烟草公司发誓与洋烟一决雌雄，以挽回利权。但终因列强财大势强、手段老辣，再加之南京国民党政府建立后与帝国主义沆瀣一气，南洋兄弟烟草公司受双重压迫，资金渐显短缺，最终只得艰难维持。朱尊权到达上海后，特意去南洋兄弟烟草公司参观，目睹了代表着民族烟草工业企业的大厂在夹缝中求生存的窘困。“南洋”尚且如此，更遑论上海的其他几十家私营烟厂了。这些烟厂规模小，设备差，大多数只有一两台卷烟机。上海是中国卷烟工业的中心，中心地带莫不乌云密布，可以想见，旧中国其他地方的卷烟工业更是一番风雨交加的景象。

对于朱尊权的事业选择，有人曾直截了当地问他：“你选择烟草行业是否明智？为什么不沾沾父亲的光？”不少人认为，朱尊权具备一个年轻人能拥有的一切优越条件。他既然有一位官至上将的父亲，工作选择上一定是进有门道、退有通道，何愁没有一个顺顺当当的未来。

朱尊权却有自己的说法：“我认为这样想没出息，越想得多就越没出息。”即使在不遂心愿的最困难的时候，“靠自己”依旧是朱尊权坚持不变的信念。他不乐于站在一定的高度设计未来，但有一点是肯定而明确的：人生道路的答案始终还是要靠自己填写。他父亲朱绶光也从来没有允诺将来在工作上给予儿女们照顾安排，给予晚辈的是“要用自己的头脑思考，用自己的脚走路”诸如此类的人生教育。

正因如此，朱尊权一辈子不喜欢走“上层路线”。他对自己的要求是有多大能耐就办多大事，并且努力去做。

这次一路上，朱尊权想得最多的是多福烟厂的命运。他想到，依靠中元造纸厂的支持，多福烟厂并非不能存活下来，但从长远看，它毕竟是惊涛骇浪中的一只小船，终究逃脱不了覆灭的结局。他还想到，在商业领域，经济利益是最高原则，而自己的性格不适合在见机而作的商界里混，也不愿意去过拿着酒杯喧哗来喧哗去的生活。

“既然如此，不如忍痛一搏，脚踏实地去学些东西，争取受到更高更完善的教育。”朱尊权渴望了解生活更多的形式、更多的可能性。他感觉，不论从年龄、阅历来说，自己都已经趋向成熟了。假若听从命运的摆布，死守着残缺的东西，所有的可能性都会付之流水，包括青春和机会。如果现在不去实现计划，今后的每一步计划也会推迟或者达不到。

朱尊权的大哥朱尊民一向鼓励弟弟妹妹们应该以知识充实自己，而不是追逐所谓的名气和地位。“尊权，我希望你到美国去深造！”当时，朱尊权作为中元造纸厂的员工，厂方可以给予一定的经费资助。

“出国？到美国？”听了大哥的建议，朱尊权颇感意外。谁都知道，美国有很好的教育系统，也有非常发达的烟草业。烟草在美国虽然不当作专科来教学，但被作为一门重要的学问来研究。朱尊权心里涌起了急切的期盼。

一个人的幸运在于，危险的时候能够化险为夷，乘势而上的时候能够发现阶梯。朱尊权的幸运也是如此，人生紧要处，能够得到大哥及时的指引、帮助。

岁月如流水，但命运远非轻波清流般遂人心愿。朱尊权怎能相信，1946 年春天，在他准备出国的时候，一架从上海飞往重庆的飞机路经湖北天门县时，因机翼撞到山岩上而坠落。机上 20 多人全部遇难，其中就有朱尊权的大哥朱尊民。朱尊民因为工作需要，经常在这条沪渝航道上往返。中元造纸厂的人谁也无从预感，这么好的一个人，怎么会……他年仅 35 岁。

朱尊权是一个很少缅怀的人，一是生活匆匆；二是他本身不喜欢感伤，因为感伤会影响他投入实际工作的力量。在人前，他总是很收敛、很内在，有极好的克制力。然而，当大哥的生命如流星般倏忽瞑灭，朱尊权无论如何也控制不住自己，黯然神伤了许久。“打断骨头连着筋”的伤痛、“苍天无情，人有不测”的残酷，都是在那时候体会到的。在朱尊权心里，与大哥朱尊民相处的日子是何其珍贵的生涯。

第三章

留学海外：报国热情，催生科研新秀

1

因为大哥朱尊民意外身亡，1947年初秋，朱尊权抵达美国时，已比预期推迟了一年多时间。四妹朱尊慧也跟着他一起到美国念书。能有这份幸运，兄妹俩知道得来不易，今后的发展自然又是一个新的奋斗过程。

在美国接应朱尊权兄妹的是他在中央大学的一位同学。在这位同学帮助下，朱尊权兄妹俩办好了入学手续。伊利诺伊州是美国总统林肯的故乡，在美国中部，著名城市芝加哥也在伊州。伊利诺伊大学是所名牌学校，被它认可学历的外国学校中，中央大学是其中之一，一些中央大学的毕业生在这里留学。朱尊权因为这些便利条件，选择了伊利诺伊大学农学院。

出国前夕的朱尊权（摄于1946年）

伊利诺伊大学农学院非常有名，校园很大，条件相当好。朱尊权把住房租好了，奖学金也申请到了，为往后的学习铺好了通道。

一切顺利。这时候，朱尊权眼前却出现了一个改变不了的事实：伊利诺伊大学农学院以研究粮油作物为主。原来，美国各大学的绝大多数农学院往往以所在州的主产农作物作为主要研究对象。伊利诺伊州是粮油生产大州，粮油研究顺理成章地就是伊利诺伊大学农学院的主要课题。

由于当时出国时间紧，朱尊权没有弄清楚美国农业教育的模式。怎么办？这对别人也许不是问题，但朱尊权偏偏是学烟草专业的。“对于烟草，我已经花了不少精力，搞了好几年，烟草农业、烟草工业都涉及过，不能丢掉再重新搞别的，只能坚持到底。”到美国留学究竟学什么，他在出国前就有了一个很明确的打算。当然，只要自己愿意，所有的改变都不在话下，粮油与烟草毕竟从大方向来说都属于农业范畴。

换了别人，思考一阵后可能会作出妥协。确实也有人建议朱尊权改变初衷，毕竟伊利诺伊大学是所名校，只要是农业专业，学什么不都一样吗？再说，对于一个初来乍到的留学生，转学是一件很麻烦的事情。更何况，所有学校都正式开学上课了，新生录取已经结束。

劝朱尊权留在伊利诺伊大学的人有很多理由。朱尊权想来想去还是决意转学，他只有一条理由：我到美国来就是为了学习烟草专业，将来回国服务。

只要下了决心，所谓的困难都不成其为困难了。

伊利诺伊州的东南方是肯塔基州，在那片土地上，白肋烟长得出奇的好，并且还给种植者带来许多实惠，所以，白肋烟的研究也很有名。经中央大学一位老同学介绍，朱尊权了解到肯塔基州立大学农学院有位烟草专业教授叫魏禄（Valleau），在烟草学术界的声望甚高，属顶尖级人物。提到魏禄，凡在美国搞烟草专业的无人不知、无人不晓。朱尊权给肯塔基州立大学农学院发了封求学信，没想到距他收到校方的欢迎信，不到 10 天。

于是，朱尊权从伊利诺伊大学退学，成了肯塔基州立大学农学院的研究生。

美国的教育理念并不在乎给学生一个完整的理论体系，而在乎给他们一个分析问题的方法。魏禄等教授不要求朱尊权他们“应该如何”“应该怎样”，反倒鼓励学生要怀疑、要分析、要推理、要旁敲侧击，包括对待他们这些著名教授的学术观点、思想理论。

魏禄的话，引发了朱尊权对自己应该如何掌握知识、如何对待科学、如何运用治学方法的思考。在中央大学学习的时候，金善宝等教授也曾鼓励他要灵活运用书本上的知识，把学到的东西拿到实际工作中去应用和体验，把前人的智慧化为自己的智慧，甚至创造出书本上没有的方法和成果。

对照中外教授的教诲，朱尊权发现他们的说法不同，但实质一样，都是鼓励学生既要学习，更要思考，正如孔圣人所言：“学而不思则罔，思而不学则殆。”

渐渐地，朱尊权对研究工作的实质有了一些体会。比如，在研究中出现一些情况是自己意料之外的，有的人就把它们丢开了，认为不属于研究范围。可有些人却能找出意料之外的原因，并加以分析，获得成功。“行百里，半九十”，最后一段是最难行的，如果抓住了，很可能在别人没有留意处或是认为不可能中得到答案。

在优秀教授们的影响和启发下，朱尊权形成的这些思想，确实在他后来的工作中得到了体现。一个正确的思想观念，往往能使人受用一辈子，这也是朱尊权建树事业的基石。

2

有人说，如果你在美国读书觉得自己不是太舒服，那就对了。那是因为你处于学习的状态，学习总是比你本身的状态要紧张，所以，你感到不舒服。朱尊权觉得这种说法很奇怪，为什么老让自己不舒服就是对的、好的？

对于学习，朱尊权认为有 3 种态度：第一种是被动应付，将学习当成不得已而为之的“苦差事”。第二种是疏于思考，不求甚解，被牵着鼻子走。这两种态度导致越学越没劲、越学负担越重，就像老牛拉破车，步步维艰。第三种是积极主动，掌握学习方法。“一些人并非学而不发，而是学不得法。”朱尊权经常说，正确的学习方法和思维方式对一个人的成长相当重要，就像上山砍柴的樵夫，手握锋利的斧头，自然得心应手，事半功倍，收获甚丰。

因为抱着积极主动的态度，朱尊权觉得学习是件轻松愉快的事。他在有乐才有教的美式教育气氛中、在心领神会的笑声中思路大开，学业进程也由此加快，只用一年就学完了两年的课程，这意味着他将提前一年硕士毕业了。

朱尊权在美国的学习和生活基本行进在平静、顺坦的轨道上，没有风波、曲折。

毕业前的最后一关是口试答辩，这倒让朱尊权紧张了好一阵子。他和他的同学都清楚，与进考场相比，最难的时候反而是在众人争取机会的答辩环节。这是一场没有硝烟的比拼，人人握灵蛇之珠，家家抱荆山之玉。

来美国前，朱尊权抱定的目标是学习烟草专业，为今后回国工作打好基础。到美国之初，他对自己的前景还比较模糊，不知道陌生的国度会给予他什么。经过一年时间，回过头来看自己，显然还没有达到那个“抽象”的目标。

“理论知识虽然掌握了不少，但实际研究、操作的机会不是很多。”朱尊权最大的愿望是硕士毕业后能够留在魏禄的实验室工作一段时间，跟这位烟草大师“学一手”，别老做纸上谈兵的赵括。有这样想法的不只朱尊权一人。能够被魏禄选中留在他的实验室工作，对搞烟草专业的人来说是蒙幸匪浅的事，但难度也很大。魏禄对人很和善，不会歧视你，不会首先给你画一个问号，可有一点，他要从你身上看到真东西。他择人的标准一般是把答辩效果与平时学习情况综合起来。

短兵相接的时刻到了。

朱尊权走到房间中央，与3位考官面对面坐下来。

坐在中间的就是魏禄，旁边分别是系主任比尔和遗传学教授斯蒂尔。

“松弛些。”朱尊权对自己说。这不同寻常的一天，他做好了心理准备。在美国，他总结出美国人有一种很重要的素质，就是他们的松弛。他提醒自己，不要绷紧嗓门去回答问题。

“开始吧。”比尔像平时见到朱尊权一样，微笑着说，不拿腔作势。

松弛又谈何容易。这是朱尊权头一次在众人目光注视下接受“检阅”，而且他们都是烟草界的权威人物。由中央大学毕业前，烟草组的几个学生以一份烟区考察调查报告作为毕业论文，没有参加毕业论文答辩。当年按照金善宝的要求，他们把全部精力投入到烟区考察和调查上了。所以，朱尊权在答辩方面没有经验，再加上他平时是个有些腼腆的人。

“准备好了？”比尔看到朱尊权有点紧张，便用交谈的语气问。

“是！”朱尊权说。

比尔开始提问，主要问的是烟草栽培方面的一些事情。回答完比尔的问题，朱尊权心里有了定数，放松多了。战斗打响前，战士难免会紧张，一旦接上火，反倒好了，只顾朝前冲。接着是斯蒂尔提问。有关遗传学方面的书，朱尊权平时看了很多，斯蒂尔问得越多，他越高兴。

从考官的脸上，朱尊权看到了变化，不再是那种客气的微笑，还有赞许式的频频点头。

朱尊权感到自己在放松，呼吸均匀了许多。

接下来是魏禄的提问时间。魏禄通过前面的问与答，已经看出眼前这位小伙子极聪明，并有相当好的知识素养。其实，魏禄平常对朱尊权的印象就很深刻，这次对他的好感进一步得到延伸。

魏禄问的最后一个问题是："假定遇到烟草花叶病，你怎么办？"

这是个烟草病害方面的问题，这种病在苗期和大田期均可发生。烟草常见病害有 30 多种。当烟草不能正常进行生长和发育，表现出来的非正常现象，都属于烟草病害。

搞烟草专业的人知道，病害对烟草生理活动的影响和破坏作用是多方面的，根部发病可以影响对水分和养分的吸收，叶部发病可以影响光合作用。花叶病是一种叶部毒素病，明显特征是叶部出现花斑。烟草的局部受到病害侵袭会影响其他部位的生理活动，直接影响到整个烟株的生长发育，使烟叶产量和质量遭受损失。

对魏禄提出的这个问题，朱尊权张口就可答来，但他还是思索了片刻，想回答得更系统、更有条理些。

学以致用一直是朱尊权追求的。他学习的目的是把理论运用和指导于实践。就魏禄提出的烟草花叶病问题，除了书本上的提示外，还有没有更直接、更实用的方法呢？朱尊权心里已经有了答案。

这个答案要从魏禄培育的一个烟草新品种说起。他曾用烟草野生种的抗花叶病基因成功培育了一个品种，叫 ky56。如果要说这个新品种的意义，首先要讲讲烟草的属性。烟草在植物学上属于茄科的一个大属。目前，全世界已发现的烟草属 60 多个种里，大多数是野生的。可供吸烟消费的品种，也就是说，被人们栽培利用的烟草品种实际上只有两个种：一是红花烟，即普通烟草；

二是黄花烟，即莫合烟。真正在全球主要栽培的是红花烟，它是斗烟、雪茄和卷烟的基本原料。

魏禄经过近10年的研试，将野生品种（N. glutinosa）里抗花叶病的基因成功转移到红花烟烟种里。他是全球第一个把抗花叶病基因移植于红花烟栽培品种的人。此前，他还培育了一个抗黑根腐病的品种ky16，已在白肋烟区全面推广。在20世纪40年代，这是件了不起的事情，仅此一举，足以证明魏禄的建树突出。魏禄培育的品种，给肯塔基州烟农带来了很实惠的利益。

朱尊权心里想到的那个直接而又实用的方法，就是从魏禄培育的ky56品种而来的。

在3位考官颇有兴趣的神态前，朱尊权针对烟草花叶病的问题说了下去：

“防治花叶病目前还没有特效农药，应该以预防为主，比如加强田间卫生管理、培育健壮烟苗、合理轮作……但最经济有效的方法是培育抗花叶病的新品种。我可以选用魏禄教授培育的ky56品种，与我们当地品种杂交，然后再与当地品种回交，几代后即可育出抗病性状强又适宜当地种植的优良品种……”

朱尊权回答得很简练。他尽量往点子上答，这一点是从金善宝、魏禄这些中外教授身上学到的，把越复杂的问题讲得越清楚、越简单，越好。这正应和了中国古代哲人“大道至简至易”的道理。如果在这个时候故意把讲的东西铺陈得很复杂，以显示自己，朱尊权觉得是最大的忌讳。

从3位教授的眼神里，他已经看到自己答辩的精确折射。

与刚进答辩现场时相比，这时候的朱尊权显出饱满的、志在必得的精神状态。朱尊权刚从比尔的办公室出来，就被一个声音招呼道：“Hi！”

朱尊权在外厅被比尔的女秘书叫住了。她由属于她的那张办公桌前站起来，睁大眼睛说：

“你还活着啊?!”

朱尊权一愣的瞬间，马上意会了她话中的含义，不由抬腕看表。

啊！原来自己被“考”了两个小时。与一般只经历个把小时的考生们比，他经受考验的时间确实长了点儿，怪不得秘书小姐如此惊讶不已。

这时候，魏禄从办公室出来，比尔、斯蒂尔也跟着出来了。

“祝贺你!”3个人先后向朱尊权伸出手，他们流露出赞许的神情。

只有秘书小姐仍是惊讶的，先前是为考试时间长而惊讶，这次又为作出结论之快而惊讶。

朱尊权也没有料到，这么快就得到了那个令他怦然心动的结果：魏禄决定留用他，担任肯塔基州立大学烟草研究室助理研究员。

自信、实力和“有准备的头脑”使朱尊权脱颖而出。“我行，才不会让机会擦肩而过。”他曾经萌生在大学阶段的想法，如今由时间给予了证明。

3

肯塔基州立大学烟草实验室摆放着试验台和仪器设备，还有两个温室、一个冷库、一套晾制白肋烟的自控装置，具备了实验的特定条件，可以一年四季做实验。

实验室里，有人就坐在试验台上架着腿与他们的上司魏禄交谈，看不出魏禄有丝毫介意。朱尊权心想，搞科研的人本就不该有那么多拘束，工作环境越宽松、越随和，越有利于工作效率提高。

由魏禄主持的这个实验室主要做白肋烟的实验。美国大学的实验室有个特点，一般是一个项目做完了，项目人也就走了。朱尊权到来时，实验室有魏禄、戴森等烟草专家。

朱尊权给自己的任务就是好好跟这些教授们学习。他知道自己在美国的时间不会很长，必须抓紧一切时间与机会，特别要学习他们思考问题的角度和工作方法，这些都是今后用得着的。

在国内，实用技术和基础研究的界线比较明显，技术员就是做技术工作，很少在科学研究上下功夫。到了魏禄这里后，朱尊权对技术工作中有关科学研究的问题开始感兴趣，领会了“实用技术”与“科学研究”相互渗透、相辅相成的关系。

朱尊权在实验室里的收获不仅是这些，他还发现，教授们的工作态度严谨扎实，但他们从来没有一个保守的标准，只有一个准则，准则才是他们力求遵奉的“金科玉律”。在美国，信息量特别大，如果没有方向，很快就会被淹没；有准则，就可以在里面挑选。因此，别看美国教授们的实验项目很专业，他们往往能够从各种途径找到解决问题的办法。

朱尊权领悟到，要向这些教授学习，就不能忽略他们的两个基本素质，一是求实，二是思维开放。后来，他在完成魏禄交给的一项任务过程中，深刻地体会到这两个素质的作用。

魏禄当时正在做烟草抗野火病的育种工作。野火病属于细菌病害，明显特征表现为烟叶生长中后期，叶片上生出红色或枯干的病斑，然后蔓延成枯焦状脱落，叶片被毁。魏禄所做的就是继成功培育了抗花叶病的烟草品种之后，再育出一种兼抗野火病的品种。

朱尊权知道，在当时育成一个抗病的烟草新品种不是件容易的事。按照遗传学理论，必须首先找到一个能抗这种病害的种质来源，这就需要做大量筛选工作。往往只有一些野生种才有这种抗性，由于野生种的染色体数目等与红花烟种不同，不亲和，不能受孕，还要采取一系列手段来解决亲和问题才能获得抗性，然后再逐步改进品质问题，从而获得一些比较优秀的、有抗性的杂交种子。

魏禄已经把他的抗野火病育种实验做到好几代了，也就是说，他把一个名为 N. longiflora 的野生种的抗病基因与栽培种连续回交几代了。

当时全世界发表的烟草专业文献上，还没有抗野火病育种实验取得成功的记载。

那么，可能由魏禄为世界烟草界填补这项空白，就像他为全球育出第一个抗花叶病烟草品种一样。

这出“大戏”，魏禄已经把它“唱”到了尾声，接下来的事情是从 200 多个单株里挑出具有完整抗性的植株——这是一项非常重要的工作。

一天，魏禄拍拍朱尊权的肩膀，然后指着一堆烟苗说：“小伙子，下面就看你的了。你会大获成功的！”

原来，魏禄决定让朱尊权来完成这项重要任务。

魏禄对这位东方小伙子自从有了印象就有了好感。印象是从收到朱尊权希望转学的自荐信开始的，他听到了这位年轻人渴望投入烟草事业的热切呼唤。魏禄为有这么一位好学聪慧的弟子而高兴。对朱尊权先入为主的印象，使魏禄很快就观察出他的特征。那安详的微笑，那聆听他人说话的方式，那不多言、不多语的习惯，还有实干意识和想象力，这一切使他成为魏禄欣赏的那种学生。

魏禄把选株的任务交给朱尊权后，就去忙乎别的事情了。

魏禄消失在朱尊权视线里的背影很潇洒，朱尊权感到从未有过的压力扑面而来。这是世界著名烟草专家花费了近 10 年心血的成果，临近结局前的多少过程都闯过来了，只等待关键的“临门一脚”。最后冲刺时，偏偏把接力棒交给了一个新手，而且也没有特别的交代和嘱咐。

如果不用“信任”来解释的话，似乎找不着别的解释更恰当。后来，魏禄也确实是这样解释的。朱尊权以往表现出来的工作能力，使魏禄确认他是最佳人选。他相信朱尊权有能力做好，但没想到这位小伙子会做得那么漂亮。

因为难度，而有压力；因为信任，而有动力。借助压力和动力做“能源”，朱尊权在绿色的烟草海洋里“启航”了。

眼前是做实验用的200多个单株。一个单株就是一棵烟的种子，200多个单株就是200多棵烟的种子。朱尊权要完成的任务就是从这200多个单株里，挑选出具有完整的抗野火病性能的植株。

有的单株可能完全没有抗性，有的可能有部分抗性，那么，哪些单株具有完整的抗性呢？得到答案的办法只有一个：对一个个单株进行接种试验。工作量和耗费的时间只能用“大”与“长”来形容。

传统的方法是把单株分批播种到盆里。在温室中等幼苗长出4片叶子即到小十字期后，每株选10多棵分别移栽到口径7—8厘米的小盆内，待烟株叶片长到7—8厘米时，再将病菌液注射到叶背，观其变化。整个过程都是一点一滴的工作，都是一尺一步的旅程，没有捷径可以偷懒，这是经年沿用的实验方法。这类原理，无论中外，概同于此。

魏禄给了朱尊权半年时间，希望他在栽种之前得出结果。

朱尊权的实验按部就班地进行着。完成了移栽，等叶片长大可以接种时，他用针头对着叶片背面注入野火病菌液。叶片几天后就有不同的性状表现出来，有抗性的留下，没有的淘汰。

朱尊权每天要做的就是早晨起床后到实验室，然后晚上再回家。沿着这条路走下去，他还要走很长一段时间。

这时候，有些问题在朱尊权的脑海里升腾：为什么一定要等到单株移栽、长大后才能进行实验呢？能否提早接种以提高效率呢？要知道，工作量就是在这一环套一环的工序中积累起来的，时间就是在一个也不能少的步骤中流走的。

可是，这些方法延续了一年又一年，轮到朱尊权这里已经有多长时间了，大概谁也说不准，而能体会的工作量之大、时间之长的事实已为实验者所不争。

“难道这些方法真的无懈可击吗？”朱尊权陷入沉思。

朱尊权想到的这些问题也一定有人想过，是否有人采取措施进行改变和创新，我们不得而知，但朱尊权确实想到了，而且最难能可贵的是他大胆地付诸行动。

既然“大胆”，就要“冒风险”，就要敢啃“硬骨头”。朱尊权的风险在于，他如果另辟蹊径而得不到魏禄想要的结果，甚至200多棵单株在他手上毁于一旦，怎么办？

一定要把这些问题想清楚，才敢动手。越是重大行动，越要慎重、周密。

“不会有问题的。”朱尊权自问自答。他从不打无准备之仗。他的想法建立在有把握的基础上，这个基础就是“科学的实验方法”。

自然科学，实验在前，理论在后。朱尊权决定凭自己的思考和猜想大胆实验，推陈出新。

有了这层把握之后，朱尊权心里就有底了，剩下的不过是技术问题，技术问题从来就难不倒他。

当时，谁也不知道朱尊权提着一个小喷雾器要干什么。它不是一个普通的喷雾器，而是电动的，具有很强的压力。就是这个喷雾器，帮助朱尊权实现了那个大胆的计划。

他用小喷雾器给小十字期的单株接种，使之全部呈水浸状。

第二天，发现大部分单株夭折了，只有少数恢复原状；然后再次对复原的幼苗进行接种，其中还能恢复原状的，就证明它们是有抗性的。

有针头般压力的喷头把野火病菌液直接射进烟苗里。一个看似非常普通而又简单的操作，代替的是一针一针给每片叶子背面注射的过程。这么一来，整个喷射过程，完全可以在小苗长出来后，即小十字期完成，从而免去了原来必不可少的移栽环节。时间缩短了，工作量减少了，原本需要五六个月才能完成的工作，朱尊权不到两个月就完成了，得出了实验结果。结果是200多棵单株中，只有两株是完全有抗性的，小部分有不同程度的抗性，大部分则完全没有抗性。

“奇迹!”最高兴的非魏禄莫属。

“把繁杂的工作简单化”是每个科学家追求的境界。魏禄看到，一个中国小伙子把这一点做到了。他为自己选中了一棵“好苗”而得意。

两年后，魏禄在他那篇关于抗野火病研究成果的学术报告附注中，写下一行醒目的文字：“感谢T.C.CHU(朱尊权的英文名字)的大力协作与支持。”那时候，朱尊权已经回到了中国。一般的留学生若是在名教授的论文中能被提到名字，就算不虚此行了。朱尊权想的不是这些，但他轻而易举地做到了。

“灵感从何而来?”魏禄问朱尊权。

朱尊权没有直接回答。他反问自己，为何能做出让这位烟草专家称作“奇迹”的事情。至少有两点，他能够回答得很清楚：一是不把科学研究视为畏途；再则，他认为创新不是伟人的权利，不是遥不可及的事情，只是换个角度想想，是思维火花的碰撞。

很多事情，真的必须来点儿创新才可以应对。观念的形成不会凭空而来。朱尊权从教授、专家们经常说到的“科学的真理往往来源于平凡的生活”诸如此类的话语中受到启发，他把旁人的智慧化为自己的慧悟，师其意而不师其迹地化用了。

时隔几十年后的今天，肯塔基州立大学农学院仍然保存了朱尊权和魏禄他们当年的实验资料。

4

一个好环境加上一个好教授，确实能达到耳濡目染、潜移默化、事半功倍的效果。朱尊权经常跟着魏禄下烟区、访农户。魏禄实验室并没有指导烟农的义务，可是，但凡烟农找上门，魏禄都有求必应、躬身服务。这个过程，让朱尊权深受教益，除了更直接地学到了不少与烟草生产密切相连的知识，还从一位科学家的工作作风上体会到将来自己应该如何对待烟农、如何为他们服务、如何对待自己应尽的工作职责。

当年，肯塔基州的烟叶拍卖场所也是朱尊权经常光顾的地方。这里的内容和氛围与实验室绝然不同，是朱尊权了解烟草生产和经营全过程的一个重要场所。

朱尊权看到，几百堆烟叶像待嫁的新娘，等候商家来“相亲”。拍卖师领着众商家挨个走过来，从表面上看，他们经过每个“新娘”跟前都不曾停留。紧凑有序的交易过程，往往是在商家们既快速又古怪难懂的手势和术语中完成的，外行根本看不懂。如果在每个烟垛前都要转悠一番，一天走下来恐怕也看不完，而商家们个把小时就“相定”了。这全凭眼力，全凭一“眼”中的功夫。其中最大的学问，就是要对烟叶的外观质量和烟叶等级划分了如指掌。此外，对这个地区当年的烟叶生产情况也要事先有所了解。

美国把烟叶分成100多个等级。一片小小的烟叶，为何如此细分？这引起了朱尊权极大的兴趣。他参加了美国农业部在肯塔基州立大学所在地举办的白肋烟分级培训班，了解到美国烟叶的分级理论和教学方法。其实，别看美国烟叶等级多而复杂，但有章可循、杂而不乱。适合烟草生产的操作程序，烟农能够配合运用。再说，等级数目繁多是为了概括全部可能产生的烟叶，具体到一个农户，实际上可分的等级也是有限的，不会太多。

有“抓住任何学习机会”作为行动指南，朱尊权脚下的路越走越宽广。他知道应该从什么方向去准备自己、训练自己。

美国就是这样，你能力越强，就越能得到别人的尊重。在魏禄眼里，朱尊权被划分到出类拔萃的一拨。一些限定由一定级别专家参与的学术活动，魏禄也常带上朱尊权一同去“分享”。

高鼻梁、深眼窝、灰头发、瘦高身材，法裔血统的典型特征在50多岁的魏禄身上体现得非常明显。他的平和、幽默、机智也如他那严谨的工作态度一样，让每个与他接触过的人难以忘怀。

一个“掷硬币”的故事，是朱尊权每当说起魏禄时都要提到的。

一次，魏禄带着植保学教授戴森和朱尊权到北卡罗来纳州去参加烟草学术会。路上，他们三人寄宿在一家汽车旅馆。两张大床，分布在两个房间里。不管论年龄还是论职位，里屋那张床毋庸置疑属于魏禄。

魏禄好像不这么想，他要“掷币择床”。戴森和朱尊权露出不解的目光，而魏禄一定要坚持。结果是“众望所归”。魏禄耸耸肩，做个鬼脸，心安理得地住进了里屋。

朱尊权把在美国学习、生活的这些趣闻写信告诉了国内的朋友，也把自己的思乡情告诉了他们。

无论从哪方面讲，朱尊权来美国后的境遇比他自己料想的好许多。可以说，他的付出都得到回报了，都如愿以偿了。他的成功对不少人来说，或许是毕其一生之功也难以获得的。

只是，不论是充实还是顺坦，都抵消不了来自心灵的失落，这种失落来源于思念。朱尊权最不能释怀的是故乡情、故乡人。绵绵的思乡曲中，他一直保留着一段怀恋弥深的旋律。

“夜晚，不知什么地方传来一两声汽笛，也不知是车还是船在启程，一种夜深思亦深的情绪便在暗夜下滋生出来。”1949年9月，朱尊权在给朋友的一封信中说，“到了美国，我越发知道，我所思念的不仅是家庭的亲情、朋友们的友情，而是整个文化——与我相关的一切。我从小就属于那里的土地，一会说话就属于那里的声音。这种联系不是要来就来、要断就断的。”

这种抒发，实际上是他回国前的一种情绪准备。在另一封信中，他把自己的这份思念写得更具体：“怎样找到自己的位置是生活中一个绝对的关键。他人的花再美，你也是个欣赏者；他人的果再甜，你也是个品尝者。我一定要回去，那才是我的生活。”

朱尊权把心中的想法告诉了魏禄。这时候，他在魏禄的实验室已工作了一年。魏禄很吃惊。他已经被这个相处时间不算太长的小伙子的稳重、能干，尤其是想法不俗的聪慧所吸引，他想留用这个在他看来定会干出名堂的年轻人。即使朱尊权不在自己手下工作，如果继续在美国发展，也会有很好的未来。

其他教授也帮着魏禄一起挽留朱尊权。他们已经看出，朱尊权正处在乘势而上的时候，他已经站到了一个高起点的平台上，要干出令人瞩目的成绩恐怕是指日可待的。他们说，最难得的是，朱尊权能够被声名赫赫的魏禄赏识，是值得欣慰和骄傲的事情。这是个机遇，是个门槛，跨过去说不定就登堂入室了。

朱尊权有太多被留下来的理由，这是多少人为之追求和奋斗的目标啊！

对已经属于自己的一切优势，朱尊权当然知道是弥足珍贵的。他在各方面的状况，已经超过他当年决定赴美国时对自己的期望了，但为了心中的另一个目标，他只能或者宁肯放弃在美国的发展机会。祖国才是他事业生根的土壤。

怀着感激和歉疚的心情，朱尊权谢绝了教授的挽留。魏禄从朱尊权果敢的行动中，看出了这个小伙子决策人生、把握自我的聪明之处。朱尊权不在乎舞台和表现自我的机会，而把自己的事业同祖国富强联系在一起，他是一个很清楚自己要干什么的人。

在决定回国的那一刻，朱尊权的眼神里洋溢着对未来的憧憬，他感到了心归踏实的轻松。回想起1947年，一艘东去的邮轮把朱尊权从上海黄浦江畔载到了美国旧金山港。那时候，他想到身后的来路就是不久的将来他启程的方向，那里连接着中国的全部版图。

到了美国，朱尊权订了两份报纸，一份是中国共产党主办的《华侨日报》，另一份是中国国民党主办的《中西日报》。尽管当时更多的消息还没有登出来，但从两方的立场看，他预测到谁将登台、谁会走人。历史只承认时代不可阻挡的潮流，中国历史命运的轨迹将彻底改变。

朱尊权收到了国内同学王承翰等人的信，也收到了她的信。她身材小巧，有着精致的面容和闪亮的眼睛。她叫姚雪英。三年前，一次朋友聚会上，在一大堆人里，他们的目光穿过人群的缝隙相遇了。两人只是点头一笑，却相晤于心。那是朱尊权正准备出国的前夕，她还是一名在读的大学生。姚雪英是在书香门第的环境里长大的。她的简约、端庄很快吸引了朱尊权。

朱尊权脑子里可爱的另一半是和谐的、恬静的，他也常常渴望自己身边有这样一个她。东奔西颠的生活却使他没有足够的时间来结识恋人，结识一个将和他一道组成家庭的人。

姚雪英也喜欢他的稳健、平实。渐渐地，他和她发现心理节奏已合为一体，相互听对方讲过去的故事、讲自己的家人。当两人发现彼此人生中的第一场恋爱已然开始时，朱尊权却不得不收拾出国的行囊。

如今，姚雪英在信中写道：祖国解放了。中国共产党廉洁奉公。解放军纪律严明，不拿群众一针一线。新中国建设需要一大批爱国的知识分子，现在已有一批批留学生陆续回到了祖国……

所有给朱尊权写信的人都情意拳拳，都是一个声音——希望他赶快回来！

遥远的声音在朱尊权心里产生了强烈的回响。

“回去！新中国需要我，我更需要新中国。为了祖国，我应当回去；就是为了个人的出路，也应当早日回去。”中国大陆解放的消息，使朱尊权催着自己尽快启程。

5

就在朱尊权蓄满一腔“回国去”的兴致和热烈情绪的时候，他听到了另外一个令他心灵战栗的声音。它来自台湾。那是母亲赵希莲盼儿归的呼唤。朱尊权离开母亲一晃 3 个年头了，母亲如今到了台湾。

遥隔万里的祖国发生了翻天覆地的变化。朱尊权在美国的近 3 年里，他的家庭也发生了风云不测的事情。1948 年的一个春日，因脑溢血，朱尊权的父亲、62 岁的朱绶光在武汉遽然去世。

噩耗越过大洋，在朱尊权心里激起如涛声般的震响轰鸣。在他心中，父亲是一位骏骨未凋、英气犹存的军人，也始终是一位能激发儿女崇敬之感的好父亲。在赴美的行囊里，朱尊权把父亲于1944年写给他的一封信，当作特别的行李带在身边，不知展读过多少遍：

权儿，你的信写得很好，情意恳挚，颇明孝道，甚为欣慰。惟当此抗战紧要关头，汝大、二哥又初出作事，于国于家，我不能摆脱责任。幸年未满六十，体质健强，尽可再努力十年、二十年。俟抗战胜利，再作安享幸福计耳。

谁也没有想到，那时离这位须臾没有忘记自己职志的军人的生命终点只剩下4年时间。挽歌如风声浩荡，可以轮回的岁月带走了一位高级将领不可轮回的生命。

作为国民党军高级将领的遗孀，朱尊权的母亲赵希莲理所当然被“护送”去了台湾。随同的有朱尊权的二哥、四弟和五妹。留在大陆的只有朱尊权的两个已成家的姐姐。这么一来，真正意义上的朱家从大陆“搬”到了台湾。这就意味着朱尊权脚下生出了第二条路。大陆与台湾，他只能择其一，虽然它们朝着同一个方向。

如果说在去留美国的问题上，不少人为之苦恼，而朱尊权毫不犹豫地指向了前者；那么，回去的地点如何定夺，倒让他为了难。大方向好选择，十字路口却让人徘徊。朱尊权心里支起了一架天平：一边是他日夜思归，且早已经为之做好了准备的大陆；另一边是很陌生的台湾，但那里有他的母亲和家人。

朱尊权忘不了当年母亲那双依依惜别的泪眼。要启程总有分别的时候，与母亲告别的时刻随着赴美日期的临近，到来了。

那是一个下着小雨的下午。在1947年的夏末，四川宜宾罕见这样绵绵的阴雨天。朱尊权想，老天也给了他一个告别母亲的气氛。

母亲赵希莲始终流着泪，深情地望着儿子，充满担忧。照理说，他们母子分别的时间不会太长，顶多两三年。告别只是为了重聚。朱尊权与母亲告别的次数太多了，他总觉得不久就会团圆。在隐忍痛苦上，赵希莲一贯是最坚强的。儿女就像水，流向

1953年，朱尊权的母亲赵希莲（前排左三），在中国台湾与部分家人合影

四面八方；而母亲像是岸边的石头，永远不动。难道母亲这次有什么预感？难道母亲意识到此时的纤风细雨，并非无缘无故，而有一种无言的喻示？

芭蕉叶上无愁雨，只是听时人断肠。一阵难言的辛酸，令朱尊权突然感到母亲对他来说有多么重要，母亲身上每一个部位都载有情感信息。在他儿时，穿越静夜的就是母亲陪伴时的轻轻呼吸声以及他翻动书页的沙沙声，还有母亲轻拂他头发的温暖和融融的笑脸。后来，朱尊权长年累月在外求学，四处忙碌奔波，他想得最多的就是母亲。他们兄弟姊妹与父亲朱绶光相处的日子并不多，母亲赵希莲才是他从小到大不可缺少的依傍。朱尊权思想、性格的形成，主要取决于母亲的教育和贤达、温厚、善良秉性的影响。

如烟的往事中，有多少绵绵密密的记忆与母亲依依有关啊！而朱尊权却忽略了母亲的白发、皱纹、微佝的脊背。如今，他远渡重洋，又要在母亲为子女操劳一生留下的烙印上再添一道忧伤的痕迹。他不知如何劝慰送行的母亲，也不知怎样安静自己这颗内疚而沉重的心。

朱尊权感觉到了那次告别的庄重性。母亲的牵挂是儿子心上永远的痛。远航人的安慰在于，岸边有永远凝视的目光。正如意大利诗人但丁说的：世界上有一种最美丽的声音，那便是母亲的呼唤。

芝兰有根，醴泉有源。朱尊权一直在想，他应该回到母亲身旁，这是做儿子的本分，儿子怎能不回报母亲？正因为有母亲，他的脑海里才有台湾，否则……

如果此时此刻朱尊权心里唯有沉甸甸的亲情倒也罢了，一切问题将迎刃而解。可是，他顺着心思想下去，总觉得有些阻隔，“走”不通。而另一条路有种无形的力量在牵引。他明显地感到，天平的重心是向着大陆倾斜的。这是为什么？因为那里是中国共产党的天下。朱尊权对中国共产党的认识，不是一两天形成的。在国内时，百姓的口碑与不可撼动的事实，吸引了朱尊权对中国共产党的关注和信赖。来美国后，他又从朋友的信中，特别是从《华侨日报》对英雄模范人物的事迹介绍中受到更大鼓舞。他感到，国民党与共产党的分野非常明显：前者是违背人民意志的；共产党是站在正义一方，是符合历史潮流的。那么多人心甘情愿地为共产党竭诚效力，甚至献出生命也在所不惜，足以证明共产党是有希望、有前途、为大众谋幸福的政党。多闻体要，择善而从。一个人应当选择光明的一面，应当站在代表绝大多数人利益的一边。

选择的过程是痛苦的，选择的结果却令朱尊权心路大开、豁然畅通。一个人选定自己的方向，也就选定了自己的生活，选定了自己要做一个怎样的人。命运的选择终于出现了。朱尊权不再犹豫，他把决定和选择写在了日记里——

母亲，我非常想念您。爱国为民、勤奋工作，是您给予我最深刻的教诲。所以，我不能只任自己一时感情所需，回到您身边。但这只是暂时的，我想，台湾不久也会解放……在国内的时候，我对国民党政权就已经丧失了信心，它的腐败和专为少数的统治阶级服务的宗旨必然导致它的没落。中国历史的舞台将由中国共产党登台亮相，有共产党才有新中国。青山遮不住，毕竟东流去。新中国是众望所归，台湾不久一定会解放。到时候，我将在大陆迎接您归来……

然而，难料的世事留下遗憾的现实。在以后的日子里，每当回首从前，朱尊权不免因思念与内疚而怅然若失。

他与母亲有约，却没有相见。一湾浅浅的海水从此阻隔了母子深深思念的目光。“汝病吾不知时，汝殁吾不知日，生不能相养以共居，殁不能抚汝以尽哀，殓不凭其棺，窆不临其穴。”1992年，朱尊权借随团访问台湾的机会，来到台南母亲的坟前，无尽的哀思和着泪水一齐涌出。这是他一生最不能释怀的憾事，唯有以心求赎，以思承恩……

再说朱尊权那天写完思念母亲的日记后，又想到了另一个人——父亲朱绶光。父亲未能等到他所盼望的天下太平、干戈化玉帛之时。朱尊权想，父亲如果仍健在的话，一定也会支持他的选择，或者母亲根本就不会去台湾。朱尊权如此认定，是有根据、有来由的。朱绶光虽然是国民党的军政要人，但绝不是“铁板一块”的人物。他曾以同乡的名义营救共产党人出狱，可见他对共产党有一定的认同，是个性情中人。另外，朱绶光曾参与过倒蒋行动，也曾拂逆蒋介石的旨意，力保其他国民党军事将领免遭杀头之祸，说明他是个敢作敢为、不畏权势的正直军人。最为重要的是，朱绶光与共产党的一段特殊渊源，使他对共产党的认识比较清晰和深刻。

事情说来有些传奇。

西安事变后，国共合作。设在山西临汾的第二战区司令长官部的院子里住着两位姓朱的军人，一位是八路军总司令朱德，另一位就是朱尊权的父亲、第二战区司令长官部参谋长朱绶光。之前，他俩早已闻悉对方其名。假如这两位国共要人走到一起只能说是历史注定的安排，不足以说有什么特殊性；那么，天地之大，却能让素昧平生的邂逅引出概率如此之小的巧合，就不能不让朱德和朱绶光拊掌称奇了。原来，追根问祖，他俩的身世有那么多相同的源头：同姓、同庚、同宗、同乡、同科（清朝末年同一届的武举人）。此“缘”可待成追忆，他们之间非同一般的友谊，因为人同此属、情同此心，自然越发亲近，又在共同指挥抗日作战，一起出生入死、化险为夷的患难中加深。后来，国共两党分裂，他们笃诚的私谊却未有终结。当时，在陕西榆林的国民党军事将领回重庆总部，不敢路过延安，往往要绕远道而行。只有朱绶光敢直接从延安经西安回重庆。在延安的朱德每次都亲自迎接他。油灯下，两人畅叙别情至深夜。

后来，朱绶光的生前好友程潜、李书城等国民党军高级将领在共产党感召下投诚起义。朱尊权不禁想，如果父亲仍活着，他也会经由多少个希望和失望累积之后选择这条光明之道。

关于信仰，朱尊权说不出什么大道理。他感言：信仰是直觉、是感觉，心里有了它，自然就有力量、有行动。

怀着为新中国效力的热望，同时也怀着迎接母亲回归大陆的向往，朱尊权启程回国。

6

春绿秋红，不知不觉离开祖国已有 3 个年头了。当年来美国的路途无惊无险，非常顺利，如今往回转，却出现了一件让朱尊权颇感诧异的事情。一个月前通过电话预订了船票，朱尊权从肯塔基赶到洛杉矶港取票时，被告知需要有香港方面的签证才能拿到。

“为什么?”朱尊权问。

办事员耸耸肩，答非所问：“否则，你只能坐直接停靠中国大陆海岸的货船。”

对于自己的疑问，朱尊权心里其实是有答案的。当时，美国正在实行“麦卡锡主义”，有意阻挠那些热烈盼望回到大洋彼岸的中国人。

回国受阻，一种失落的感觉让朱尊权难以忍受。

洛杉矶是东太平洋的门户，无数中国人远涉重洋从这里登陆，然后一些人又从这里返航。朱尊权天天查询经洛杉矶去中国大陆的货船，不料等了一天又一天，总不见切切期望的轮船出现。目光投向远方，看得到的是海，看不到的还是海。无边的海水传过来有声的波涛，无声的是海风的涌动。

对理想和现实的距离越是不能忍受，越是不能妥协，就越痛苦。他的胸中好像一片暴风雨的海洋，翻腾着无声的波浪。

“或许是上帝的安排，干脆留下来吧。”美国朋友劝朱尊权取消回国的计划。

从不相信“上帝”的朱尊权，记忆中突然出现了多年前那次死里逃生的情景。由这件事，他反而更有信心坚定了内心的期待。朱尊权给那位美国朋友讲述了发生在1939年大学二年级暑期结束时，他返校路经成都的一次遭遇：

“走着，走着，忽然听到飞机轰鸣，艳阳高照的天空即刻被十几架列成扇形的日军飞机铺满。我随着四散躲藏的行人躲到一个河堤下，飞机势不可挡地朝我们的头顶压过来，一种惶恐和灾祸的冷酷感也向我压过来。我想，完了，顷刻间就会有炸弹把我送上西天。我听到震耳欲聋的爆炸声，土渣像冰雹一样打在我的身上……想不到，扔完炸弹的飞机拐了个弯朝原路飞走了。我发现我的左腿裤子上满是鲜血。我吓蒙了，以为动弹不得了，但发现全身竟毫发未伤，不知是谁的血溅到了我身上。这时，只听有人冲我高喊，让我赶快离开。原来，一颗哑弹就在离我不到3米的地方躺着……”

世事往往能以意料不到的结局，给人绝处逢生的惊喜，但不是人人都有这样的经历和幸运。那位美国朋友以他的理解方式，明白了朱尊权讲述中的潜台词：如果命运中真有一些属于冥冥天数的因素，那么，上帝交给我们每件事情后，已经顺便保证了它的结果。对一个已下定决心的人，这一切怎么会没有可能变成现实呢？最难的选择问题都已解决，方向早已确定，压力和困难不过是小菜一碟。

“我一定要回去，而且要尽快回去。”透过风平浪静的表面，朱尊权看到了问题的严重性，他的担忧后来为时间所证实。当朝鲜战争爆发后，美国封锁了通往中国大陆的一切通道。一批学业有成、准备回国的中国知识分子，抱憾留在了美国。跟朱尊权一同赴美留学的四妹朱尊慧在等候丈夫获得博士学位后意欲回国却心愿未遂，他们不得不叹息一句：那真是一种莫大的遗憾。

与他们相比，朱尊权的幸运在于，天意恰如人意。他实现了内心深处的夙愿。人生的道路虽长，关键处却常常只有几步。夙愿得偿之日，朱尊权不能不感叹这句格言。

朱尊权拿到了船票。

“啊!”朱尊权明亮的眼睛里闪着喜悦的光芒。一个多月的等待，像一个艰难的化云为雨的漫长过程。这次喊出的“啊”是不同的。朋友们几乎听得出那其中的心情、那其中的侥幸、那言喻不了的感触。一艘庞大的货轮上仅有4张客票，朱尊权拿到了其中一张。这是1950年3月中旬的一天。

发生在朱尊权身上的选择，让美国朋友见识了这位倔强的中国小伙子心中关于祖国的不可撼动的梦想和信念。

洛杉矶海湾在春日的阳光下闪着金光，航船破浪前行。与朱尊权同船回国的还包括肖健，湖南长沙人，后来成为我国高能物理学家，在高能物理、宇宙线、雷达系统等研究上均有造诣。

喧闹的都市渐渐从波涛翻涌的海面上隐去。朱尊权扶着船栏激动地自言自语：梁园虽好，终非故乡。

“再见了，美利坚！再见了，美国的朋友们！”

同样是面向大洋，朱尊权当年感到的是命运无常、风险难测，如今只是方向不同，看不到尽头的前方，通向一个最朴素真实，也最刻骨铭心的终点：祖国！此刻已是春风万缕，回家的路上，理当有和煦的春风伴行。

朱尊权和另外 3 位不约而同的中国年轻人从洛杉矶出发，经马尼拉、中国香港直奔天津塘沽港。

第四章

毅然回国：白手起家，创制“中华”国烟

1

旭日映衬下，中国大陆的轮廓蓦然出现在地平线上。朱尊权扑到栏杆前，透过水雾凝望着阔别多年的祖国，热泪情不自禁地流了下来。他心里感叹：船是海洋的儿女，海洋又是船的坦途。我朱尊权也一样，当回到母亲身边的时候，脚下的路就会像海洋一样辽阔。

波浪涛天的大海载着航船奋力向前，成群的海鸥欢叫着、飞翔着、追逐着。

“海鸥一路尾随航船，不是说它们也有目标方向，只是想从船上获取一点食物。”望着翻飞的海鸥，朱尊权的思绪也飞扬起来。

“现在，新中国扬帆启航了。我是做追逐新中国航船的海鸥呢，还是做一名水手，划动双桨，出一点力呢？”

对自己回国后做一个什么样的人，朱尊权在美国已有过细细的思考：与物质生活富裕的美国不可同日而语的新中国，需要热爱她的人，不独有投身时代洪流的激情，还应该在激情里多一份理性的思索。废墟上诞生的新中国，贫穷落后，一无所有，百废待兴。她需要的是建设，盼望的是奉献者。

“我准备好了吗？”朱尊权不止一次地自问。在自问和思索的循环中，他得出了结论：做一个无产者。

“无产者”这个新名词，朱尊权最初是从报纸上见到的。“无产阶级是新中国的主人！”从这样一个新鲜的词句中，他感受到了一股势不可当的生命力量。人人都有做无产者的勇气，还有什么苦不能吃？还有什么困难不能克服呢？

轮船载着朱尊权，也载着他那不尽的思绪回到了祖国，火车又把他从天津的塘沽港送到了北京。北京城沉浸在新生的喜悦中。人群和车流不停歇地穿梭在长安街上，汇成了一曲雄壮欢乐的旋律，犹如演奏着东方巨人苏醒的序曲。

西单附近的一条小胡同里，连日来的人来人往打破了往日的宁静。教育部的归国留学生接待站就设在这里。踏着落日余晖，朱尊权来到接待站，放下携带的行李，马上感到心也放下来了。

多么熟悉的四合院，多么亲切的笑容、乡音。“真正回家啦!”喜悦的声音和脸上的笑容一同绽放出来。

很快，朱尊权的工作有了着落，教育部推荐他到华北农科所即现在的中国农业科学院工作。

华北农科所特种作物研究室主任王桂五急切地赶到接待站看望朱尊权，那神情仿佛生怕朱尊权变卦。他的真挚、热情让朱尊权一阵感动。求贤若渴的华北农科所领导对人才更是珍爱有加，给了朱尊权很高的礼遇：先休息几天，然后到天安门广场参加新中国第一个“五一”节的庆典活动。

朱尊权心里非常感激。只是对方还不知道，此时，开场的锣鼓越是紧密，朱尊权就越是不安。原来，有个敏感的问题，让他一直心存顾虑。当时，农学界存在一场孟德尔、摩根与李森科的学术之争。孟德尔是19世纪的捷克人，摩根是20世纪初的美国人。孟德尔是当今世界经典遗传学的奠基者，丰富和发展孟德尔学说的是摩根。李森科则是苏联的科学家。

当年在中国占上风的是苏联的主张，把李森科的学说当作金科玉律，把孟德尔、摩根的学说认定是资产阶级的反动学说。而朱尊权学的和做的恰恰是孟德尔派。

在又一次思虑万千的选择之后，朱尊权的面前出现了一个转折，或者说一个质的变化。他决定走工业为主、农业为辅的道路。

这样的选择虽然不是朱尊权的初衷，但也不见得是退而求其次的妥协。朱尊权有自己的想法："从烟草工业出发，同样可以涉及烟草农业领域。从某种角度说，工业指导农业，更具针对性，更符合实际。身在工业，也完全可以做一些农业方面的研究工作。"

有句格言说，一心想赶两只兔，反而落得两手空。对于朱尊权，恰恰因为这样的选择，决定了事业成功的方向。

"人生道路还有什么比方向的选择更重要呢？只要是最大限度实现自己的，就是最适合、最佳的人生选择。"为达到心中的目标，朱尊权离开北京，到了中国卷烟工业重镇——上海。

黄埔江畔灯火通明，路边广告牌缤纷闪烁，霓虹灯把上海变成不夜城。在全国经过长年累月的战火后，上海有幸依然保留了它美丽的面孔。

回国前，朱尊权曾与主管卷烟工业的华东工业部有过联系。他的同学王承翰、张逸宾等人都在上海国营中华烟草公司主管生产技术工作，他们非常希望朱尊权回国后能来上海一起工作。

朱尊权在上海见到的第一位领导，是华东工业部食品局卷烟工业组组长兼国营中华烟草公司军代表詹浩生。他脸庞黝黑、眼神安详，同这模样融为一体的，还有那身土黄色的军装和一双圆口黑布鞋。他曾经参加长征。上海解放后，市军管会接管中华烟草公司。他作为军代表派驻该公司，任党委书记、经理，看上去却活像个勤劳朴实的田间农民。

那天，他们进行了一次深入的谈话。朱尊权敞开心扉，从家史讲到出国，从留学讲到回国，平静节制的讲述中浓缩着滚滚而来的不尽心潮：

"说到归国的理由，有些是独自冷静思索的结果，有些是同朋友们谈话和通信后所得的结论。在国外是服务，回国也是服务，但后者的意义大得多。如果我迟早要回来，何不早回来，把精力都用于有用之所呢？"

从朱尊权一字一句的由衷吐露中，詹浩生发现了一个率真的

灵魂。朴素的讲述，比响亮、激越的词句更有打动心灵、引发思索的力量。他已经看出，这个小伙子的选择是朴素单纯的感情流露，也是理性思考的结晶。

“小朱同志，出身不由自己，道路可以选择，革命不分先后。我们非常欢迎你回来工作，只是国内条件很艰苦，要有思想准备哟。希望你放下包袱，轻装前进。我们会尽能力满足你在工作和生活上的要求的。”

朱尊权看到了詹浩生热情肯定的眼神，他明白对方完全与自己同走了一遭心路历程，自己的真诚换来了同样宝贵的信任，这是个多么好的领导啊。

像詹浩生一样热情接待朱尊权的，还有华东工业部轻工业处处长薛葆鼎。他结束了一个会议后，马上赶到詹浩生的办公室，专门代表华东工业部看望朱尊权。薛葆鼎的着装和儒雅谈吐与詹浩生形成了鲜明对照。他俩如同性格迥异的将军，打法不同，但目标一样：希望朱尊权留下来，留在华东工业部卷烟工业组。

这自然是朱尊权乐意闻听的佳音。领导者与被领导者之间信赖的纽带，就在第一次心意真挚的谈话中建立了。

1950 年 5 月，朱尊权的名字被记入华东工业部卷烟工业组的研究员一栏。一块崭新的里程碑在他的人生道路上出现了，正如他期望的那样。

2

1950 年“五一”节前夕的夜晚，大上海红旗招展，锣鼓震天，笑语欢腾。这个诞生在近代资本聚敛基础上的地方，如今一派气象万新的景象。朱尊权随着欢庆的人群来到外滩，过去未尝寓目的情景，让他驻足流连、思绪万千。

“我们面前一无所有，我们面前无所不有。”回忆过去，目睹现实，朱尊权感到自己汲取了一股跟上时代步伐奋然前行的力量，对未来有了更加广阔而又深远的憧憬。他渴望承载自己事业起点的这座城市美丽繁荣，也渴望自己的梦想在这里流光溢彩。

与朱尊权伴行的是他的女友姚雪英。

朱尊权出现在她跟前，着实让她又惊又喜。那是朱尊权到上海不久的一天。在她工作的那栋办公楼的走廊上，两个久别的人在互相走近。灯光映照的身影在他们前面，比相知的情人更早地重逢。她低下头，似乎一时还不能回到现实中来，使她显得局促和害羞。

“雪英。”她听到他轻轻地呼唤，声音听上去仍像初识时那样热情和温暖。她会心地一笑，然后便是沉默了。沉默不久，她问：“为什么不事先告诉我？”

朱尊权笑而不答。他的心还跳得厉害。来的路上，他想着怎样与她相迎，想着如何送上一件礼物。实际上，他什么也没带。等她出现的时候，他递上去的是一个微笑和随之而出的“你好”。

姚雪英由上海财经学院毕业后，参加了青年干部训练班，分配到新建立的上海干部医院做财务工作，还和从前一样美丽文静。特别是她身上那套列宁装，衬托了形象的和谐美，清新十足。

在以前的接触和3年未曾中断的通信往来里，朱尊权发现他们之间有着共同的生活目标和生活态度，因而认定她能够真正成为一辈子生活在一起的伴侣。不论是事业的取向，还是生活的安排，朱尊权最终把落脚点定在上海，他从来不避讳，其中也有爱情的力量。

婚姻不能不讲缘分。三年前，他俩在一大堆聚会的人中相遇

1950 年，朱尊权与姚雪英在上海

相识。那天，他和她还有那一大帮人，实际上都是为一对“相亲”的男女充当配角的。朱尊权和姚雪英分别以男、女方的朋友身份出席。然而，那对真正的主角最后却没戏，而朱尊权与姚雪英走到了一起。

他们的恋情发端于上海，又在朱尊权去了美国后的通信往来中延伸进展。信里的字铺成两人互诉衷肠、共叙友情的通道。

姚雪英对朱尊权的好感，有一些是从家人的评价和支持中来的，更多的则是从直觉和接触当中来的。与他在一起，她感到安静，继而温暖。想到红尘世界有这样一个真实亲密的爱人在身边，陪着度过一生风雨，那很让她心安。

月光见证了这对新人的真情告白。天地悠悠，有情相守就是家。结婚的房子，还有房子里的每一件家具，都是借来的。他俩共同的财富是两颗相爱的心，是心手相牵的新生活。

1950 年，开创了朱尊权人生的新纪元：回国，成家，还有一生中最有价值、最有意义的事业奋斗历程也在此时开始了。他的脚步汇入了新中国建设大军的行列。

3

历来遭受战争损失最少的上海，是中国近代民族卷烟工业的主要发源地和中心。20 世纪 40 年代末，60%以上的民族资本烟厂仍集中于上海。新中国成立后，政府接管了官僚资本的几家烟厂，成立了国营中华烟草公司。朱尊权名义上是华东工业部卷烟工业组研究员，实际在国营中华烟草公司研究室参加技术研究工作。1952 年，朱尊权所在的国营中华烟草公司研究室与原英商颐中烟草股份有限公司化验室合并，组成上海烟草工业公司技术研究室。

上海苏州河畔、临近黄浦江的一栋英式建筑，不论是远眺还是近观，都能给人视觉冲击。作为上海“万国建筑博览”建筑群之一，它就是英商颐中烟草股份有限公司的原址。

说起 20 世纪 50 年代之前的外资烟草企业，最典型的标本莫过于“英商颐中”。它是英美烟草托拉斯集团在华的子公司，原名驻华英美烟草公司。

驻华英美烟草公司在半个多世纪里，成为集原料、加工、销售于一体的大而全的垄断企业，在中国攫取了大量财富，成为中国最大的烟草公司，在中国烟草史上既占有重要地位，也对当时烟草工业的发展具有一定影响。

这个在旧中国拥有种种特权，并凭借军阀、国民党豪门势力起家的庞大的烟草垄断组织，随着“保护伞”的陨落而每况愈下，最终资不抵债，濒于倒闭，于是在 1950 年主动向中国中央人民政府提出“转让”。1952 年 7 月，英美烟草垄断中国烟草达半个多世纪之久的历史宣告结束。

从那以后，英商颐中公司即原驻华英美烟草公司的原址成为上海烟草工业公司的办公楼，该公司的技术研究室也在这栋楼里。

每天在研究室里忙碌的朱尊权和他的同事们谁也没有想到，几十年后，正是从这个小小的技术研究室开始，成立了中国烟草行业唯一一家综合性烟草科学研究开发机构——中国烟草总公司郑州烟草研究院。

朱尊权是唯一一位从起点出发，跟随并推动着中国烟草科学进步与发展的车轮，一步一步走过，一直到 2012 年 93 岁逝世前仍在郑州烟草研究院名誉院长任上的元老。

1950 年，朱尊权在国营中华烟草公司研究室拉开了人生与事业的帷幕。原中华烟草公司由国民政府经济部于 1946 年成立，经营 3 年，四易经理，最后一任副经理在 1949 年上海解放前夕逃亡。1949 年由上海市军管会正式接管时，接收的库存卷烟合计不过 2000 余箱，还需变卖一部分烟缴纳税款、发放工资，而库存烟又都是滞销货。中华烟草公司在原料上一直依赖进口，在经营作风上则充满殖民地意识，在新形势下自然感到脆弱不支。

面对这样的烂摊子，上海市委有两种意见。一是主张转业，另辟生路。而大多数人主张继续办下去，理由是，就整个烟草工业的历史来说，国家资本所起作用不大，如果放弃国家企业，共产党领导的国营经济就不能体现，实力强大的“颐中”将依然占据霸主地位。1949 年，全上海年产卷烟 160 余万箱，国营烟仅占 6%。

不能开历史的倒车，要推动新中国的车轮前进。中华烟草公司从官僚资本转到人民手中这一重大变革，就决定了它和其他人民企业一样，有着光辉的前途。最终，对中华烟草公司的处理意见是出击“三驾马车”，把这个烂摊子好好收拾一番。

先是整顿机构，裁减冗员，建立新的、健康的、符合人民利益要求的企业作风。同时，向人民银行贷款 10 亿元（旧币，相当于现在的人民币 10 万元）作为流动资金。人民银行上海市分行当即同意，并允诺如果企业仍有困难，贷款额可以适当增加。钱有了，最后的问题在于产品。当时，中华烟草公司的卷烟产品有双斧、全禄、指南等牌子。前者是中级烟，后两个是低级烟，而销路最好的是中级烟双斧牌。在军管之前，双斧牌已经失去了市场阵地，处于挣扎状态。新的方案决定，先把双斧牌的销路稳住，与英商颐中公司的老刀牌交锋；然后再创一种新商标、新品牌，打开局面，与“颐中”的另一个老牌号大英牌（又名红锡包）争夺市场。这就是后来上市的飞马牌卷烟的由来。

商战开始，广告先行。中华烟草公司对双斧牌商标进行了改造，因为旧商标是日本占领时期设计的，缺乏民族感。新商标设计取消了洋文，采用中国式的两把斧头作图案，富有浓厚的民族色彩。飞马牌原是老解放区生产的军供产品。中华烟草公司采用老解放区的飞马牌卷烟商标，以“老解放区的名烟”为亮点进行宣传。然后，改革原配方，使香烟口味“海派化”。不久，有人指出，飞马牌商标上使用带翼的马属于荒诞神话。于是，按人民群众的要求，变更设计为奔腾飞马的图案，并采用工农业建设为背景，象征社会主义飞跃前进。上海市市长陈毅抽的就是飞马牌，他在会见荣毅仁时，曾把飞马牌卷烟放在桌上。

面貌一新的国营烟逐渐占领了上海卷烟市场。飞马牌不仅从老解放区飞到上海，还飞向全国，并外销香港地区。中华烟草公司打了个翻身仗。

这场战役正在进行之时，新的进军号角又吹响了。华东工业部交给中华烟草公司一个新任务——生产中国人自己最好的卷烟。

“昨天还是一个烂摊子，今天忽然要生产最好的卷烟?!”全公司轰动了——一个腐败不堪的中国官僚资本企业，一经转入人民之手，经过一系列改造，就蒸蒸日上了。

4

新中国成立前，卷烟市场不论数量与价格均为英商颐中公司所左右，最有名气的高级卷烟是白锡包。白锡包在手，如同吸烟者夹着量度身份与地位的标杆。还在中央大学读书时，朱尊权就听说鲁迅曾买了 20 罐白锡包香烟，托去延安采访的美国女记者史沫特莱转交给毛泽东。

上海是中国卷烟工业的发祥地。新中国成立前，中国 60% 以上的卷烟工厂集中在上海，卷烟产量为 82 万箱，占全国卷烟总产量的 46.8%，说上海占据着中国卷烟工业的半壁江山可谓名副其实，但当时的卷烟市场份额大部分被英商颐中公司的产品占据。

新中国诞生后，为了灭帝国主义威风，长中国人民志气，体现国营企业在卷烟工业领域的领导地位，中央指示，要生产一种比外国人制造的卷烟质量更好的民族卷烟。

当时，国内卷烟市场一是数量短缺，二是没有好烟。国内卷烟分甲、乙、丙、丁 4 个等级，没有国产的甲级烟，所谓好烟也是英美烟草公司生产的洋烟。如果招待外宾的话，没有拿得出手的国产好烟。

1950 年 11 月，第一任食品工业部部长杨立三呈报给毛泽东主席一份关于提高卷烟质量的报告。在这份报告上，毛泽东亲笔批示，要求“所有党政人员一律不要用外国及外商的纸烟，亦最好不吸私营纸烟”。同时，毛泽东指示，我们现在做的纸烟质量总比外国人制造的要差，要搞一种较好的烟出来。我们应该有自己最好的卷烟品牌。

于是，新中国刚刚成立，研制国产名牌卷烟的工作就被提上了议事日程。生产中国人最好的卷烟品牌理所当然成了当务之急。上海作为中国卷烟工业的发祥地，责无旁贷地要担此纲。接到任务后，中华烟草公司立即组织技术力量，着手研究设计卷烟配方。

一天，朱尊权刚到研究室，就被公司领导请到办公室。同被请去的还有王承翰、丁瑞康等人。他们要为“中国人最好的卷烟品牌”做出样烟，然后交中央领导人审定。

朱尊权等人非常清楚，将要完成的是一项政治任务，只能成功，不许失败。

当时，中华烟草公司的生产规模和研发能力都有了显著增强。研制中国最好卷烟的工作以厂务科科长王承翰为主，丁瑞康和朱尊权负责叶组配方等具体工作，共同研究生产工艺并制定原辅材料标准。经过殚精竭虑的精心研制，三个月后，样烟终于做成了。

样烟做成后，由时任华东工业部部长的汪道涵专程送到北京，请毛泽东等中央领导人评吸。经过煎熬的等待，朱尊权他们听到了鼓舞人心的消息，中央领导人评吸后，对样烟评价很好。

“孩子”生出来了，于是策划给它取名字。在几个候选名单中，有个名字叫“中华”。

“中华！”“中华！”随着每个人的呼唤，它仿佛非同一般，格外亲切、大气。为弘扬民族志气，应该叫中华；为顺乎中华烟草公司的名称，也应该叫中华。朱尊权他们用热爱人民共和国之情，为样烟取了一个叫得响的名字。中国最好的烟，理应有个响亮的名字。从此，这个中国最好的烟就叫“中华”。1951 年 1 月，日后被誉为“国烟”的卷烟品牌——“中华”在上海诞生了。

给一个好品牌增光添彩，离不开好的商标图案。于是，中华烟草公司在《解放日报》上刊登征集商标方案启事。一时间，来稿如雪片。最后亮相于世人面前的烟盒图案是：深红全底加上五颗金色五角星，两旁是两个华表，下面用金水桥相连接，上部中间印有“中华牌香烟”五个大字；背面是一个有底座的华表，中间印有“中华牌香烟”字样。

倾注了几代上海烟草人心血和奉献的“中华”牌卷烟，成为我国卷烟品牌中荣获国家级和省级以上奖励最多的品牌。改革开放后，“中华”卷烟的产量随市场需求步步升高，价格也不断增长，赋予其上的新的技术含量，更富现代意义与时代气息。“中华”烟成为全国卷烟品牌的“领头羊”，始终保持着“国烟”的荣耀。

令朱尊权一生自豪的是，“中华”卷烟的先期配方是由他和同事们共同研制的。他的人生中有了这样一段经历，生命的长河便留下不凋的记忆。

5

然而，就在“中华”卷烟一炮打响的时候，在配方中担当主角的美国烟叶告急。当时正逢抗美援朝战争期间，美国对我国实行禁运，国家也没有足够的外汇购买美国烟叶。缺乏烟叶对于新生的“中华”来说无疑是致命的打击。

“中华”牌卷烟问世之初，原配方中所用美国烟叶比重较大。

中华烟草公司被上海市军管会接管时，接收的原料仅为：土烟叶5.5万磅，美国烟叶包括烟梗在内27余万磅。国营上海烟草公司的库存烟叶也是捉襟见肘。为试制“中华”样烟，朱尊权他们费尽了心思。结果，样烟的部分烟叶还是由一个叫大东南的私营烟厂提供的，是AAB等级的美国烟叶，即当时最好的烟叶。

美国烟叶无疑是“中华”卷烟配方的首选。“中华”甲（50支，铁听装）中，美国烟叶占到了60%，其次才是许昌、青州的烟叶。到1952年第四季度，美国烟叶紧缺，在“中华”甲中所占比重降为45%，“中华”乙中的美国烟叶也由10%降到6%，而且连美国烟叶的烟梗都全部用上了。

美国烟叶在“中华”烟中所占比重，随着过去库存陈烟的减少而下降，烟叶成为首要问题。“主角”缺席，迫使朱尊权他们不断地更改配方。1953年1至3月，“中华”烟的配方就变动了6次。其他等级的卷烟配方变动次数更多，有的一个月内达八九次。

接踵而来的问题层出不穷。高级烟叶入不敷出的局面还没得到缓解，低级烟叶也断档了。那么，生产低级卷烟的烟叶就得用较好的烟叶去替代。像丁级的“指南”牌卷烟，部分用的是丙级原料。当时老百姓的消费能力大多集中在丙级、丁级卷烟价格范围内，因此，大众消费的主流产品必须货畅其流。这关系到国计民生和社会稳定，付出再多的代价也要保证货源。当然，工厂并不愿意这么做，因为这将给成本、品质等都带来负面影响。卷烟的等级终究要与烟叶等级、成本挂钩。“指南”牌卷烟当时用的都是较好的烟叶，一旦将来以原貌复出，消费者就会觉得质量下降而“有话要说”。

以上这些问题还不是朱尊权担心的主要方面，毕竟“以好充次”总比相反的结果好，受益的是老百姓。他真正担心的是“中华”。果真，事情还是不可避免地发生了：1953年第一季度，“中华”牌卷烟品质下降。谁都知道是原料供应不上造成的，但轻工业部烟酒工业管理局还是派了一个品质检查组下厂调查。

事情是这样的：一些人在吸“中华”烟时发现了质量问题。周恩来总理得知情况后，随即找了轻工业部的领导，指示轻工业部必须重视抓好“中华”烟的质量。为此，轻工业部立即指派食品工业局局长肖桂昌等人组成工作组到上海卷烟厂，就“中华”烟的质量问题进行调查。调查工作完成后，轻工业部工作组对“中华”烟的生产作出两条严格规定：一是做“中华”烟的烟叶原料必须经过挑选，厂里对确定的烟叶配方无权变动，如要变动，需报轻工业部食品工业局审批；二是生产“中华”烟的每一道工序都要按照严格的工艺标准执行，不准随意改动。从此，上海卷烟厂一直将生产“中华”烟当作一项政治任务，并严格按照上述两条规定来组织“中华”烟的生产。

虽然轻工业部对“中华”烟的配方改动作出严格规定，但种种原因分析下来，保证“中华”烟的质量，还是只能从配方调整着手。1953 年 4 月，配方调整方案经朱尊权等人连日研究，呈到上海烟草工业公司领导那里。措施有 3 条：第一，叶组配方提高许昌、青州用叶等级，悉心挑出优质烟叶；第二，叶组配方中退出部分烟梗，以加强卷烟的香味，并可改进卷烟的颜色和减少白点；第三，在加用香料的同时，注意使烟叶本身优良的香气尽量发挥。

改进后的效果果然十分显著：香气比以前优而浓，无杂气，吃味比以前清醇，刺激性减少。烟丝颜色的光泽也有改进，白点明显减少。

“中华”烟的改进配方得到轻工业部“通过”的批示。

“中华”烟的品质保住了，风格也未受影响。此刻最高兴的应该是朱尊权和他的同事，可他们依然如履薄冰，依然不能释怀。要保住“中华”不是毕其功于一役的事，只有他们清楚，“中华”烟的品质是用停产或减产的办法才保住的。

一切矛盾的焦点仍然是让人欢喜让人忧的烟叶，没有烟叶，“中华”烟的配方还得变动。不出所料，配方方案实施不到3个月，配方再次调整，而且幅度很大。朱尊权颇为吃惊，这几乎是另起炉灶。每次更改“中华”烟配方，都需要向轻工业部请示。朱尊权他们务必缜密研究，对香烟品质确无影响才能实施。

烟叶告急，牵动着每个人的心，朱尊权尤为焦急。

事实上，1953 年 3 月底，上海烟草公司的中上档陈烟叶，主要是许昌和青州烟叶的库存量就已经探底。

上海烟草工业公司党委召集烟叶紧急会议，朱尊权代表研究室发言：

“如果扣除四、五月份计划需要量后，可供制‘中华’‘前门’‘光荣’等各牌号卷烟的烟叶数量共计不超过 3 万箱。其中，可供生产‘中华’、白锡包、绿锡包 3 种甲级烟的不超过 4000 箱。这样的话，过了 7 月份，3 个高级牌子所需陈烟叶几乎全部用完，势必停止生产，情况至为迫切。”

“尽快解决问题的办法有哪些？”公司领导投向朱尊权和其他技术人员的目光里充满了期待。

朱尊权很了解公司领导此时的心情，他们承受的压力比旁人更大。昨天烟叶告急，今天烟叶告急，明天还会是烟叶告急。如果战斗正酣时，前方传来弹药告罄的消息，指挥官面临缺车少炮、指挥不灵的局面，能不心急吗？

“我与研究室的同志商讨过，兹拟了四点意见供参考。”朱尊权打开随身携带的笔记本。

“第一，电告中央，请求大力支持，由各地调拨烟叶。第二，闻产地邓炕（今河南邓州市）尚有烟叶数千包，请供应部门即行调拨来沪，再由各厂组织人员挑选。第三，陆续购进市上零星美国烟叶。第四，与华东土产进出口公司接洽，如拟进口印度烟叶，则尽速进口上档印度烟叶。第三、四项在缺乏陈烟叶情况下对卷烟品质有很大帮助。”

卷烟生产随时受到严重威胁，加之新中国成立以后，在恢复生产、克服困难过程中，存在着许多障碍。朱尊权脑子里跳跃的不是灵感，不是对未来的构想，这些在当时说来都为时过早。卷烟生产中措手不及、接踵而来、此起彼伏的矛盾与问题，耗费着朱尊权他们大量的心力与时间。而正视现状、解决问题，正是他们要做的。

烟叶紧缺的局面在以上四点意见被一一采纳后，逐步得到了一些缓解。“中华”烟又从风口浪尖上走了过来，其他各牌号卷烟也得以继续生产。

朱尊权舒了口气，悬起的心暂且归于平静。当然，“中华”烟从绝路走到新生，还只是一个开端，还有许多困难需要克服，等待他的是一系列问题的挑战与应答。

6

新中国成立后，在不可能继续进口美国烟叶的情况下，要解决烟叶紧缺的问题，显然困难重重。1952 年已任上海烟草工业公司技术研究室副主任的朱尊权，全面负责“中华”卷烟的产品设计和叶组配方工作。卷烟从表面上看，不过是一支把烟叶切碎、加料、加香并用纸包卷的小白杆，看似一律，没有区别，其实有着大不相同的内涵，它的品质几乎都集中在配方上。

然而，美国烟叶的缺失，往往使朱尊权他们陷入无米之炊的境地，而且随着时间推移，烟叶紧缺的问题越发凸显。这让朱尊权倍感压力。

如何继续保证“中华”等卷烟的生产，显然是最主要、最紧迫的问题。当年的出路无疑只有一条——用国产烟叶逐步替代进口烟叶。这意味着朱尊权他们要进行全新的配方研究。

“国产烟叶能比肩美国烟叶吗?”有人问朱尊权。国产烟叶与美国烟叶相比，无论外观质量还是内在品质，都差异明显。美国烟叶在甲级“中华”烟的配方中最初占了60%的份额，另外40%也是由中国当时最好的河南烟叶和山东烟叶组成。“既然最好的国产烟叶都用上去了，目前还会有更好的烟叶来替代美国烟叶吗?”一些人的疑问，在朱尊权看来不无道理。可是，这些疑问局限于一个比较狭隘的思维范围。实质上，朱尊权他们所说的“替代”不是简单的对号入座。

朱尊权回国工作之初，就着手研究烟叶的性状特征。凡可收集到的国内外烟叶，他几乎都一一评吸研究，找出不同地区、部位、等级的烟叶外观物理特征与内在香味、烟质的规律，研究烟叶的配伍性。朱尊权和同事们所做的大量基础性工作和以前的工作经验积累，为研究国产烟叶替代进口烟叶奠定了重要基础。

“烟叶在配方中的作用是多方面的，一般包括主体烟叶、调香味烟叶、调劲头和浓度烟叶以及填充烟叶4个部分。我们将使用多地区配方结构，把不同烟叶掺配到一块儿。这样可以集中更多烟叶的优点，弥补各种烟叶的不足，达到我们想要的结果。”1952年3月，朱尊权在上海烟草工业公司召开的国产烟叶替代进口烟叶会上解释自己的观点。他的解释实际上也是他的思路：

“我们要考虑的是如何代替的问题，而不是能不能的问题。也就是如何在不同地区的国产烟叶中找出符合美国烟叶特点的烟叶，从而开创中国特色的配方体系。自己的孩子本应该自己生，这是完全有可能的。”

在一些人的否定、怀疑、观望中，新中国烟草史上的一场变革——“用国产烟叶替代进口烟叶”的研究工作，由朱尊权带领主持，大张旗鼓地开始了。

如果在中国要买到上好的烟叶，过去只有一个来源：进口。如果说起中国烟草的来源，追溯回去，原来也是一个出处：进口。

烟草传入中国有400余年。当烟草被用作消费品时，一开始流行的吸烟方式是烟斗，烟斗里燃吸着碎烟叶或者是烟丝。后来，人们改用水烟筒，据说是为了避免“火气直达喉中”。接着，鼻烟盛行，人们便看到了精镂细雕、形色纷呈的玉的、水晶的、玛瑙的鼻烟壶。

随着“邦萨克”卷烟机的发明问世，卷烟企业的机械化程度提高。虽然卷烟被引进中国最晚，但影响最大。1902年，英商在上海设卷烟厂，国外烟草对中国的深入渗透和影响在那时开始。烟草丰厚的利润，也吸引了中国资本家陆续开设卷烟厂。

卷烟完全是凭借其他烟制品无法取代的优势发展起来的，携带方便，吸用简单。取烟、点火、抽吸——烦琐的程序全被两三个简便的动作浓缩了。

烟叶有香料烟、晾晒烟、烤烟等类型。中国人手上的卷烟，一开始从质量到风格，属英式烤烟型，其特点突出色、香、味，卷烟配方全部或绝大部分使用烤烟。当然，许多人并不知道他们抽的烟叫烤烟型，也不知道19世纪末输入上海的外烟全部是烤烟型，而后英美烟草公司在上海开设烟厂制造的卷烟也均是烤烟型。卷烟带给消费者最直接的体验是吸味。因为先入为主、潜移默化的影响，吸烟者对烤烟型有了非他莫属的好感，有了欲罢不能的依赖。这就是烤烟型卷烟在中国沿“吸”至今，而且成为主流烟型的主要原因。

在中国广为流传的烤烟，种植发源地在美国，世界上种植的许多烤烟品种都是美国培育的。随着外国烟草资本势力的入侵和掠夺，美国烤烟种子就伴随卷烟来到中国。20 世纪初，英美烟草公司的烟草专家专程来华，目的是攫取廉价的烟叶。他们选定山东、河南、安徽首先试种，成功后，又向辽宁、吉林等省扩张。从此，美种烤烟在中国广袤的土地上延伸，成为中国烟草种植中区域最广、面积最大的烟草种类。因此，搞烟草的人说到烟叶，一般想到的就是烤烟。

正因如此，长期以来进口烟叶一直占据不可撼动的地位。当初，中国生产中高级卷烟，毫无例外都是由外国烟叶担当主角。朱尊权和同事们着手做的事情就是要打破这种局面，构建一种由中国烟叶主导的、前所未有的配方模式。

与朱尊权一起战斗的有王承翰、丁瑞康。他们都是新中国第一代烟草专家。

一张张烟叶被摊开，堆放在研究室的地上、桌上，看起来研究室成了仓库。

同是在田间生长的烟叶，因受气候、土壤、栽培技术措施和品种不同等影响，生产出来后不仅外观有差异，而且差异本身也显示着内在香味质量的好坏。

朱尊权他们把研究重点定位在美国烟叶与国产烟叶的对应关系上。首先把上海库存的美国烟叶和大量的不同地区的国产烟叶，按各自的部位、颜色以及身份、组织、光泽等不同品质因素分成许多小组，然后将每一小组的烟叶分别切丝制成卷烟，评吸它们的烟味香气特征。

把各个因素综合地运用于分清“烟叶等级”，是一个理论联系实际的过程。朱尊权在美国留学期间，对于美国烟叶等级的划分掌握得比较透彻。王承翰、丁瑞康也有多年与烟叶打交道的经验。他们很得心应手地把烟叶鉴别和分级工作做好了。

如何寻找国产烟叶与美国烟叶的对应关系，才是最关键的问题。

走哪条技术线路才能达到理想的效果呢？朱尊权决定采取香气特征分析的方法。这是因为，香气是烤烟内在质量的重要评价指标，烤烟的香气又是卷烟香气的基础。虚无缥缈的气体，实质上是一座实实在在的桥梁，通过它找到美烟与国产烟对接的交点，得出共性，从而为后者替代前者提供技术数据、理论根据、观点和方法。

鉴定烟气香味的特点，要看烟丝通过燃烧产生的烟气的特征和特性，简单地说，要看烟丝燃烧后得出的结果。衡量烟气质量的因素有很多，朱尊权他们主要抓住香气与吸味两项。如何测定出以上两项指标的结果，在当时来说唯一的方法是评吸。

所谓评吸就是把烟支稳稳地夹在指间，吸一口，吐出烟雾。表面上看与一般抽烟没有什么不同，但实质上，评吸和抽烟的体验大不一样，它的内涵都藏在表象之下，只有评吸者才能揭示。这是一个求证过程，很多的可能性就在其中。

研究室里不显眼的角落处放了一台小切丝机，还有一个木制的手工卷烟匣子。木匣子用几块长方形的小木条钉成，在拉板上糊张牛皮纸，均匀地撒下烟丝，把牛皮纸下的一根小铁棍往前一推，出口处便掉出一根卷烟。这两件物什的操作主人属于一个年轻的工人，他每天的任务就是切烟丝、卷成烟支，供朱尊权等人评吸。

朱尊权他们的两只手上往往要同时夹住三四支烟，把一口烟深吸下去，凝神屏气，而后像游丝一样从鼻孔或嘴里徐徐吐出来。吸烟者的神情有时细细品味如陶醉，有时专心致志如同进行一个哲学命题的思辨。每支烟蕴藏着的密码，就在一吐一纳的精心体味中被解译。

研究条件非常简陋，朱尊权他们没有条件利用仪器设备与化学成分测试手段来衡量烟叶质量和吸味好坏，完全靠感官去体验。事实上，以仪器测试代替感官评吸在当时还没有成功的方法可以借鉴。评吸，仍然是鉴定烟质的可靠手段。朱尊权和同事们要吸不同产地、不同部位、不同等级的单料烟，加起来无法计数。每天几乎重复着完全机械的、毫无变化的动作，在精神高度集中、高度紧张的状态下，用感官捕捉烟草传递的点滴信息，还有烟草的苦涩和悄无声息的危害，唯独没有享受与惬意的美妙可言。

朱尊权实在是困倦了，端起一杯茶。茶，一是能解乏，二是能调剂麻木的口腔。口腔像个收容站，一支支烟吸下去，各种各样的味道都会残留一点。久而久之，口腔的敏感度降低，有时感觉舌头都不知跑哪儿去了。此刻，茶是最好的朋友。和它“亲密接触”后，朱尊权慢慢地恢复到常态，找回了感觉，又继续着要做的实验。

研究工作步步深入，成果也开始显现。朱尊权越发认定，当初他们选定香气作为研究方向是正确的。

朱尊权他们发现，美国烤烟的香气大体上有三种类型。有一类具有浓郁的烤烟香味。有一类烤烟本身香味不浓，但具有一种怡人的香气。还有一类烟叶不仅烤烟本香浓郁，同时还具有怡人的香气，这类烟叶是最理想的上等烤烟。

国产烤烟中近似美烟第一类，即烤烟本身香味浓郁者为数不少。近似美烟第二类，即烤烟本身香味不甚浓却具有另一种怡人香气者也有一些。但是，未找到近似于美烟第三类的烟叶，即最理想的烟叶。不过，找到了另一类烟叶，其烤烟香味尚浓，但同时也具有一种不甚理想的特殊气味。

中美烤烟的总体差别在于，中国缺少香气量足、香气质好的烤烟，即最理想的烟叶。要解决这个问题，需要在烤烟品种、种植、生产上进行艰苦的研究，非短期内能实现。但从实际情况出发，继续挖掘和培育第二类烟叶，即烤烟本身香味不浓而具有一种怡人香气的烟叶，将之在配方中多加掺用，充实卷烟的优美怡人香味，就基本上可以逐步达到替代美烟的目的。

这些结论来自朱尊权和同事们的实验研究与平时的工作积累。围绕烟叶香气这根主线，他们分析出了美国烟叶在叶组配方中的特点，继而掌握了国产烟叶与美国烟叶的对应关系。这就是说，他们终于找到了国产烟叶替代美国烟叶的理论根据。那么，这个理论根据如何用文字的形式表述？朱尊权想到，要根据烟气的香味特征用科学、规范的名称加以定义，形成统一的概念和认识。

朱尊权认为，把烤烟的香气分为浓香型、清香型、中间香型三种类型比较合理。浓香型是烤烟本身具有的浓郁香味，是卷烟的基本香味，以河南烟叶为代表。清香型有烤烟本身的香味，但不浓郁，同时具有宜人的、突出的香气，可以丰富卷烟的香气，以云南烤烟为代表。中间香型既有烤烟本身较浓的香味，同时也有突出的地方气味特征，这些气味特征有些是宜人的，以贵州、福建烤烟为代表。

看似简单的综合归类，实质上是朱尊权和同事们经验、智慧的结晶，是他们通过对美国烟叶和各种国产烟叶的成分、质量特征的系统分析研究，并在大量单料烟的评吸体验中分析鉴评出来的。

三种香气类型的提出，为“中华”等卷烟叶组配方奠定了理论和实践基础，也为国产烟叶替代进口烟叶找到了突破口：以三种香型的烟叶调剂卷烟香气，再以不同部位、不同品质的烟叶调剂烟碱含量，控制卷烟的生理强度和吸味，以求形成易被消费者接受的卷烟。

对烤烟香气进行分型的意义更在于，它开创了新中国烟草科学配方的新理念，为规范和指导当时全国各厂的卷烟配方起到了关键作用，使配方研究人员有据可依、有章可循，迈出了规范全国卷烟叶组配方的第一步。这一理论指导我国卷烟配方工作数十年，发挥了巨大作用。

以国产烟叶替代进口烟叶的配方难题，在以朱尊权为首的技术人员努力下被攻克了。中国人用国产烟叶制造自己的高档卷烟的梦想，终于实现！

7

在此过程中，朱尊权对全国烟叶生产情况有了较为深入、全面的了解。除了河南、山东等老烟区的烟叶担纲“中华”卷烟的“主角”外，云南烟叶，还有当时名气甚微的福建永定、浙江新昌等地区的烤烟和少数晒烟也被朱尊权等人慧眼识珠，选进了“中华”卷烟的配方。

当年，河南、山东等老烟区的烟叶占主导地位。以河南许昌为代表的浓香型烟叶，以山东、贵州等地为代表的中间香型烟叶，在数量与质量上，相对来说问题小些。最缺的就是以云南为代表的清香型烟叶。

朱尊权常常为清香型烟叶的“缺席”发愁，唯有靠数量有限的云南玉溪烟叶解燃眉之急。云南的自然条件很适合种植烟草，生产的烟叶色泽橘黄、劲头适中、香气浓郁、吸味醇和，确实是制作卷烟的上好原料。可惜，云南烟叶货源少，难以保证所求之需。再说，清香型是烤烟中的优良香气之一，除具有烤烟的本香特征外，还有一些宜人的清香，是高级卷烟需要的一种香气，在“中华”卷烟配方中有着“三分天下有其一”的地位，缺它不成烟。

一天，一位朋友拿来一把烟叶请朱尊权鉴定。

看看、摸摸、闻闻，再卷成烟评吸，朱尊权的眼睛顿时闪出喜悦的光芒："哪里的烟？"

"福建永定的。"来者说。

"清香型！清香型！一种有别于云南烟叶的清香型。"朱尊权高兴地说。这是福建的好烟叶第一次闯进他的视线。

王承翰、丁瑞康以及当时在华东农业部工作的技术专家余茂勋等人也拿起烟叶，几番"检验"后，他们脸上露出了与朱尊权同样的神色："有独特的香气特征，可以进入'中华'配方，丰富卷烟香气。"

之后，从未登过大雅之堂的永定烤烟在最高档的甲级"中华"卷烟配方里占了10%的份额，这无异于惊人之举。

"要组织并协助发展福建的烤烟生产。"

"还有云南。"

在朱尊权等烟草专家的倡议与技术指导下，从1953年开始，云南玉溪、曲靖，特别是福建永定、龙岩等地区的烤烟生产逐步发展起来，数量大幅度增长。这些烟区后来都成为全国闻名的清香型烟区。与此同时，浙江、广东、湖北、湖南等地适用于调剂卷烟香味的晒烟也开始发展了。

20世纪50年代初，针对国产烟叶优美香气不足问题，朱尊权他们又着手指导试种香料烟。香料烟在卷烟配方中起着重要的调香调味作用。

朱尊权很清楚，香料烟种植对光照、土壤、水分、空气、湿度等因素的要求比较严格。如果在不适宜的条件下生产，可能失去香料烟特有的香味，从而丧失其使用价值。

那么，适合在国内试种香料烟的地方又在哪里呢？

在调研与评吸过程中，浙江新昌有个叫"白光"的晒烟品种引起朱尊权的注意。它的香气好，也适合配伍，遗憾的是色泽太浅，发白，不太适合与烤烟配合。不过，朱尊权认为，就新昌的条件而言，可以试种其他品种的香料烟。朱尊权他们与余茂勋商定，决定用朱尊权从美国带回的香料烟种子在新昌荷花塘试种。余茂勋、丁瑞康和朱尊权具体负责试种工作。

1953 年，朱尊权一行来到荷花塘，这如诗的地名并没有如画的美景。当时，他们就在荷花塘一个破庙的戏台上安身：撒层稻草，铺上被单，就是床铺；垒几块土砖，支上木板，就是办公桌兼饭桌。他们吃在台上、睡在台上，一些烟叶也晾晒在台上。到 1956 年，新昌香料烟发展到千余亩，成为中国第一个香料烟生产区。

新昌香料烟试种成功，为我国香料烟的种植品种、栽培措施、调制方法摸索了经验，尤其是为后期的研究工作和全国香料烟发展奠定了基础。

忙碌成为朱尊权生活的常态。他回国初期确定的“从烟草工业指导烟草农业”的想法，在日复一日的忙碌中得以践诺，这正是朱尊权乐意看到的事情。

8

1953 年，与解决国产烟叶替代进口烟叶问题齐头并进的另一项试验工作——烟叶人工发酵也在朱尊权的主持下进行着。这项试验是为了解决另一个问题——陈烟叶紧缺。

酒越陈越香，烟越醇越好。任何一种烟草收获后，不经过一个发酵或储存醇化过程，都不宜用来制造烟草成品。这是因为当年收获的新烟叶在品质上存在着不同程度的缺陷，比如闻起来有生青气、地方性杂气，看起来有青色的阴影，抽吸时刺激性强，燃烧性差，余味不舒适、不纯净，香味不突出。尤其是低次烟，还有苦、辣、涩等缺点。这些缺点通过自然醇化后，可以得到不同程度的改进。当时国内外的烟草醇化，都是通过长时间的储存。烟厂一般都把醇化当成制造烟草产品前不可缺少的一个加工环节。

如果按照当年国外卷烟制造业通用的烤烟自然醇化方法，新烟叶复烤后一般需要贮存 1 至 3 年才能使用，将某个地区 1 至 3 年的陈烟混合起来用，克服年度之间气候差异对烟叶品质的影响，保证烟叶配方的稳定性。然而，对于烟叶库存急剧减少，又急着等米下锅的上海各烟厂来说，自然醇化的期限太长了，如果加大新烟使用的比重，必然会影响卷烟的质量。

“国内烟叶产量本身就严重不足，目前又无法大量迅速发展烤烟，库存量能不减少吗？”一些人的牢骚也是上海烟草工业公司领导的苦衷，因为当时各烟厂卷烟的品质和成本已经完全处于被动地位。这不但威胁生产，严重时还将影响国家财政收入和社会稳定。

怎么办？领导同朱尊权等人商量。

朱尊权和同事们曾多次讨论过这个问题，已有头绪，也有明确的想法，但他没有马上回答，思考了一下说道：“最终的办法，也是唯一的出路，就是缩短烟叶醇化的时间，采用人工发酵。”

“人工发酵？”领导疑惑的目光投向朱尊权，示意他继续说下去。

朱尊权再三思索后才作答，是因为人工发酵的烟叶，在香气质量上明显劣于自然醇化的烟叶。但是，自然醇化所需时间长，使原本就贫乏的烟叶资源雪上加霜。

所以，朱尊权想到了能缩短醇化时间的人工发酵。

“在当今的条件下，这是最济急的稳妥办法，但不能说这是最高水平的，不可避免地存在许多缺点。”朱尊权实事求是地说。

“人工发酵虽不如自然醇化，可目前只有这条路了。要走通这条路，也不是件容易的事情啊。”领导的担忧正是朱尊权考虑的问题。

全国的卷烟工厂，以前都是依靠自然醇化来改进烟叶质量的，没有人工发酵的经验可以借鉴。朱尊权和同事们也没有涉及过人工发酵的工作，基本原理虽懂得一些，但要真正干起来，不是上手就会那么简单。再说，缺少系统的资料供参考，发酵设备也没有一样。放眼望去，简陋无可遁形。所谓的“硬件设施”就是一个办公桌、一个小切烟丝机、一个木制的手工卷烟小匣子，还有就是数量有限的一些“瓶瓶罐罐”，这些东西就是新中国成立初期上海烟草工业公司技术研究室的所有家当。

一切对今天来说不是问题的问题在当年都是挑战。朱尊权他们仅仅从苏联的烟草杂志上，获取了苏联有关人工发酵的一些方法，但那本杂志介绍的是晾晒烟的发酵。烤烟发酵在原理上与此大致相通，可烟叶类型不同，技术方案就有所不同。再说，苏联与中国的地理环境也不同。

尽管有种种的“不同”，在朱尊权他们眼里，短短一两千字的资料，至少提供了一个可以借鉴的参照。虽然从这些简单的文字中，不可能寻觅出完整的答案，但打开了他们的视野，延伸成一条助飞的跑道。

朱尊权与王承翰、丁瑞康、韩育东等人一起从资料中吸取灵感，又从实际中找到结合点，决定研究引进东欧的晒烟人工高温快速发酵技术，并拿出了试验研究的初步方案。

按照发酵工艺的试验要求，首先要有保温、保湿的发酵环境，也就是发酵室。室内要有自动调节和控制温度、湿度的设备，有内外空气循环系统，不能因室内外温差大出现室内结露与冷凝水下滴现象。

负责设计施工的工程师韩育东将必备的工艺设备集中在一个电梯间里，里面安装了可以调控温度、湿度的发酵设备，还设置了一个能堆放两个烟包的堆放架。中华卷烟二厂一台废弃的六七平方米的送货电梯被改装成做试验用的发酵室，看起来像个大型烤箱。这台机器开始了夜以继日的工作。1953 年 5 月，烟叶人工发酵试验就这样展开了。

艰苦的条件下，朱尊权和同事们的许多想法只能附着在随物赋形、因陋就简的客观环境中，得一寸便是一寸的进步，得一尺便是一尺的积累。

“大家的心情都一样，都想取得最理想的结果，但现有的客观条件就在这里，要是不以现实为基础，任何远骛都是不切实际的奢望。”朱尊权想得最多的是从实际出发，团结同事们，集中力量，形成拳头，打开解决问题的突破口。

他们要解决的问题有三个：第一，温度的高低和烟叶的含水量都影响发酵的速度与质量。不同含水量的烟叶，在工艺上应该如何处理？第二，国内烟包一般是百余斤的席包，压得很紧，需要多长时间才能使包心烟叶达到要求的温度？怎样控制升温速度才能使整包烟叶的发酵结果接近一致？第三，发酵后的烟叶温度较高，如果立即移到仓库堆垛，环境温度降至室温，烟包外层烟叶失水较快，容易造碎，包心烟叶容易压伤，发酵后的降温工艺应当如何考虑？

朱尊权、王承翰、丁瑞康等人提出的种种问题都需要通过试验来解决。他们认为，首先要解决的技术难点是找到判断适当发酵程度的标准和方法。只有发酵适当的烟叶，才符合加工制造优良卷烟的要求，发酵过分或不足对质量都不利。

朱尊权和同事们围绕人工发酵试验的问题继续展开讨论——

“我们需要研究判断人工发酵程度的方法，因为人工发酵的速度快，研究判断的方法极为重要。”王承翰说。

“研究发酵效果一般有两种方法。一是从化学成分在发酵过程中的变化入手，二是从具体发酵工作的经验中获得的认识入手。如果从第一种方法入手，主要是采用示氧测试法。示氧的方法即是用来测定烟叶吸收氧气与放出二氧化碳的工具之一。简单地说，就是测定烟叶内含物质的氧化程度。”丁瑞康从技术角度加以说明。

“苏联一直把示氧数据用作判断烟叶发酵程度的指标，然而，氧化程度和香气的相互关系，尚未见到各国烟草科学研究的文献。我们现在采用 50 摄氏度人工发酵，烟叶不同于苏联的烟叶品种，地理和气候环境也不同。单纯依靠测定烟叶内含物质的氧化程度来判断烟叶发酵的适当程度，对烤烟的人工发酵来说，似乎是不够全面的。”朱尊权指出了示氧测试法的局限性，强调“还应该依靠感性判断的方法”。

正如预计的那样，试验结果让朱尊权他们发现用示氧数值作为发酵完成的指标不够稳定。如果分别从每次发酵的示氧数值和烟叶质量的关系来看，则不稳定的情况更为突出。

解释示氧指标不稳定的原因不难。同一个发酵室中，即使同一把烟叶，每片烟叶的质量都不相同。哪怕是同一片烟叶，里外部位不同，质量也有差距，反映到示氧测验结果上也是如此。

朱尊权拿着试验结果报告，与同事们一起分析，他说：“示氧数值的变化与烟叶发酵进展程度有相关性，可惜不够稳定，扑朔迷离。目前的结果，印证了我们事先考虑到的感性判断措施是符合实际的，不能单方面地采用苏联强调的示氧法。”

“在目前氧化与烤烟质量还缺乏足够的相关性，烟叶化学成分与色、香、味的关系尚不够明确之前，判断人工发酵的具体情况还是应该以感性判断比较适当，并且与具体情况也容易结合起来。”王承翰、丁瑞康、韩育东等人的想法补充了朱尊权的观点。

朱尊权他们在试验中发现，烟叶发酵过程中的质量变化主要体现在七个方面：颜色、光泽、香气、生青气、杂气、刺激性和烟味。

他们提到的感性判断，主要指色、香、味的关系。与示氧法不同的是，感性判断直接、外化，与烟叶发酵程度关系密切，判断原则易于掌握。

“掌握感性判断的方法，主要是掌握色、香、味的关系。目前还没有一种科学方法来测定色、香、味，因而，烟叶的香气浓度需要通过嗅与评吸和观察颜色来作评判。”朱尊权说。

评吸香气应该如何去体会？朱尊权与同事们交换了各自的看法和经验：

“我们判断发酵程度时，必须尽量保持原有的香气，不使其减少；尽量减少生青气和其他杂气，使烟气和顺，并适当地使烟味较为浓厚。”

“如果嗅到了陈烟应有的那种香气，说明生青气已经消除，杂气也已消除或是减轻。在评吸时，香气也会较好、较浓。”

“的确如此，保持烟叶原有的本香是最理想的。”结合大家的经验，朱尊权谈了自己的认识，“烟叶发酵后，颜色会加深，刺激性与杂气减少，烟味转浓。但我们也要注意，颜色与生青气、杂气的关系也有例外，尤其是颜色易变的青州上部烟叶和昆明烟叶，间有颜色已达适当，而生青气还略有存在。”

朱尊权他们在试验中摸索经验，又依据经验指导试验，制定了烟叶人工发酵技术原则：第一，保持烟叶的香气不致减少；第二，减少生青气、刺激性和杂气；第三，适当维护颜色，不使其过深。随后，他们又拟定了每个技术环节的具体措施和操作要点。

9

夜深了，从发酵室传出设备运转的声音，在空旷静谧的楼道里回荡，格外清晰，这是白天听不到的声音。都说是不夜的上海，毕竟白天的喧哗被夜晚天空的沉寂吞没了。

朱尊权此时的心情像夜晚的天空一样宁静。这样的心情已是久违了。先前，他总要为试验结果不尽如人意伤脑筋，总会看到不愿看到的结果。烟叶人工发酵一般有三个过程：升温、保温发酵、降温，然后烟叶出来。过程看起来不复杂，而要的那个“度”可不是那么好把握的。要么发酵后的烟叶颜色过深；要么新烟的生青气、杂气消除不了；要么在减轻新烟的刺激性方面进展比较顺利了，可有些烟叶在刺激性减轻后又产生另外一种“冲”劲，使烟气凶猛，尤其是中高级烟叶的优良香气在发酵后大多不易保存。这些都是人工发酵被广泛应用之前必须解决的问题。

多少个日子，发酵室里的烟叶在加速发酵，朱尊权与同事们的思维和工作节奏也在加速运转。

方方面面的因素，都可能影响试验结果。针对种种可能性，朱尊权提出采用不同的方式进行试验，例如发酵期以不同的温度或湿度处理、以不同的烟叶放置形式和氧气供应情况处理等等。

各种方式的试验做下来，某些烟叶“冲”劲的问题，还有中高级烤烟香气损失的问题以及颜色、生青气、杂气的问题都基本得到了解决，为制定各种烟叶发酵程度标准奠定了基础。之后，又对发酵后的烟叶试制卷烟进行了对比试验。比如，某高级牌号卷烟原有配方中有64%的陈烟叶。试制的样烟中，陈烟叶仅有10%，90%都是人工发酵烟叶，样烟品评结果因各人喜好有所不同，但总体说来其香气甚好，刺激性虽比对照的卷烟稍强，可差异很小，除非仔细对比，不易辨别，颜色也不次于对照的卷烟。其他牌号的样烟，如“光荣”牌、“大前门”牌的结果同样令人满意。

朱尊权欣慰地看到：通过人工发酵能使烟叶香气较好地显现出来，增强烟味的浓郁醇和，减少烟叶本身原有的生青气和地方性杂气；能减少和基本消除一般新烟的青色，使烟叶颜色均匀；可以使新烟的刺激性明显减少，并减少新烟具有的苦味、辛辣味、涩味，使烟味柔顺，余味得以改善。

至此，千头万绪、纷繁复杂的烟叶人工发酵试验结果基本明朗了。

当然，有待继续研究的问题还有不少。比如：不同程度的发酵会产生不同程度和类型的香味，根据卷烟调剂配料的需要，每种烟叶应该有几种不同的发酵方法，将发酵后的烟叶配合使用，使卷烟的品质更好，这是日后人工发酵工作应当继续研究的方向。从总体上说，人工发酵试验工作可以暂时画上句号了。

笑意挂在朱尊权的眉梢，他的眼角已出现了深深的鱼尾纹。带着风雨过后是晴空的舒朗，他伏案写着推广应用报告，这是下一步应着手进行的工作。

报告中写道：烟叶人工加速发酵的理论和实用方面，虽然有待继续研究和提高的问题尚多，也有待各方面继续努力，但如果等到所有问题都完全解决后再来使用，未免损失太大。现在，人工加速发酵已基本解决，提高品质、陈烟缺乏问题，可以考虑推广应用，同时在应用中总结经验，继续研究提高。

正写得专心，一阵轻微的脚步声由远及近，在朱尊权桌旁停了下来。朱尊权抬头，原来是詹浩生。

詹浩生深夜造访已不是第一次，朱尊权知道他每次都是带着“目的”有备而来。

“詹经理……”朱尊权刚开口，詹浩生的湖北红安普通话已脱口而出：“我来与你商量工作。”

朱尊权猜明了詹浩生的来意，把桌上那份还未写完的报告双手递了过去。詹浩生看完报告抬起头，正与朱尊权的目光相遇，两人“心知肚明”地笑了起来。

“继续说说推广应用的具体措施。”詹浩生给朱尊权递过一支烟，又凑上火去点燃，然后为自己点燃了一支。

“烟叶人工发酵的基本办法应该在生产区建立工厂进行发酵，

这样才是比较科学、合理的，但这个目标恐怕需要若干年才能实现。”朱尊权吐出一口烟，弹掉烟灰，停了停，接着说第二个构想：

“我和试验室的同志们曾设想在上海建立一个发酵工厂，比如利用福新烟厂第二仓库。那里有4个仓库可以建发酵室，仓库旁边还有一块空地，又可增建一座发酵室。此外，福新烟厂第二仓库尚有能容纳8000包烟叶的周转仓库，墙外是片农田，通铁路支线。如果能与烟麻公司洽商建立或搭建临时仓库，则火车运来的烟叶可以直接入库，发酵后运转各厂。”

见詹浩生听得专心，朱尊权继续说下去：

“建立这个发酵工厂，一则可以为今后各厂实施大规模人工发酵总结经验，同时也可以为相当长时间内无条件建立发酵工厂的小烟厂加工烟叶。不过，利用福新烟厂第二仓库改建发酵工厂，虽然比各工厂单独进行人工发酵在设备和管理上都比较经济，但需要添设锅炉等工程设备，需要一段时间才能上马。另外，第二仓库的建筑结构由于当初的承造者偷工减料，要严格检查后才能设计施工。”

在詹浩生看来，朱尊权所提建议当属烟叶人工发酵发展的必然方向，他非常赞同，可这些办法缓不济急，詹浩生眼下正被“近忧”困扰着。

他沉思了片刻说：“尊权，你的想法很好，只是目前陈烟已完，新烟不足，高级烤烟缺乏，已到了停产或减产的严重程度。今年（指1953年——作者注）6月，‘中华’牌仅生产400箱，减产1150箱。虽然新烟叶已登场，而陈烟叶紧缺问题仍然严重存在。我现在几乎山穷水尽，最需要的是人工发酵烟叶的紧急措施。对这一点，你是怎么考虑的？”

詹浩生的话不是危言耸听，这是正在发生而且还将继续发生的事。

朱尊权接下来正准备谈自己的想法。如果依照当时的情形，他刚才提到的种种措施都只是“远景”目标。远水暂时救不了近火，最需要的是立竿见影的办法。

“暂时最好是将各厂的仓库略加改建，添加设备即可上马。假如今后仍拟在福新烟厂第二仓库改建较大的发酵工厂，则这些设备仍可以搬去利用，不致浪费。”朱尊权继续说道，“目前分头进行人工发酵的紧急措施，我们初步考虑了一下。一是上海卷烟二厂对面的一座仓库可以改造，增添加热加潮设备和通风系统，即可建成适用的人工发酵车间；二是利用上海卷烟一厂仓库加添设备成为发酵室，每月估计可以加工 90 万公斤烟叶，能够解决第二、三、四、五烟厂的丙级与丁级卷烟原料和部分甲级与乙级卷烟原料问题……”朱尊权把酝酿已久的几个措施一口气说完。

“行，就这么定了，要尽快推广，不足之处在推广过程中去改进。”詹浩生起身告辞的时候，如同经历了一场“行到山穷处，坐看云起时”的洗礼，情绪高涨了许多。他非常欣赏朱尊权分析问题和把控事态的能力，对一件事情既有大胆宏观的远景规划，又有快速解决问题的“急就章”。这样的素质唯优秀人才方可具备。

“尊权，还得辛苦你们哟。先前是国产烟叶替代进口烟叶的研究工作，随后是人工发酵试验，如今又要进行人工发酵推广应用工作。你回国工作以来，肩上的担子就没轻过啊！如果没有你们的努力和艰苦摸索，就不会有今天峰回路转、柳暗花明的新局面。”说到这里，詹浩生的眼睛里流露出对部下的深切关爱。

朱尊权若有所思地点点头。点头之意既有对这份关爱的回谢，也表明自己将全力以赴迎战新任务。

詹浩生懂得这位爱将的动作语言。平时，朱尊权接受工作任务，总是平平静静的，很少有过多的语言表白，也不善于用激扬的词语来表个什么态。他要么先做后说，要么默默地只做不说。

作出成绩，永远是他发言的最佳方式。

在上海烟草公司的组织主持下，1954 年 2 月 7 日和 10 月 22 日，上海卷烟二厂和一厂的发酵室分别正式启用。到 1954 年底，两家烟厂共人工发酵 19 万包烟叶，共计 1590 万公斤。由此带来的结果是：当年上海各烟厂中等以下的卷烟用料问题基本解决了，中上等卷烟的烟叶问题也得到了部分解决。

1953 年由朱尊权等人提出并进行试验的烟叶人工发酵法，在 1954 年轻工业部组织召开的全国烤烟人工催化发酵推广应用工作会上进行了全面总结。朱尊权在会上部署了具体实施方案。烟叶人工发酵的推广应用像股火苗，在全国各较大卷烟厂如火如荼地展开……

随着国家经济与科技的发展，烟叶供应逐渐充足，人工发酵逐步淡出历史，但在新中国成立初期，在烟叶原料不充分，而又来不及进行自然发酵的情况下，采用烟叶人工发酵方法后的收效，如果用“宏大”一词来形容，一定是能出其右的。虽然笔者在采写时一直未能找到一组数据来佐证，而事实无不证明，人工发酵方法是极具命脉性的战略性方法，为卷烟生产构筑了一条通途，也为卷烟产品得以继续生产提供了根本保证。而且，随之体现的资金周转速度加快、烟草醇化费用大量节省等优越性，在当时的历史条件下，同样是不可忽视的。

卷烟作为舶来品，长期以来一直以英式风格风靡中国，几十年间不曾改变。

朱尊权及其团队实施的一系列富有开创性、先驱性的战略举措，使中国卷烟在新中国的土地上第一次亮出了自己的风格：一套中国特有的卷烟加工工艺技术开始形成。不同于以往英式风格的中国式烤烟型卷烟的演变历程，由此拉开了序幕。

半个世纪后的 2003 年，“中式卷烟”被正式提出。它以鲜明的定义给予中国烟草一个清晰的定位，使它区别于美、日、英等烟草公司的卷烟类型，从而明确了中国烟草未来科技发展的方向——发展“中式卷烟”。中国烟草在消费者心目中的形象也由此完整而清晰。

这一切的源头正是来自于朱尊权他们的奠基工作——“对烤烟香气进行分型”“国产烟叶替代进口烟叶”“烤烟人工发酵”。这一系列科研成果就像希望之桨，让新中国卷烟工业的航船有了生命，乘风破浪驶向彼岸，犁出了光辉的新中国烟草事业的开篇浪花。

“朱尊权院士为解决新中国建设时期的卷烟产品生产危机立下了不可磨灭的功劳。”2004 年，时任国家烟草专卖局局长姜成康，对朱尊权在新中国成立初期的这段科研工作如此评价。

第五章

筚路蓝缕：克服万难，奠基烟草科研

1

1954年，朱尊权所在的研究室依然坐落在上海苏州河畔那栋气派的洋楼里。他和同事们每天在这里进进出出，工作着，忙碌着。研究室也在他们的忙碌中悄然发生了变化，由原来的上海烟草工业公司技术研究室更名为轻工业部烟草工业研究室，归属轻工业部主管，行政级别提升。朱尊权被任命为第一副主任，全面主持研究室工作。

如果说朱尊权在回国之前已经对新中国资源贫乏有所认识的话，那么，回国后的工作让他对“贫乏”二字有了更为深刻的感受。除了前文提到的烟叶紧缺外，其他烟用物资同样概莫能外。

最先那个用电梯间改装成的发酵室，除了用于烟叶人工发酵试验，后来又被朱尊权派上了另一个用场：进行卷烟包装纸防潮试验。

卷烟商品在贮存过程中，稍有不慎就会发生霉变。当时，物资缺乏，中低档次的卷烟包装简陋，内包装是一层薄纸，外包装是普通的道林纸，商标就印在道林纸上面，外包上端是开口的，只用一个小标签封口。这样简陋的包装很容易吸收空气中的水分。尤其在江南的梅雨季节里，卷烟放在货架上不到几天就发霉变质，严重影响销售。

于是，朱尊权他们把原来设置在电梯间的那个烟叶人工发酵试验室改装为卷烟包装纸防潮试验室，模拟梅雨季节的空气环境。他们发现，卷烟的含水量两三天后就由11%增长到18%以上，这样的湿度很容易导致霉菌繁殖而使卷烟发生霉变。阻隔外界因素侵扰对保护烟支“健康”特别重要，重中之重是防潮。

有了实验数据，就好指导实施。

烟支外包装纸的最佳选择是铝箔纸，它具备的防潮性如一道屏障，严密防范着外界因素入侵。只可惜，当年能给全国烟厂供应铝箔纸的厂家只有一家上海的小厂，显然供不应求，水多了，柴不够烧。

棘手的问题又摆到朱尊权和同事们跟前，他们就得考虑以别的办法来解决，也就是以国内可以生产的各类纸张来代替。这又是一个从无到有的工作。

朱尊权用蜡纸、牛皮纸、柏油纸、道林纸等特性不同的纸张把烟支包装好，放入试验室，试验纸张的防潮性能。结果显示，柏油纸的防潮能力与铝箔纸近似。柏油纸是两层纸中间夹着沥青的一种特殊纸张，用这种纸张做卷烟小包和条包的包装，可以起到与铝箔纸相近的防潮作用。

当然，如果按卫生标准，柏油纸是不宜作为食品包装用纸的，与健康要求相悖。特别是到了 20 世纪 80 年代，全国各烟厂都开始用铝箔纸做烟支内包装，还加一层铜版纸，用聚丙烯薄膜做外包装；并且，包装越来越推陈出新，越来越精美无比。此时，再回首那段用柏油纸做包装的经历，难免叫人感喟，甚至觉得不可思议。然而，历史就是由不同的时代书写的。对于当时，不甚合理的办法都是办法，只要能解决问题，只要能马上用到生产中去，虽然有时也会“萝卜快了不洗泥”。

朱尊权心里无数次说着“不愿意”的理由，但“不愿意”的胳膊扭不过“现实”的大腿。他戏谑自己是“过界”之人，在当年的情况下还不能将“泥足”拔出，只能往前趟。一旦知道一件事情的迫切性，你就没有道理置之度外。对朱尊权来说，解决现实问题是他无法逃避的使命。

事实上，由朱尊权等人试验、提出，并由华东工业部作出决定“用柏油纸做卷烟包装纸”的做法，不是权宜之计，它走过了一段较长的重要历程。从20世纪50年代开始，一直到80年代初，中国消费者手上的包包卷烟，绝大部分都不曾离开那层黄褐色柏油纸的包装。

艰苦不是一项选择，而是一种现实，由不得你不肩负起解决问题的责任。在物资紧缺的年代，朱尊权他们肩负的担子毫无疑问烙着时代印记——在“没有”中找到“有”的根据和实物。不要指望解决所有问题，只要能起到一点作用，总是聊胜于无。

后来出现的二茬烟、代用品，也都是为极力满足社会对卷烟商品的需求逢时而起的产物，是解决当时困难的一些办法，也是在无办法可想的境地可以想到的一些办法。

2

困难时期，烟叶减产，原料严重不足，调拨到上海的烟叶不到需求量的三分之一，其他省份的卷烟生产和市场供应更是连连告急。

烟在许多烟民心里的地位等同于粮食，不可或缺。烟民遍及天南地北、各行各业。烟不仅维系着他们的日常生活，也同样支撑着他们的日常工作。因而，烟一直列在关系国计民生的排行榜上。当然，不管烟如何重要，相对于“以粮为纲”的硬道理，无论何时何地只能退居其次。烟不能与粮争地，不能扩大种植面积，那么，一些促进烟叶增产的应急门路就相继打开了。

二茬烟从20世纪50年代末期开始，在全国很多地方大量培育。所谓二茬烟，是在一株烟上采用留杈的方法，让它再发枝，长出叶片。实际上，福建永定早就有这种技术措施，由于当地气候等原因，烟株长出10片烟叶就现蕾开花，而正常的烤烟都要长叶20片左右才现蕾。这样势必减产，因而，农民就把顶部打掉，让烟株再长个杈，可以增长几片烟叶，通俗地说是“挂刺刀”。有时若两茬烟的数量仍不足，如果生长季节允许，地力也足，当地烟农会把杈上的花蕾打掉再长第三茬。

如何培养二茬烟并保证其丰产，从20世纪50年代到70年代一直是各烟区不断探索和研究的课题。一些地区如河南种植二茬烟的经验被推广到全国各地。为了不与粮争地，朱尊权他们又提出一个见缝插针的办法——发展冬烟。他们派人去广东、广西、福建南部帮助当地试种发展冬烟。冬季或秋季作物收获后，一般在10月下旬至12月上旬将烟苗栽入大田，就叫冬烟。

1959年，他们与广东农科院合作，在广东新兴县试种生长周期较短的白肋烟，代替当地生长周期较长的红晒烟。“这是一举两得的办法，既保证了水稻一年两熟，又生产了卷烟工业可以使用的烟叶。”为此，1961年6月，在广东新兴县召开了有9个省份代表参加的现场会。那天天气晴好，代表们围着烟田转了一圈又一圈，眼前的丰产景象让他们备受鼓舞。一些代表拉着朱尊权走到烟田一旁，迫不及待地拿出笔记本，请他介绍增产经验。

“不要急，今天下午的座谈会上会有专人作经验介绍。”尽管朱尊权反复解释，仍不管用。一些代表心急，吃不下“定心丸”，硬是追着朱尊权刨根问底。

“当时，大家所有的期望就是增产、增产、再增产，想尽办法，让烟田、烟株多长烟叶。”朱尊权非常理解代表们的心情。

二茬烟和冬烟都属于物资紧缺时代的产物，也是违背植物自然生长规律的做法，必然导致烟叶质量下降。可是，在以量取胜而非以质争长的年代，数量尚且保不住，又焉能顾及质量？数量与质量在当时的特殊条件下是不可能相提并论、等而言之的。

“这样做，完全是为了眼前的急需啊！”朱尊权由此感慨。

1949年，全国烤烟面积仅91万亩，总产量只有4万多吨。新中国成立之后，政府制定了“重点恢复老烟区，适当发展新烟区”的方针，在1950年把烤烟生产列入国家计划，实行统购统销，发放贷款，优先供应烟草生产所需的商品肥料及烤房所需材料、煤炭等物资，促进了烤烟生产发展。

1956年，烤烟面积达到578万亩，收购量增加到35万吨，烤烟品质也有所提高，逐步扭转了高档烟原料依赖进口的局面。过去被“洋烟”垄断的卷烟市场，迅速被国产卷烟取代。

新中国烟草发展毋庸置疑是显著的，然而，相对于人民物质生活需要的庞大数量，这种“发展”又是滞后的、薄弱的。中国人口多，物资、商品供不应求，是新中国成立后长时间内的社会重要特征。

20世纪60年代初自然灾害期间，烟田里的二茬烟似乎还不足以把烟叶资源用到极致，后来干脆把烟秆经过刨、压、切，再经过发酵、加料，掺和到烟丝中一起使用。凡能充当卷烟原料的统统全被用上了，一点儿都不浪费。

尽管如此这般的“贫”则思变，烟叶紧缺的壁垒依然横亘着，而且，问题的严重性日益突出。一方面，随着卷烟日需量加大，烟叶越发供不应求；另一方面，朱尊权指出：“用烟秆、秆皮生产的卷烟效果不容乐观，空头多，纤维素和甲醛含量也高，比普通烟叶高6—7倍，不利于吸烟者健康，不宜再作卷烟生产原料。”

不可为之的方法被否定，使得十分有限的烟叶资源更加紧张。烟田的主意是没法再打了，因为密植、多叶烟、二茬烟都用上了，烟田的贡献可谓“功莫大焉”。

然而，做卷烟没有烟叶就等于上战场没有弹药。仗还得打下去。

此时，朱尊权的思维越过“烟”的疆域，想到了三个字：代用品，即用其他植物的叶子代替烟叶。

烟叶代用品早有先例可援。德、日、苏在烟叶原料困难时期，曾用植物叶子渡过难关。国内在艰苦的战争年代，人民军队许多将士也用芝麻叶或其他植物叶卷成喇叭筒当烟吸。当这些物资被广泛用于中国卷烟配方时，时间是20世纪50年代末。

1958年，59种从江浙地区收集的植物叶子送到了朱尊权所在的轻工业部烟草工业研究室。它们不甚协调地堆积在一起，无以呈现秩序和完整，真实地记录着那段不十分漫长却令人回味的路程。

朱尊权组织人员与杭州利群烟厂合作鉴定，从59种植物叶子中初选了10多种作替代品。朱尊权强调，代用品要具备无毒性、易加工、本身气味与烟叶吻合等条件。1961年，又从全国收集了84种替代烟叶的样品。经分析试验，朱尊权他们选出了最好的17种，其中有芝麻叶、木瓜叶、荷叶、薄荷叶、苹果叶等。苹果叶被当作调味型烟叶，柠檬叶、薄荷叶被当作调香型烟叶，填充型烟叶则由木瓜叶、荷叶、芝麻叶充当。

1962年，朱尊权他们对全国多种荷叶进行了专门研究，鉴定试验后认定，荷叶通过高温发酵加工处理，可以做填充型烟叶。它的填充性强，燃烧性好，刺激性轻，杂气少，性能优于一些质量差的烟叶，并可以调节烟叶中的尼古丁含量。荷叶在作为烟叶代用品的植物叶中引领风骚，在乙级卷烟配方中曾占到5%，在一些丙级、丁级卷烟配方中占到了8%。从1959年第四季度开始到1962年的3年里，仅郑州卷烟厂就用了22万公斤荷叶和茭藕叶，增产卷烟3.66万箱。

如今，代用烟叶、冬烟和二茬烟的历史使命已经完成。如果拿到今天，它们没有任何价值，但人们并不因此否定实行这些方法的历史意义。它们毕竟是中国烟草史上的一个章节，正如每一条走过来的路都有它不得不这样选择的理由。朱尊权他们的所有努力既是为了当下，也是为了明天。

3

中国的老烤烟区，只有河南、山东、安徽、吉林、辽宁、云南、贵州7个省。当年，为解决尽人皆知的原料紧缺问题，朱尊权和他的同事们费尽周折与苦心。但一山放过一山拦的状况，让他们往往花了力气却难以达到满意的结果。长此以往，将何以堪?

1959年9月的一天，朱尊权刚进办公室，电话铃就响了起来。他预感到电话里的内容可能又是……

容不得多想，朱尊权抓起电话筒。

“朱所长，我们又接到群众的电话，批评我们不顾人民利益、不为群众着想。”电话里传来的声音果真印证了朱尊权的预感。电话是一家卷烟厂的技术人员打来的。当时，一些卷烟厂的厂长和技术人员经常把电话打给朱尊权，诉说原料紧缺之苦、应对群众情绪之难。各家烟厂的电话里也经常传来“为何香烟难买”的询问、抱怨、指责之声。

每次接到这样的电话，朱尊权心里都很不是滋味：还有什么比满足人民群众的需求更重要的?群众的呼声才是真正的大事情。

不仅如此，在全球复杂敏感的政治舞台上，小小烟支竟成了国民党与共产党较劲的“活道具”。台湾国民党当局空投卷烟等食品，为福建一些岛屿的渔民提供“天上掉下的馅饼”，笼络人心。

人民的呼声和现实需求如催征的战鼓，一场战斗终于打响了。增产卷烟的关键在于扩大原料来源，烟叶增产刻不容缓。

1960 年，轻工业部下达了鼓舞人心的战斗号令——大抓烟叶，发展新烟区！

一时间，就像地里消冻了，开春后上山干活的时候来了一样，全国各地迅速行动起来。

在这个激情澎湃、喜气冲天的历史时刻，朱尊权所在的轻工业部烟草工业科学研究所（1958 年 9 月，研究室扩建为研究所，并由上海搬迁到郑州——作者注）的农业技术人员，全部奔赴全国各地。发展新烟区的火种迅疾燎原四面八方。湖南、湖北、福建、江西、山西、陕西、内蒙古、甘肃的烤烟种植如火如荼地发展起来，浙江、四川、甘肃、广西、海南的晒烟和黑龙江、四川、湖北的白肋烟也得到了发展。

由轻工业部牵头，朱尊权、余茂勋等人主持的发展新烟区工作持续了两年多，遍及全国 10 多个省市。研究所的农业技术人员与当地农业部门配合，到各地区、县、公社抓宣传落实，抓技术指导。

轻工业部的号召给全国烟叶生产带来了巨大的活力。沉寂多年的烟区，好像突然注入了兴奋剂，活跃起来了！沸腾起来了！

当时的景象，让朱尊权心绪激动，他不由默诵着新中国第一届全国人民代表大会第一次会议上，毛泽东主席那鼓舞人心的开幕词：我们正在前进。我们正在做我们的前人从来没有做过的极其光荣伟大的事业。我们的目的一定要达到，我们的目的一定能够达到！

……

遗憾的是，“大抓烟叶”的开场锣虽然敲得响亮而热闹，而在当时的背景下，烟叶生产并不如人们期望的那样生机盎然。相反，1958 年至 1962 年的“二五”计划期间，烟草行业出现生产倒退、效益下滑的被动局面。当时，机构精简，企业下放。轻工业部烟草工业管理局被精简为一个处，部管企业全部下放给省市，省市企业全部下放给地县，实行分散管理。加之自然灾害严重和大刮“共产风”的影响，全国烟叶减产，卷烟产量和质量大幅度降低。1962 年，全国卷烟产量倒退了 10 年，跌入 243 万箱的低谷。

疲软、灾难性的环境，似乎没有影响一些人坚定的步伐与信心。朱尊权他们为扩大烟区生产付出的艰辛努力，为日后的全国烟叶发展奠定了重要基础。

那两年的新烟区发展工作是在极为艰难的条件下进行的。与无数中国人一样，朱尊权和他的同事们被卷入一场特大饥荒。那年月，研究所的大部分技术人员都下到烟区蹲点。在福建蹲点的技术员每天限量的饭钵里除了一点儿咸鱼，别无他物。1960 年的农历大年初一，他们例外地吃到一根甘蔗。

尽管朱尊权和他的同事们经历着饥馑的考验，相比一年 365 天脸朝黄土，就是哄不住肚子的农民，他们又是幸运的。朱尊权说：“就冲着这一点，也应该把工作努力干好，要对得起党、对得起人民群众。”

回国后，有相当长一段时间，朱尊权看到国家解放了、穷人翻了身，但是国家和人民还不富裕。他想，作为一名新中国的知识分子就应该到工农群众中去，带头走出机关、走进基层、走近群众，把群众的困难记在脑中，把群众的期盼作为努力方向，为群众办实事，与群众心连心，把自己的知识用于为人民服务，用自己的专长为祖国多作贡献。

他的足迹遍及全国各大烟区，虽然是研究所领导，却没有“头儿”的架子。他就住在农民家里，一起吃着窝头、咸菜疙瘩，说说笑笑，说群众常说的话、听得懂的话。

“朱所长跟我们农民谈得来，喜欢拉家常，不打官腔。他讲的都是贴心话。我们跟他说的也都是心里话，不光问他烟叶上的事，还问其他的。他都笑眯眯地回答，很用心。他是个大知识分子，可从来没有不耐烦，也不敷衍了事。”说这话的人叫方文兴。1960 年，他是河南襄城县农民，是个小青年，后来担任襄城县县长、县人大常委会主任，与朱尊权成了好朋友。

江南农村的夏天，闷热难耐，蚊虫肆虐，而且雨水多。

“我们这里的路难走哟，健壮的小伙子走在烂泥巴的田埂上也是一步三滑的。”南方烟区的农民担心城里来的专家吃不了苦，比画着说，“在泥路上走，脚上的泥巴一层黏一层，能有两三寸厚，鞋底像踩着个糯米团。”

“没关系，我带根木棍帮着走。这不有三条腿了？不怕，过些日子就会习惯的。”朱尊权笑呵呵地说。面对农民的担心和关心，他坚持下烟田、访农户、送技术。有几次一摔一身泥，他毫无怨言，甘愿吃苦，把环境的艰苦、个人的得失完全置之度外。他把自己当成了一名烟农、一名懂技术的烟农。

虽然条件艰苦，朱尊权写进日记的感受却充满诗意：“在绿色的烟田里，我向农民兄弟讲解和示范农技知识。炊烟升起时，我们一起有说有笑，扛着锄头，消失在夕阳的余晖里……”

一天，朱尊权在《人民日报》上看到我国著名妇产科医生林巧稚写的一篇文章：农村沸腾的生活激荡着我，为我增添了千百倍力量。在那广阔的天地里，我的心胸越来越开阔。我在那里工作得紧张而又愉快。

“是啊。如果不与人民群众接触，不体验农村的艰苦，就不会成为人民群众的知识分子，更谈不上为人民服务了。”凡在报纸上看到类似文章，朱尊权都会仔细阅读，从中吸取力量。

对他触动很大的，还有一篇介绍烟厂工人、全国劳模张秀梅的文章。

张秀梅出生在一个贫苦家庭。1950 年，15 岁的张秀梅进入安阳金钟烟厂，成为该厂的第一批工人，被分配到制丝车间抽烟梗。细心的她在工作中发现，抽烟梗时如果多讲究些方法和技巧，抽得就会更快些。于是，她和同事们一起成立技术革新小组，总结推广既能提高生产效率、增加产量，又能改善工人劳动强度的工作方法。1956年，张秀梅成为全国烟草领域为数不多的全国劳模之一。

朱尊权把张秀梅的事迹报道看了多遍，深为烟厂工人阶级对新中国的无比热爱和对党的无限忠诚，还有强烈的主人翁意识和奉献精神所震撼。

他告诫自己："要好好向劳动人民学习，要在社会主义建设中找到自己的坐标点、在火热的时代里找到与人民的相通点、在岁月的长河中找到事业的探索点。三点决定一个平面，我的工作就放在这个平面上。"这段自勉，被朱尊权写在笔记本的扉页上，成了他日后的思想和行动指南。

4

理性思维和科学精神，使朱尊权不会仅仅出于一种单纯的热情去赞同什么、否定什么。一切都建立在对共产党、对社会主义了解之后。

回国前，他经过反复思考，抱定了做无产阶级的信念：今后遇到任何困难、危险，对这一点都不能动摇。建设新中国如同"起家针挑土"，正因为有了这种长期吃苦的打算，待回国后走过一段长路再回首，朱尊权发现回国前蓄备的力量并没有被经历的种种困难消耗完，他反而成了一个赢家，赢得了希望，赢得了从容，更赢得了继续战胜困难的勇气。

"尽管我也意识到，按照新社会的标准，自己是一个旧知识分子，但‘革命不分先后’的话语给了我很大的鼓舞。”对共产党领导的革命有着认同，朱尊权理所当然地把自己看成革命的一分子。回国后不久，朱尊权主动向党组织表达了入党意愿。这时，他的人生观、世界观经历了一次重大转折，他意识到自己进入了一个前所未有的新时代。

清高自负、远离政治是当年许多知识分子的特征，朱尊权提醒自己注意克服。既然已经认识到现在这个社会是先进的、有生命力的，就应该顺应它、推动它。朱尊权也因此比“自负”的知识分子更显通达，更靠近潮流与时代，以开放的心灵对待生活，以肯定的态度看待事物。对于新中国成立之初开展的各种知识分子改造工作，他心悦诚服地接受，努力做到“放下包袱，轻装上阵”。

对新时代的顺应，使他从精神到行动都有了深刻的变化。

20 世纪 50 年代初，上海市委统战部召开归国留学生座谈会。会上，一些人发“牢骚”：“在单位不受重用、遭排斥，空有一腔热情”，“报国何其难，举步尽门槛”。在当时，知识分子惊异于现实中的诸多残缺和不圆满的人际关系，感喟受到伤害是常有的事。朱尊权能理解这种心情。每个归国者莫不希望回国之后干番大事，如果有凌云的羽翼，却没有展翅的广阔空间，心里难免有壮志难酬的委屈与抱怨。

不过，朱尊权也认为“牢骚”之外，还应该多从主观上找原因，就当时的客观条件来说，绝对完美是根本达不到的。

这时候是理智地根据现有条件看问题，还是从主观愿望出发？看似简单的选择，有些人并没有处理好。朱尊权觉得，除了自身足够的耐心和承受能力外，还应该多一点理解与宽容、真情和智慧。这样，或许更容易发现来自心灵、来自他人的星星点点的亮光，并由这些亮光引导走出困境。

座谈会上，朱尊权即兴发表感言：“新中国的新气象给了我干好工作的信心，单位领导为我提供了开展工作的好环境。面对领导的信任与支持，我只恨自己能力不够……”他的想法是：“知识分子应该在不断适应社会、调整自身的过程中，主动使自己的科研工作为大众服务。”

相对于有“牢骚”的归国者，朱尊权感叹自己回国后最大的幸运是遇到了詹浩生这样一位好领导，这位领导是他一生都十分感念的人。

朱尊权在1950年回到上海后见到的第一位领导，就是中华烟草公司党委书记、经理詹浩生。第一次推心置腹的谈话后，朱尊权已认定自己遇到了一位足以信赖的上级。以后有什么心里话，他都乐意与詹浩生交谈。詹浩生也十分欣赏朱尊权的工作作风和性格。每一件交到朱尊权手上的工作，无论是点灯熬夜还是四处奔波，他都毫不犹豫地接受，全力以赴去完成，并大都完成得十分出色。

回国不久，朱尊权就向党组织递交了第一份入党申请书。虽然心愿未遂，詹浩生的一番话却让他颇受启发。

“尊权，你主动靠拢党组织，表明了思想的成熟与进步，这是多么值得庆贺的事情。只是你回国还不久，要完全接受共产党、接受马列主义不是一朝一夕的事。我建议你先参加民盟，过过组织生活。现在，新中国建设非常需要民主党派力量的支持。”

最后，詹浩生又补充说：“尊权，你放心，尽管目前不能加入共产党，但党对你是一样信任的，党不会亏待为人民努力工作的老实人。”

朱尊权觉得詹浩生的话入情入理，无论党内党外人士都是为社会主义服务，只要心中的信仰不变。更何况，中华烟草公司党委每次都把重要的工作任务交给他，并为他提供安心工作的环境条件，这不也是重用吗？

由詹浩生介绍，朱尊权很快加入了民盟，并担任了民盟基层支部的领导职务。詹浩生往后在政治上更加关心朱尊权，并率先承担领导的扶助责任。“三反”运动中，他有意让朱尊权参与调查和管理工作，把朱尊权“抬”到一定高度，以此保护他免受运动冲击。

一次开民主生活会，有人给朱尊权提了一条“穿着讲究”的意见，詹浩生马上“解围”：“朱尊权同志刚从国外回来不久，卫生方面讲究点、穿戴整齐点是自然的事，有个适应过程。”朱尊权对詹浩生多年来源自真情的支持与关爱非常感激，否则，在波峰浪谷和不可预知的命运变幻里，他脚下的路就不会这么顺坦。另外，他把同志们的批评看成冷雪对麦苗的忠诚，按照新时代的要求，诚恳地进行自我批评，对自身的缺点和不足加以纠正改进。

在新中国成立之初，朱尊权作为一名从旧时代走过来的知识分子，在新的潮流中寻找自己的位置，主动、自觉地接受了社会主义的世界观、人生观。后来的事实证明，他对共产党的信仰是十分真诚的。

5

回国后的短短几年时间里，朱尊权的工作节奏一直应和着各种接踵而至的困难与问题，就像短跑运动员，总能听到出发的枪声。1952 年，又一个历史性的重任落在了他和同事们肩上——制定烤烟分级标准。

种植烤烟，主要是收获烟叶。同一株烟由下到上各片烟叶的外观特征、内在香味品质以及化学成分都有区别，加上烟叶在生长过程中受到外界因素的影响，因而，烟叶之间的品质差距较大。为便于卷烟厂按产品质量要求选用原料，需要把不同质量的烟叶区分开，即划分成若干等级，这就是烤烟分级的任务。分级的目的还在于按质论价，以优质优价的标准来指导烟农的生产和烟叶质量的改进。

新中国成立前，中国没有自己的烤烟分级标准。驻华外国烟草企业各有一套分级标准和方法，都带有剥削与垄断的性质。新中国成立初期，有些地区虽制定了烤烟分级标准，如山东的19级、河南的9级、安徽的5级，但分级依据、价格高低都不统一，大把小把不分、部位不分，等级混乱。拿到卷烟厂配方时，需要再逐包挑选评定，增加了成本和技术难度。工业部门怨声载道，农民也因优质优价政策不落实而有意见。

如此，制定主要产烟区的烤烟分级标准势在必行。农业、工业和商业部门组成工作组共同赴产烟区调查。

朱尊权与同事们参与其中，他们首先从理论上进行分析和探讨。座谈会上，朱尊权先发言，介绍了美国的烤烟分级标准，想借此打开大家的思路。

“美国的烤烟分级标准比较科学，先按部位、颜色进行两次分组，部位分成上、中、下部，颜色分为橙黄、柠檬黄、青色；按部位和颜色分组后，再按品质因素分等级。”朱尊权留学美国时，专门参加过烟叶分级学习班，也经常光顾烟叶拍卖场所，对美国的烟叶分级情况掌握得比较透彻。

朱尊权介绍说：“美国烟叶共有160多个等级，能把各种不同品质特征的烟叶尽可能区分得一清二楚，便于不同的烟草制品企业按需选购。政府只规定最低保护价，价格完全由市场调节。烟农则可以根据价格风向标，按市场要求改进生产技术，进行烟叶种植。”

“美国把烟叶分为百余个等级，这也太多了吧?”有人对此提出疑问。

“听起来的确繁多，实际上，分级程序并不复杂。”朱尊权解释说，“每户烟农只要不把分次采收、烘烤后的烟叶混淆就行，这样就等于把部位分好了。再把颜色分开，最后按品质好坏分成两三个等级就行了。”

“能这样理解吗？百余个等级实际上是烤烟的整体情况，具体到每户烟农，实际上可以分的等级不会有这么多。”

“没错。百余个等级并不要求美国烟农去执行，细分是由农业部门的分级技术员在交易时来评定的。”朱尊权说。

“当然，这种分级方法虽然先进，但不适合中国国情。”实事求是的朱尊权首先考虑的是烤烟分级要从实际情况出发，要符合当时烟农及收购部门的现实可能，这就必须压缩烟叶等级数。

朱尊权和同事们决定只把品质差异大的上部烟叶分开，把中、下部烟合并，统称中下部烟。另外，对颜色暂不分组，只列出青烟组。当时的栽培、烘烤技术很差，不受欢迎的青烟比重较大，主要是采取压低青烟价格的办法，来促进烟农改进技术与烟叶质量。至于农谚“宁青毋糠”的认识误区，只能靠价格政策去逐步纠正。

遵循以上原则，朱尊权等人于 1952 年制定了 16 级制烤烟分级标准草案。

16 级制在黄淮烟区实行后，逐步扭转了分级混乱现象，奠定了全国烤烟分级标准的基础，对保证卷烟质量起到积极作用，也为农业生产指明了方向。因为分级原理与国际习惯相符，中国烟叶在国际市场上也打开了销路。

就当时来说，16 级制是一个比较合理、先进的烤烟分级方法，农民可以增收，国家也可扩大财富。但是，由于当时管理不够明确，当供销合作总社烟麻局在此之后制定了一个 10 级制烤烟分级标准草案，而且在不同意工业部门提出的修改意见情况下，要求上海各烟厂进行验证时，朱尊权和烟草工业研究室的技术人员们被“惹怒”了。

这是16级标准实施5年后的1957年。

负责烟叶采购的供应部门为了解决收购部门与农民的矛盾，打算把原来的16级制简化为10级制。原因是16级制虽然符合工业需要，但分级耗时费工；而10级制虽然不符合工业需要，但等级少、省劳力。

朱尊权认为，烤烟分级标准如果不能适应工业需要，这样的标准就是值得商榷的。他一直主张，给烤烟质量下定义要考虑工业部门的观点和工业使用价值。因此，以朱尊权为首的轻工业部烟草工业研究室的技术人员与烟叶采购供应部门的代表，针对16级制与10级制孰优孰劣，进行了多次辩论。

1952年实施16级制后，采购部门看到下部烟销得快，上部烟有暂时积压的现象，就把上部烟一等并入下部烟二等。当时，工业部门反对，并说明上部烟叶暂时积压是因为需要较长的自然发酵时间才能改进质量，这正好体现了16级制分级标准的优越性。而采购部门主观地提出“扩大下部，压缩上部”，又没有具体的技术措施跟上，就简单地把一些质量较差的上部烟混入下部烟里。自1953年后，收购部门几乎每年都对烤烟分级标准单方面作改动。

轻率地对烤烟分级标准任意改动，朱尊权对此早就持有不同意见。1958年，国家科委相关部门在北京组织的一次协调会上，朱尊权又重申了他的意见：“如果不从思想认识上加以纠正，不从帮助烟农提高技术水平上着手，则今后烟农和卷烟工业只能疲于应变，烟农也失去了改进方向，损失极大。如今提出10级制简化等级更是不正确的，这是从局部利益着想，只贪图一时简便，不利于长远。”

采购供应部门则认为，简化等级的依据有3点：一是解决农民与收购部门的矛盾；二是16级制过细过密，不易区分，影响烟农的种烟积极性；三是，简化等级对采购供应部门有好处。

对以上三点理由，朱尊权从工业生产技术角度，从简与繁的辩证关系给予分析，指出其中的不妥之处。

“等级的简繁是相对的，符合需要而又有可能使用的，虽多并不算繁；没有需要又不可能做到的，虽少也不能谓之简。不同部位烟叶的内在成分和烟质是迥然不同的，正确分级、合理使用才能保证卷烟质量。”朱尊权一针见血地指出，“简化后的10级制其中大部分等级都包括两个不同部位，特别是把品质距离较大部位混为一级，‘白面黑面一锅煮’，极不合理。农民与分级人员在收购中经常发生等级纠纷，非但不能缓和矛盾，反而使问题更为严重。”

朱尊权这么说是有理由的：执行16级标准，有人说繁，但如果按上部烟、中下部烟、青黄烟分类后，前者只有5个等级，后者只有4个等级，中下部烟的等级最多不超过7个。

“而现在，工业生产的卷烟自最高的‘中华’牌至最低的‘勇士’牌，叶组配方的烟叶等级小差别不计，大差别也要分成7个等级。试问，为了使产品适合消费者的要求，卷烟等级能不能简化？名为16级制，并不是每株烟或每个省份、每个县里都有16个等级，而是不同栽培、烘烤技术差异的总和。因此，认为16级制标准过细过密，不符合事实。”话被朱尊权等人这样掰开揉碎一说，理就是分明的事了，应该好理解、好“消化”，可对方并没有松口。

“10级制对农民和采购供应部门有利，总是事实吧？”采购供应部门的代表在协调会上仍坚持自己的观点。

“看来，采购供应部门不打算接受我们的意见。”朱尊权略加思考，继续说道，“确实，简化等级对采购部门有好处，仓储管理和调拨也省了一些麻烦。农民用工减少。变相涨价后，农民从中获益。但仔细想想，这些‘好处’背后隐藏着更大的害处。比如，用变相涨价的简化等级方法来缓和采购工作中存在的缺点造成的矛盾，实质上只会加深矛盾，给农民、国家带来更多损害。”

会议结束前，朱尊权再三表明：“等级压缩后，等级混乱，好烟卖不上好价，优质优价政策得不到贯彻，这无疑是打击先进、鼓励倒退。长此以往，只会导致烟叶质量倒退、农民利益无法得到保证。”

在新中国的建设年代，有关部门在制定政策、制度方面几乎很少出现分歧较大的“两军对垒”局面，比较多的是统一协调，向共同的“目标”聚焦使力，最终达成共识。但这次为了16级制与10级制的烤烟标准问题，有关代表从北京到上海，又从上海到北京，开了两三个月的会。尽管会议开得像跑马拉松，结果仍各执己见，不欢而散。

1961年，为了再次扭转烤烟分级的混乱局面，国家科委以工业部门为主，组织了工、农、商、外贸等部门共同参加的烤烟分级工作组。朱尊权作为工业科研部门负责人，再次带领研究所的同志深入河南、山东、安徽几个重点烟区，调查烤烟生产、分级和收购情况，策划了一个12—14级的烤烟分级方案，屡次召开会议进行协商审定，但仍然是“拉锯战”，达不成一致意见，甚至出现一些强加的批驳。

为什么意见难合？无外乎是立场和观点不同，导致各司其职、各有其理。

烤烟分级是一项复杂的工作，涉及方针政策、经济和工农业生产以及科学技术等各方面的问题。各专业部门接触到的方针政策有局限性，难免形成主观视野，对同一个问题难免有不同看法。另外，技术角度也不一样：农、商部门评定烤烟好坏多是直接从外观因素考虑的；而工业部门则是从内在质量要求出发，再考虑代表性强、与内在质量关系较大的外观因素。

朱尊权不习惯在一件事情上争来辩去，以他凡事谦让三分的个性，在需要提意见时，总是怀着诚恳、谦虚的态度，小心谨慎地措辞。而在烟叶分级标准问题上，大家看到了一个当仁不让、直言敢说的朱尊权。凡有朱尊权到会的会议，都能听到他的声音。

朱尊权肯定他主张的16级制虽然是全国现行烤烟分级标准中最好的一种，但也实事求是地指出其中的不足：这个标准中某些品质因素的档次划分过于细致，执行时有一定困难。曾经有收购人员说："16级制有'25把差'，'权'得我头昏眼花。"所谓"25把差"是说，分级档次里有"较差、微差、差、很差"等一系列划分标准。朱尊权闻过即改："作用不大的品质因素应该被淘汰。新标准以外观的可分性，以及工业生产的需要和农民执行的可行性为主，尽量采用明确、精简的客观尺度。"

6

无论是16级标准，还是10级标准，都只是在部分烟区执行。要改善这种状况，就必须制定一个统一的、更为合理的烤烟分级国家标准。1962年，国家科委指定轻工业部起草烤烟分级国家标准，轻工业部把这项工作再次交给朱尊权所在的烟草工业研究所，该所把这项工作列入科研的重头戏。

此时，距1952年由朱尊权等人制定，并已在全国部分烟区实行16级制烤烟分级标准草案，过去了10年时间。这期间，朱尊权一直未放弃对烤烟分级标准的分析与研究，他对这场难以统一的“交锋”有了更深刻的认识：制定烤烟分级标准，离不开正确的方法论。从事物的属性看，都存在两面，既对立又统一。“生物界不就存在遗传和变异吗？”他跟同事们说，“学过生物学的人都知道，生物在世代相传的种族繁衍过程中，既有遗传，同时又有变异。二者既是对立的，又是辩证统一的。正是遗传与变异的矛盾统一，促进了生物的发展与进化。”

“同样，烤烟分级观点也会存在矛盾统一体的两个侧面，对立越激烈，越呈现胶着状态，就越能体现矛盾双方相互依存的关系。”在制定国家烤烟分级标准前，朱尊权告诫同事们，“这次任务是一个重新抽芽、成苗儿，再度结籽的过程。我们要把弯路走直，也不在乎把直路走弯，弯路走直就是捷径，把直路走弯，路就延长了，就像刘勰说的‘变则可久，通则不乏’。”

1962 年到 1963 年，朱尊权带领全所技术人员，在农业、供销、外贸部门协作和有关省份科技、农业、供销、轻工业部门积极配合下，深入全国主要烟区调查研究，对烤烟的外观特征和内在质量、化学成分等作了系统的科学实验。

实验中，主要研究烤烟的部位、颜色、品质因素三者的外观特征与内在质量的相关性、规律性和特殊性，借以解决如何分组、分级问题。在方法上，采用感观鉴定、化学分析和物理性测定相结合的办法。

朱尊权作为起草标准的主要负责人，特别重视组织发动技术人员扎扎实实地搞好科研工作。他说，过去几次搞烤烟分级标准制定工作，形不成持之有理的公允之论，主要是各部门不同程度地依靠老经验办事，没有充分的理论根据，因此，各扬其声，谁也说服不了谁。要解决这个问题，只能老老实实地搞科研，取得依据，以理服人，用数据说话，解决矛盾。

为了建立一套站得住、理得顺、道得明的理论体系，朱尊权主张先抓典型材料，摸清规律，由表及里，由点到面。所谓典型材料，是在试验场内，用同一品种、同一栽培条件，逐片采收、按炉烘烤取得，再进一步选择不同品种、不同土壤的产品，比较其差异性。通过半年多的系统研究，肯定了按部位、颜色分组把不同性质的烟叶分开，然后再采用油分、组织、光泽等品质因素反映内在质量的分级方法。

"这么多工作做下来，应该可以得出分级的标准结论了吧。"有些技术人员信心满满，认为收官的时候到了。

"还不行。我们还没有充分的理由和足够的理论依据。"50多岁的技术专家余茂勋为了得出烟叶烘烤后的详细数据，与年轻人一起研究了新的烘烤技术。他冒着70多摄氏度的高温进烤房观察研究，把需要的数据攻下来、拿到手后，自己却大病一场，病愈后又投入烤烟分级国家标准的制定工作。

精益求精、苦干实干、任劳任怨的精神，对研究所的技术人员来说并不觉得特别，反倒认为干工作就应该这样。如果调查、试验的数据不全，哪怕再累再苦也不收兵，一定要弄个水落石出。

从1962年开始的两年里，在朱尊权带领下，他们深入烟区、工厂、收购部门调查研究，对各地区、各个品种的烟叶进行系统、反复的科学实验，从5万余斤烤烟、1万多个数据中探索规律，继而又从各种大面积生产中取得典型材料，从商品烟叶中获取一般材料，从中找出特性与普遍性。

这是一个从千头万绪中提炼出明确思路的过程：先得出一些理论依据，再用数据、事实对其进行检验，然后修改原有的观点，直到所有观点能基本上融合汇集成一个前后贯通的客观标准。

依此程序，以朱尊权为首的烟草科研人员终于设计出了17级烤烟分级标准草案，通过核对验证，逐步在全国推广执行。第一个烤烟分级国家标准草案由此诞生。新标准的优点在于等级比较明确，易于操作，既保证卷烟质量，又保证烟农收益，既全国一致，又因地制宜，也为继续修订完善留下了空间。

通过以上工作，朱尊权驾驭全局的能力和对事物的认知得到提高："一件事情出现后，往往不会孤立存在。如果涉及多方面、多个部门、多种利益主体的话，一方面要坚持自己正确的观点，不能和稀泥；另一方面，也要站在全局的高度，多角度、多层次考虑问题，找到一个大家都能接受的平衡点。问题只能在心平气和，也就是和谐的环境中才能真正得到解决。"

标准制定过程中，他对其他部门的意见非常重视，多次对研究所的同事们说："认识和实践上的每一次突破与发展，无不来自广泛的实践和集体的智慧。像烤烟这样单一为工业部门加工生产使用的农产品，以工业部门的要求为主起草分级标准是正确的。但是，按标准进行分级操作的是农民，按等级收购的是购销部门。为了使标准便于农民操作、便于购销部门执行，必须与各部门研究讨论，配合协作，集纳众议，使全国烤烟统一分级标准做到'三一致'：表里一致、工农一致、地方一致。"

朱尊权认为：要做到"三一致"，只有勇于拆除利益固化的藩篱，冲破思想观念的障碍，增强标准制定的整体性、系统性、协同性，善于在各自利益预期上作调整，更加注重权利、规则的公平性，才能最大限度地聚合起各方面协调推进的力量。

如果说科研为生产服务的思想是朱尊权工作的一条主线，那么，"三一致"就是他对这种思想的具体践行。这也促使朱尊权从生产实际中选课题，摆脱学究式研究。他亲自参加调查研究和科学实验，不少问题就是通过专门调查得出结果的。

例如，前面提到的标准中某些品质因素的档次划分过于细致，烟农和收购部门执行时拿捏不准、无所适从，意见较大。朱尊权马上提出："给标准'瘦瘦身'，品质因素细微之间的差别可以整合的整合、作用不大的淘汰，化繁为简。”

技术业务工作在轻工业部烟草工业科研所占着举足轻重的地位。朱尊权是该所主管技术业务的副所长，他崇尚团结同志、群策群力的工作方法，讨论工作时，一般听到大家的意见都说得差不多了，才阐述自己的看法。即使先说，也是抛出几块“砖瓦”，希望能引出许多“美玉”“宝石”来。如果有不同看法，他会尽量说得客气、委婉。如果有人对另一人说话太尖刻，他赶忙使眼色，不要让人家觉得难堪。这不是说朱尊权一团和气，连必要的工作探讨也不要了。其实，他很主张“百家争鸣”。讨论烟叶分级问题时，他本人就是一个“争鸣”者。对必要的工作、学术争议，他非常支持，而且肯定它们是统一思想、统一认识的好办法。

对烤烟分级在烟草所曾存在两种意见：一种主张以颜色为主，否定部位的作用；另一种主张以部位为主，轻视颜色分级的作用。在一个时期，几乎是各自抱着自己的观点进行工作。实际上，这两个问题不是互相排斥而是相辅相成的关系。朱尊权认为，试验、辩论、走群众路线是解决矛盾的最好途径。随着试验的逐步深入，辩论也越辩越明，最后统一了观点：以烟叶生长部位和颜色分组，以品质因素定级。技术人员的业务素质也在试验、辩论中得到提高。

1963 年，由朱尊权负责起草的 17 级烤烟分级制标准草案，由于比原分级制更合理、更优越，得到国家标准局的奖励。多年后，国家烟草专卖局副局长金茂先评价说：“朱老对烤烟分级制标准进行了长期研究，对保证卷烟的配方和原料的物尽其用起到了关键性作用，也为以后制定 42 级国家烤烟分级标准奠定了基础。”

7

如果说烟叶分级标准的确立为保证我国卷烟生产质量奠定了基础的话，那么，制定卷烟配方标准则是保证不同档次卷烟质量的关键。1953年，朱尊权等人按照上级指示，在广泛调研论证基础上制定了《卷烟产品规格（草案）》《卷烟配方统一管理方案（草案）》，这是两个对全国烟草工业产生深远影响的草案。

卷烟品质基本决定于烟叶，而叶组配方是直接控制各档各牌号卷烟品质的关键。也就是说，烟叶种类比重确定后，卷烟品质的初步轮廓也大致确定了。

1953年前，全国卷烟配方基本处于自立山头、各显神通的混乱状态。一些私营烟厂先以好原料进入配方，打开销路，然后再施暗度陈仓之计，偷工减料，以次充好，坑害消费者。

配方混乱问题，在国营烟厂也不能避免。如果烟叶生产受到限制，贸易、供应部门计划调拨脱节，不能足够供应烟厂原料，对配方稳定和成本都有直接影响。各烟厂只好根据本厂能控制的原料拟定配方，捡到篮子就是菜，有啥用啥，常有优材劣用、成本提高的现象，甚至可能因为影响太大以致不能维持产品的生产。

1953年年初，轻工业部烟酒工业管理局在上海召开全国第一次卷烟技术会议。“保证产品品质，消灭用料浪费，降低成本，克服配方混乱现象”，是这次会议的中心话题。而这些话题和解决问题的办法，最后都需要落实到一个方案框架里。这就是制定《卷烟产品规格（草案）》和《卷烟配方统一管理方案（草案）》的初衷。这也意味着，中国卷烟产品规格和配方从此将进入规范化的轨道。

为制定以上两个草案，朱尊权、王承翰带领研究室的技术人员，对如何规范卷烟产品规格及其品质要求进行了反复研究论证，根据卷烟品质的香味、刺激性及其他品质因素，将卷烟产品品质分为 4 等 7 级，并对各等级的卷烟外观、评吸质量、理化特征进行规定和初步规范，对烟丝的色泽规格以及卷烟的香气、刺激性、余味的好坏程度也给予了规范。同时，对卷烟配方的化学成分进行了探讨，对各级卷烟使用烟叶的类型、使用烤烟的等级、使用某地区烤烟品种的多少、各部位的用量等细节都作了规范，以当时国产烟叶的品质状况，来保证卷烟产品质量。

无论多么繁杂、细小的研究，朱尊权的视野都是大世界。因而，他和同事们制定的《卷烟产品规格（草案)》和《卷烟配方统一管理方案（草案)》在 1953 年正式确定后，对全国卷烟行业产生了深远的影响。其中，卷烟产品规格及卷烟产品的等级划分（4 等 7 级）沿用至 20 世纪 90 年代。

随着卷烟工业的发展，改变卷烟工业人才匮乏、生产技术水平落后的状况，愈显重要与紧迫，而当时全国没有一所大专院校开设烟草专业课程。全国各烟厂的卷烟配方技术既落后，又保守，大多以师徒的方式因袭相传，往往使人迷失或走弯路。1955 年，轻工业部烟酒工业管理局把行业技术培训任务交给了朱尊权所在的烟草工业研究室。

1955 年至 1958 年，连续三期的全国烟草技术干部训练班在上海开办。前两期为卷烟技术班，后一期为干部管理班，其高规格和开先河的意义被业内人称为“黄埔三期”。开设的课程有烟叶生产、烟叶发酵、烟草化学、卷烟机械、卷烟工艺、卷烟配方等。授课老师分别是余茂勋、丁瑞康、张泳泉、韩育东、王承翰、洪承钺、张逸宾，他们都是新中国烟草界第一代技术专家，在不同的领域各有所长。

卷烟配方教学工作由朱尊权担任。

配方，是卷烟的核心。简单地讲，卷烟产品的配方，就是按照卷烟产品的设计要求，有目的、按比例地将各种不同的烟叶和烟草制品，以及添加剂混合起来，使之浑然一体、相得益彰。

合理的配方是一种创造性思维，有经验的积累，也有灵感的迸发，是一门用经验和艺术做基础的技术。烟草给予人们享受香味的乐趣，在嗅觉、味觉世界中充满惊人的丰富信息，很难用词汇表达。一百个观众，就有一百个哈姆雷特；一百个配方师，也有一百种不同的经验。

要把一门感性多于理性的学问讲深、讲透，确实是件棘手的事情。

到上海训练班学习的是从全国各烟厂选派的工人、技术人员，年龄最大的三十来岁，最小的十八九岁，大多初、高中毕业。学员的文化基础，决定了朱尊权他们讲课的基调，由浅入深，从 中国文化和日常生活事例入手，逐步展开。朱尊权从容不迫地走进教室，眼神安详而睿智，微笑着扫视大家，开始娓娓讲开了卷烟配方的第一课——

他首先来了这样一段开场白：中国有许多文化因素，比如琴、棋、书、画等，都落实在了人们普通的日常生活里。而集中了诸多文化现象的大众消费品，莫如茶与酒以及后来的舶来品卷烟。可以这么说，一部中国民俗文化史，如果离开了烟这种东西，就谈不上完整的文化韵味。

“那么，文化韵味包括哪些呢？”朱尊权接着说道，“吸烟者的手指污秽，但只要心有热情，这又何妨？”他边说边举起自己右手的食指和中指，做夹烟状。这时，课堂里响起笑声。然后，又说：“吸烟的人不会和自己的太太吵嘴，其理由是口食烟斗，这时决不能高声叫骂。”

话音一落，课堂里不仅笑声更大。“妙！”还有人拍手喝彩。

朱尊权也笑了起来，他说：“这些话可不是我说的。谈及烟文化和文化烟民，不能不说到文化大师林语堂，以上妙语正是此公所言。大家有兴趣的话，可以看看他写的《生活的艺术》一书。”

“好。我们现在言归正传。”课堂气氛调动起来后，朱尊权拿起粉笔，在黑板上写下两个大字：“配方”。

“配方技术，是卷烟生产的核心技术。卷烟的美感与魅力，全部蕴含在飘逸的烟气之中。人们对于卷烟烟质的要求是香气很调和，这就决定着，小小一支烟要把多种不同类型的烟叶，按照香味的性质，以及劲头、刺激性的大小，余味的好坏，协调地混合起来，才能达到这种要求。”朱尊权又说道，“卷烟配方一般包括两个方面：一是产品的叶组配方，二是产品的加料与加香配方。”

卷烟产品的叶组配方，就是把各种不同类型、不同香型、不同产地、不同等级或不同性质、不同因素的烟叶，按照卷烟产品的类型、香型、等级风格等质量标准要求，以不同的比例加以合理、适宜的混合。

而加料与加香配方，是在叶组配方的基础上，使用不同性质和不同作用的加料与加香物质，按不同比例调制适宜叶组配方使用的添加剂，以衬托卷烟产品的香气、掩盖杂气、改善吃味。

说完，朱尊权在黑板上写了鱼、虾、牛羊肉，然后在旁边又写下酒、姜、蒜。

“因此，说到卷烟配方，不妨从一些生活常识来说明。例如，烹调鱼类、海鲜或牛羊肉时，都要加入黄酒、生姜、葱、蒜，以祛其腥膻气。菜烧得太咸，加一些糖、醋后，菜里的盐并未减少，而吃起来感觉并不太咸了。这可以说是一种遮盖作用，把菜蔬中的缺点减轻或者是消除了。”

见学员们听得入神，朱尊权进一步加以引申：

“炒菜必须加料调味，这些可以说是一种补充优点和衬托优点的作用。唱歌、唱戏时最好有乐器伴奏，乐器伴奏不但在唱歌、唱戏的人换气或唱完一小段休息时可以补充冷场的空白，同时也使得整首曲子更加优美。卷烟配方也是同样的情形，就像一支交响乐。”

朱尊权善于用形象的比喻来帮助学员理解和记忆。为了让学员理解卷烟配方的合和性，他在黑板上画了苹果、梨、桃等多种水果，然后画了一个瓶子。“这些水果取汁后，按一定的比例混合在一起装在瓶子里，这才叫水果汁。”

他又拿出不同产地、不同部位、不同等级的烟叶，说道：“卷烟所需要的色、香、味、劲头、刺激性和燃烧性等各种品质条件，是不会存在于同一种烟叶里的，更不可能存在于同一等级的烟叶中，因为这些因素不能在同一烟叶中得到均衡充分的发挥。例如，某些烟草香气很足，但可能燃烧性不强或者劲头太大，若将它们与较温和又不太香的烟叶配合起来，结果一定是比较好的。所以，必须把各种烟叶适当配合，才能彼此遮盖缺点、突出优点，才能得到符合要求的烟质。”

朱尊权以上所讲的是卷烟配方的主要作用。在如今多品种配方早已成为烟草行业共识的时候，也许有人会问，当年的学员都是来自各烟厂搞卷烟配方的人员，难道这些基本原理也被他们忽略了？

确实，当时比较复杂的、多样化卷烟配方还不是主流。有的烟厂单独使用一种烟叶来制造卷烟。例如，过去河南生产的许多卷烟，配方中几乎百分之百是许昌烟叶，致使香气不醇和、口味单调。贵州和重庆生产的一些卷烟，配方中则几乎百分之百地使用贵定烟叶，贵定烟叶中特有的地方性杂气就无法消除。后来，适当地配用了其他种类的烟叶，卷烟质量才得到改进。

曾经，“中华”卷烟配方中需要的烟叶只来自 4 个产地，配方单上只有 4 条记录。后来，上海卷烟厂创造性地对来自不同地方的烟叶进行配伍，将“少地区、少等级、大比例”的配方模式转变为“多地区、多等级、小比例”的配方模式。进入21世纪后，“中华”卷烟配方的原料来源已经发展到十几个省份，配方单上（包括初配方）的记录多达几十项。带来的结果是香气质和量的丰富，继而是卷烟品质的提升，这也成为“中华”卷烟永葆“国烟”称号的重要秘诀。

而在20世纪五六十年代，当时普遍认为，同一种烟叶，高等级烟叶好的因素多、坏的因素少，低等级烟叶则相反。为了保证质量，制造甲级卷烟使用的烟叶等级多半是偏高的，并且用同一省份烟叶这个单一配方。后来，越来越多的人认识到，采用多样化的配方，可以突出各种不同烟叶的特征，互相配合，取长补短。

因而，朱尊权强调，卷烟配方应坚持以合理配置烟叶资源为前提，通过实行“多地区、多等级、多部位、多香型”的烟叶调配，形成“多元化”的叶组配方设计理念。在配方中使用的烟叶种类愈多，则使用同一种烟草的数量就可以缩小，它具有的令人不愉快的杂气也就不容易暴露出来，香气容易谐调，各项优点也容易互补。这样，既符合消费者的嗜好，又可以降低成本，为国家节约高等级的烟叶原料。

卷烟配方最终还是要落实到各种烟叶如何配合。烟叶好，只是制造优质卷烟的基础。要想真正突出烟叶本香，必须在配方上下功夫。可是，卷烟的配方技术在当年很长时间内并没有很全面的科学理论根据，配方人员主要是依靠经验进行工作。这就如同一个论断：烟叶人人看得见，配方理论和烟叶品质规律经过努力也可以把握，而经验对大多数人是一个秘籍。但经验并不能独立存在，它们只能通过具体的“产品”来体现。

“可见，搞配方的人不光要了解各地区、各部位、各等级烟叶的外观特征，还要熟悉烟质。烟质是烟叶燃烧后产生的烟气品质特征，即内在质量。”朱尊权在课堂上强调，“要想直观地体会这一点，搞配方工作的人必须学会品烟。虽然也能从物理、化学的分析数据中得出某些结论，但感官检验是必需的。品烟不光是品烟的香味，还要品它的吃味，比如浓度、劲头、刺激性、余味等。”

朱尊权毫不含糊地告诉学员，特别是一些女学员：“搞配方如果不会品烟，好似盲人绘画，画好后还要请教旁人，自己无法判断画的好坏。即使是很有经验的人，也必须经常品吸各种烟叶或配好得卷烟。仅仅以烟叶外表品质作为依据，不管你有怎样好的经验，也难免出错。”

上课前，朱尊权准备好各种烟叶和卷好的单料烟，让大家评吸，继而评吸各牌号的卷烟产品，体验烟叶配伍作用。这是配方人员的基本功。

依靠配方经验设计卷烟产品，朱尊权认为是可贵的，然而也不像过去洋商宣传的那样神秘和复杂。如果将理化、生化分析与感官分析结合起来，配方人员就可以凭科研分析数据与传统经验，并在不断丰富知识的基础上选用烟叶原料，然后通过掌握加香、加料配比，提高配方技能。他鼓励学员，只要掌握规律，勤于实践，练好基本功，同时善于积累经验，就可以胜任配方工作。

1955 年至 1958 年在上海举办的这 3 期干部训练班，对提高烟草行业的工艺和配方水平起到了很大作用，为烟草事业发展打下了人才基础。从培训班走出去的百余人，后来绝大部分成为全国卷烟企业的技术骨干和领导，为中国的卷烟工业作出了应有贡献。

他们中的不少人对朱尊权讲的课印象特别深刻。其中一位叫郜稳亮，当年是郑州卷烟厂的一名普通技术人员，后来成为郑州卷烟厂的党委书记、厂长。他回忆说：“朱所长善于跟学员交流，讲课时不是一二三四开中药方，而是说出了子丑寅卯之间的联系、区别，我们听得入神。他对学生的影响，不光是课堂上所教的点点滴滴，常常还有潜移默化的引导。课余，他会跟学员谈自己的一些配方工作体会和认识。我们很愿意跟他交流。他为人和善，特别注意同学们的感受，让大家都听得懂、记得住、用得上。”

当年的学员中如今很多人已经退休。有人把几十年的工作经历比作一条河流，追本溯源，不仅十分怀念培训班的那段时光，还把拜师受业的学习生活看作源头活水，由此获得了向前奔流的动力和方向。

让朱尊权感到欣慰的是，随着卷烟配方理念的拓宽、技术水平的提高，进入 20 世纪 80 年代，全国卷烟配方在叶组配方的基础上，适量加入了膨胀烟丝、薄片，以此达到降低烟气中的焦油、节约烟叶、降低卷烟成本的目的。

8

全国烟草技术干部训练班结束后，轻工业部把建立一支满足全国烟草产业科研、推广和生产需要的科技人员队伍，推动烟草科技进步，支撑烟草产业整体水平提高的培训教育工作，摆上了重要位置。

1957 年，朱尊权组织主持编写全国第一本《卷烟工艺学》教材，为卷烟工业理论体系增辟了一门生动活泼的、崭新的专门理论。卷烟工艺的基本原理是什么？卷烟工艺流程及工序有哪些？卷烟产品应当注意哪些问题？这本书都有较为全面和不乏生动语言的介绍，既可作为卷烟工艺专业教科书，也可供有关专业技术人员及管理人员参考。20 世纪 90 年代，朱尊权又担任了全国烟草行业统编教材《卷烟工艺》（黄嘉礽主编）的编审委员会主任和主审，按照烟草行业发展的要求，对教材进行了全面修订。

这里要提到的是，以培训班为载体，为烟草行业培养人才的传统方式，随着郑州烟草研究院（朱尊权所在的郑州烟草工业研究所于1988年由所改院——作者注）的发展一直延传下来。1965年，在轻工业部的主持下，由朱尊权担纲，在许昌举办了一期有几个地区的百余名农业专科毕业生参加的培训班，为各省份烟区发展烤烟生产输送了一批急需的农业技术人才。

特别是20世纪80年代以后，为适应烟草行业发展，培训教育注入了与时俱进的新内涵。郑州烟草研究院更加注重发挥本院科技人员的优势，增强培训效果，为烟草行业培养了大批技术骨干，成为烟草人才的培训基地。

如今的培训基地，最早发源于朱尊权等一批老一辈技术专家之手。

熟悉朱尊权的人都知道，整个20世纪50年代，他逐步进入了事业的高峰：1952年，参与组建中国第一个烟草工业科研机构——上海烟草公司技术研究室，担任副主任。在美国高档烟叶库存日渐枯竭，面临停产危机时，他带领技术人员闯出一条用国产烟叶替代进口烟叶之路，建立了一套有别于传统，又有别于国外卷烟的叶组配方模式。同时，圆满完成了烤烟人工发酵的研究工作，形成一套中国特色的卷烟加工工艺技术。1955年，在轻工业部的指示下，扩大研究室规模，并以第一副主任的身份全面主持工作，广纳社会贤才，求得一批有一定经验、有一定学历的工程技术员，成立了工艺组、原料组、化学组、机械组、发酵组，显示了重用良才、深谋远虑的管理才能，为烟草工业科研机构的发展奠定了基础。

1956年，朱尊权以烟草科学家身份参与制定“国家十二年（1956—1967）科技发展规划”，他具体负责轻工业研究课题中有关烟草工业的部分。经与烟草研究室的同志们反复研究讨论后，朱尊权提出了逐年安排进行的15项发展计划：烟叶方面有品种区划，烘烤技术设备改进，培育低尼古丁烟叶，试种香料烟、白肋烟、雪茄包皮烟；工艺方面有加工过程合理化，研制滤嘴卷烟、混合型卷烟、香料型卷烟、低尼古丁卷烟；机械方面包括风力传送、通风除尘，生产连续化、部分自动化，废品综合利用等。后来，朱尊权又多次参加科技发展规划的制定工作，为全国烟草科技发展指明方向和道路。

当1957年的春风迎面扑来时，作为特邀代表的朱尊权赴京参加全国轻工业系统先进生产者代表大会，在中南海受到毛泽东、周恩来、刘少奇、朱德等中央领导人接见。

"当时，场面很隆重。一瞧见毛主席、周总理等党和国家领导人步入会场接见我们，我的眼眶就不由自主地涌出了泪水，想控制也控制不住。我是一个从旧中国走出来的知识分子，还出生在一个军阀家庭。新中国成立以后，我成了国家的主人，在研究所做了一些工作，就获得这么大的荣誉，能不激动吗？"朱尊权当时就暗下决心：回去以后，要把工作更加努力地做好，对得起党，对得起新中国。之后，他又来到了天安门广场，喜悦之情如城楼上的红旗，高高飘扬。祖国日新月异的繁荣发展，激发了他向着"人民的烟草专家"方向勇往直前的强烈愿望。

9

1958年，对轻工业部烟草工业研究室的每个人来说都是不同寻常的一年。环境的种种变迁、变革、变动，确实是不可预知的。

5月底的一天，已于1956年调往北京任食品工业部烟草工业管理局副局长的詹浩生突然来到上海。詹浩生原担任上海市烟草工业公司副经理，是朱尊权非常敬重的一位老上级。随同詹浩生来沪的，还有烟草工业管理局的另一位副局长张作民。朱尊权如约来到他俩下榻的上海大厦。他与两位领导将商讨一件重要的事情。

早些天，上海的天气突然暴热了几天。人们没来得及从初夏里脱身，就已经嗅到了酷暑的气味，真是措手不及。

此时，朱尊权接到上级的一个重要指示：轻工业部烟草工业研究室扩建为研究所，由上海迁往河南郑州。迁移的理由是：研究单位要深入产区搞研究，多出成果，快出人才。同时，轻工业部在上海的其他几个研究单位也要迁往其他城市。

轻工业部有人说，上海的马路上长不出烟叶。河南是名副其实的“两烟”（卷烟、烟叶）大省，也是我国最早引进烤烟种植的省份之一，烟草研究所的去向理所当然是河南省会郑州。

迁移的消息像气候突变的季节，使许多人感到突然与震惊。

上海的繁华和经济实力，是当年中国其他任何一个城市无可匹敌的。外地人说起上海，总会有些羡慕，有些向往的憧憬。那么，上海本地人对上海的情感毋庸细说。

当时，研究所有40多名工作人员，90%以上家在上海。一些老技术员在上海有自己的洋楼，不说家大业大，那也毕竟是花了大半辈子血汗钱置买的。他们有的生于上海，长于上海，工作又在上海，如今大半辈子这么过了，算定了终老之所也在上海。他们已经习惯在这条路上延续下去。

谁也没想到，一个大转折横空出世。

朱尊权自接到迁移的指示后，再没有心思去考虑别的什么事情了。正如一位临阵的将帅一样，在战表已下，而战斗尚未打响之前，他脑中思索的只能是如何去打赢这场仗，至于其他琐事，是无暇去顾及的了。其实，朱尊权也没什么必须顾及的。相对于那些老技术人员，上海对朱尊权确实还达不到“故土难离”的分量。他的性格也不是依恋繁华、依恋大城市的。这与他从前从来没有在某个城市长久地安营扎寨的生活经历有关。北京、山西、重庆、四川、美国肯塔基州……他曾经生活过的城市不少。在哪个城市，他都会很习惯。

朱尊权知道，他的习性和经历并不代表其他人。所里 40 多号人，特别是那些老同志对故乡的眷恋是完全应该理解和尊重的，但他们当中没有一个打退堂鼓。尽管大家觉得上海有郑州无可比拟的优越性，比方说，上海的院校和科研单位多，信息灵通，便于学习与协作；上海的物资丰富，购买仪器设备、药物试剂方便。这些都被后来的事实所证明。而面对组织的决定，他们没有怨言。一些老技术员举家迁移，不留退路。除一名招聘的青工外，所里其他人全部选择了听从安排，奔赴郑州，开始新生活……

心情急切的朱尊权，敲开了詹浩生和张作民的房门。

一阵寒暄后，谈话进入主题。

研究所迁往郑州前，轻工业部原先决定把郑州一所停办的油脂学校拨给研究所。事前，朱尊权已从上海去郑州看了现场。校址宽敞，有一栋较大的教学楼和一座办公楼，还有学生宿舍、教职员工宿舍等建筑，操场也比较大。

“不错，如果对这些房屋适当改造，可以建成试验室、温室、中试车间等，对研究所以后的发展比较有利。”朱尊权站在操场中央，环顾四周环境，一幅未来的蓝图跃入眼前。

随后，他又循着油脂学校建筑物一栋栋仔仔细细看过去。“这栋平房场地大，只要把水泥地面稍加平整，卷烟设备就可以搬进来，做中试车间很理想。”“东面这栋离马路最远，安静，做试验室不错。”“如果把南边这两栋楼做职工宿舍，大伙儿肯定会乐意的……”去郑州看过现场回到上海后，朱尊权心里有了谱，踏实了许多，只等待搬迁的命令。

“小朱，现在情况有变。”寒暄后，张作民摊开郑州油脂学校的平面图，指着其中的两栋楼说，“我们打算只给你们这两栋楼，一栋做办公楼，另一栋做职工宿舍。虽然场地不太宽敞，但符合勤俭节约的精神。再说，全所就40多人，也不需要太大的地方。”

张作民本着节约的观点改变了原有计划，作出这样的安排。

朱尊权不赞成，急切地说：“张副局长，到郑州后，让大家有个比较满意的工作和家居环境是很重要的，安居才能乐业，工作环境合适有利于出成果。一些老同志为了到郑州工作，放弃了上海的家业，举家迁移。他们的家业不少是用金条买下的，有的只好贱价转让。如果不给这些老同志安排合适的住房，对不住他们呀！另外，各种试验室都要场地，现在给我们的办公楼面积太小。我建议，把场地扩大些。”朱尊权先前考虑的“如何去打赢当前这场战斗”，实质上包括了如何使同志们到郑州后能尽快地适应当地生活，能有适当的场地开展工作。这是作为研究所领导的他应该考虑的。

“小朱同志，现在国家还不富裕，能节约的还是应该节约，个人的困难先克服克服。”张作民仍坚持自己的观点。

“不能因为节约就忽略了同志们生活和工作上的要求。同志们去郑州是要长期安家落户的，大多数人从大上海去郑州本来就不太习惯，如果连像样的住房也得不到，肯定会有情绪，自然也会影响到工作。越是这时候，越要给大家鼓鼓劲，越要在大家心里烧一把火啊！更何况从长远说，工作还要发展，研究所还要扩大。目前场地大点儿是备发展之需，不是浪费。”

两人你一来，我一去，几句话一出口，双方都有些激动。

詹浩生赶紧给他们俩各点燃一支烟：“先抽口烟，歇会儿再说。”他有意站在他俩中间，做道“防火墙”，让他们压压“火”。

然而，意见统一不起来，各不相让的争执又发生了。

朱尊权同张作民以前接触不多，没有个人成见。相互的争执其实没有千般百种的对立，乃君子之争，无小人之怨，都是从工作出发，只不过观点不同。争执到最后，两人还是不欢而散。

第二天清早，朱尊权刚进办公室，电话铃骤响。

“小朱，我是张作民，你还好吗？你昨天的意见，我们再考虑、研究。”

电话是张作民从医院打来的。头一天，张作民与朱尊权发生争执后，血压上升，晚上住进了医院。他担心朱尊权心里还有疙瘩，因而一大早就把电话打来。

“张副局长，我没事。谢谢您的关心。您多保重身体。”

放下电话，朱尊权似乎有些意外。他想不到张作民住进了医院，更想不到一位比自己年长近 20 岁的上级领导主动让步、打破僵局，而且在病中仍惦记着下级，以一个领导的诚意给予解释、安慰。

“真正的共产党人！”朱尊权从心底发出感叹，“这些人即使在某个问题上与你激烈争执，也会令你感到一种可敬佩的夫子式的耿介。”

“不吵不相识”，用在朱尊权和张作民的关系上很合适。从此之后，他们成了好朋友。朱尊权往后每次出差去北京，总要去看看张作民。两人只要有机会相聚，总有聊不完的话题。

10

从 1953 年的上海烟草工业公司技术研究室到轻工业部烟草

工业研究室，再到食品工业部烟草工业科学研究室，几经易名的研究室在 1958 年经轻工业部批准扩建为烟草工业科学研究所，并由上海迁至郑州。

烟草研究室的职工与绝大部分家属，在 1958 年年底也相继从上海来到了郑州。尽管不少人内心深处有波澜，但是表面上看都很平静。

郑州的冬天对于从上海过来的人来说格外寒冷。人民公园附近的原市总工会和原市地质勘探局的办公楼，分别成了烟草研究所的办公楼和职工宿舍。这是应地方政府要求，用原计划中的那所油脂学校换来的。郑州用自己的历史给烟草研究所坐落的这条路取名二七路，以纪念 1923 年 2 月 7 日京汉铁路大罢工期间被军阀镇压造成二七惨案的那段历史。路的南端耸立着二七纪念塔。与此遥遥相应的路北端有一条河，叫金水河，河面不宽，以桥相连，来往方便。金水河的北岸是麦田、菜地。烟草研究所就在河的南岸。附近的人民公园名曰公园，实际上，园子里只有几棵还未长高的小树和一两座亭子。路上人车稀少。路边低矮平房的屋顶上竟长着蔓草，迎风竦动。晚上，马路上几盏昏暗的路灯就像睁不开的惺忪之眼。

初到郑州，难免有些不如人意的事。为了缓解气氛、调适心情，一些文娱活动便自发或有组织地开展起来了。跳交谊舞、打篮球、唱京剧、到黄河边的邙山郊游……渐渐地，气氛活跃了，单调的生活就显得有些色彩。

“我正在城楼观山景，耳听得城外乱纷纷。旌旗招展空翻影，却原来是司马发来的兵。”朱尊权喜爱京剧，嘴一张就博个满堂彩。

篮球场上的“精彩”也引来一群观阵助威的人。围观者不免跃跃欲试，大有上前一展身手之意。

在郑州的日子就这样苦中有乐地开始了。

姚雪英为了随丈夫一同来郑州，放弃了生她养她的那片土地，从上海干部医院调到了郑州烟草研究所，还是干老本行——当会计，大家叫她“姚会计”。

当时的所党委书记兼所长是白筱易，他曾是青岛卷烟厂厂长，担任所长前，是轻工业部烟草工业局生产处处长。白筱易与担任副所长的朱尊权在工作上配合默契，他非常尊重朱尊权的技术专长，也非常支持朱尊权的工作。朱尊权全面负责烟草研究所的业务技术工作，带领技术人员克服各种困难进行技术研究工作。

“朱副所长，做实验用的蒸馏水又没有了，怎么办?”技术人员向朱尊权“告急”。

制作蒸馏水是把源水煮沸后令其蒸发冷凝回收，要大量耗费热能，造价较高，市场缺货，烟草研究所又不可能自己制造。

“有办法，到市里各单位去收集，包括各个澡堂。”朱尊权果断地说。

那个年代的郑州跟国内大多数城市一样，物资缺乏，信息不畅。而烟草研究所就在这样的困境中，顽强地成长着。

“没有蒸馏水，就到市里各单位收集；没有机器，就自己设计制造；没有技术，就多方搜集国外的科研资料。只要认真学习、大胆试验，就没有克服不了的困难。”朱尊权带领烟草研究所的技术人员充分发挥主观能动性，逢山开路，遇河架桥，克服了种种困难。一路走来，虽然沉重，但也是鹤翅排云，沉重却潇洒。

在朱尊权的思想观念中，十分重视科研的服务性，他认为：“在构成真正科技人员的许多必要条件中，服务意识应居其一。也就是说，科技必须为工农兵服务。”

朱尊权一边组织烟草研究所的科研工作，一边组织力量参加轻工业部在河南的烤烟生产工作组，协助乔庄改进烤烟生产技术。

在许昌襄城县东南15里的首山山麓，有座小村庄，因村民大多姓乔，故名乔庄。说起乔庄当年的名气，还得先说说河南省、许昌市、襄城县的烤烟种植情况。

1958年，河南烟叶收购量达到10850万公斤，占到全国总产量的近1/3，也正是从这一年开始，河南烟叶产量连续30余年雄居全国之首，直到20世纪80年代末才被云南超过。而在河南，烟叶生产又首推许昌。作为中国烤烟种植的三大发祥地之一，到新中国成立初期已经有了“十亩地八亩烟”的规模，在河南乃至全国都有着举足轻重的地位。

乔庄村所在的襄城县，1913年就开始引进美种烤烟，英美烟草公司将襄城县的土样带到美国化验分析，证明其成分、性质与美国烤烟生产最适宜区——弗吉尼亚州相差无几。1915年，襄城烟叶被选送美国“旧金山万国商品博览会”展出，颇受好评，从此“东方的弗吉尼亚”的美名不胫而走。

20世纪50年代初期，全国最好的“中华”牌卷烟的原料配比中，襄城烟叶曾占到40%。

这一切构建了一位伟人与烟草的情结，也延伸出领袖与襄城的缘分。

1958年8月，毛主席头顶炎炎烈日来到襄城烟区视察，在烟田接连视察了4个多小时，只见烟田一块连着一块，无边无际，一派丰收在望的喜人景象。眼前的情景，触动了毛主席的诗人情怀，他不禁发出充满激情的赞叹：“你们这里成了‘烟叶王国’了！”自此，“烟叶王国”就成了襄城县的代名词，给襄城县带来了无限的荣耀，也造就了那个年代“言烟叶必称河南”的辉煌。

为树立典型，总结、推广襄城县烟叶生产的先进经验，1964年，轻工业部组织烟草专家组成驻点工作组，到襄城县协助改进烤烟生产技术，并总结一套科学化、系统化的“乔庄经验”。

乔庄人丰富的烤烟生产经验是从1913年开始种植烤烟而逐

步形成的。进入 20 世纪 60 年代后，社员生产好烟的积极性越发高涨。村里社员为了保住烤房温度，有的拿自家的被子堵烤房门。一次，队里建烟叶烤房的木料和砖不够了，有个社员说："俺家有。"就拿出家里准备盖房子用的 500 块砖、10 根椽子和床上仅有的一条席子来盖烤房。

乔庄不光有一群爱社如家的社员，还有一批烟叶生产经验丰富的老农。

由轻工业部主持的烤烟生产工作组就设在襄城县乔庄。轻工业部烟草工业总公司的相关负责人挂帅长驻襄城县，具体工作则由朱尊权所在的郑州烟草研究所承担。

凡到乔庄参观的人，没有谁不夸烟长得好的。放眼望去，大田里的烟株上看一斩平，下看横竖成行。

大田生产均匀一致，是乔庄烤烟栽培技术的核心以及取得优质丰产的重要保证。有人向朱尊权请教："乔庄现象"除涉及生产管理的诸多因素外，理论根据是什么？

朱尊权认为这个问题提得好，有必要从学术理论高度，对乔庄经验进行总结，让大家既懂得应该怎样做，又明白为什么要这样做，为全国烤烟生产树立样板。

乔庄烤烟生产的栽培经验，被朱尊权他们很经典地总结为："五匀三一致"。

"五匀"即整地均匀、施肥均匀、育苗均匀、移栽均匀、田间管理均匀，"三一致"即烟株高矮一致、叶片大小一致、烟叶成熟程度一致。

1965 年仲夏的一天，走进大田的朱尊权，向一群参观的人娓娓讲述"五匀三一致"的重要性："大家看见了，如果做到整地、施肥、育苗、移栽、田间管理均匀，就能使行株距准确，没有缺株。这样，每株烟的营养供应条件也会达到均匀一致。假如烟株高矮相同的话，就能使每株烟接受阳光的条件一致，因此，烟叶的大小、成熟程度和化学成分也会较为一致，保证每株烟叶的内在质量相同。采摘这样均匀一致的烟叶进行烘烤，烟叶变黄、定色的技术要求也容易做到一致，没有顾此失彼之患，为烤成大批优质烟叶创造了重要条件。”

“把乔庄经验总结为‘五匀三一致’，提纲挈领，易懂，好学。”参观者对朱尊权说，“我们回去后，马上就可以把乔庄经验贯彻到工作中，指导烟叶生产。”

“当时，轻工业部提出两句口号：农业学大寨，烟叶学乔庄。乔庄经验就是朱老他们总结出来的，并很快在全国推广。”2009 年已从襄城县人大常委会主任任上退下的方文兴回忆当初的情景时，依然难掩内心的自豪感。

据统计，1965 年，乔庄种烟 67 亩，平均单产 380 斤，均价比 1964 年提高 32%，上中等烟达 92%。全年前来乔庄参观学习的有 20 多个省市的 2 万多人次，对全国烤烟生产起到了积极的推动作用。

11

朱尊权一方面亲自总结乔庄经验，为全国烤烟生产树立样板；另一方面，组织力量指导烟农生产，帮助乔庄改进生产技术，还帮助他们改进烤房设置，提高烘烤技术水平和质量。

“我叫谢德平，生产队派俺来向专家学习烘烤技术和烤房改进技术。”1965 年秋天的一个傍晚，一位叫谢德平的小伙子背着简单的行李，走进乔庄烤烟生产工作组驻点办公室。这里是朱尊权等人的办公场所，其实就是借用农民的一间小杂屋，中间放了一张旧桌子和三四张破旧的椅子。

“谢德平，你是哪个村的？今年多大？”朱尊权问。

“15 岁。宝丰县闹店乡瞿集村的。”

“没上学呀？”

“哦，是这样的。这娃高中还没读完，就决心回乡务农，在我们村算得上一个大知识分子哩。”与谢德平一起来的一位 60 多岁的老农高兴地介绍说，“这小伙子接受新事物很快，从学校回乡后就领着村里的老乡用温床育红薯苗，县农业局局长直夸奖他哩。”

“好啊，你是位知识青年。社会主义农村建设正需要你们这样的年轻人。”朱尊权打量着小伙子说，“你全身上下都是黄土，走路来的吧？”

“天没亮就动身，赶了 70 里地。”老农接过话茬儿。

“你们先歇下来，明天跟着大伙儿一起参加学习。”朱尊权嘱咐工作人员把谢德平他们安排好后，走出房间。他要趁天黑前，检查一下第二天的烤房教学现场。

烟叶烘烤是生产优质烟叶至关重要的技术环节。烘烤调制烟叶的意义，就是将烟叶在全部农艺过程中形成的优良性状充分显露和发挥出来。这是一个重要的技术环节，也是最薄弱的环节，在一些产区甚至成为增进烟叶质量和效益的瓶颈。因而，朱尊权认为有必要以学习乔庄经验和帮助乔庄提高烘烤技术水平为契机，采取培训方式，推广先进的烟叶烘烤技术。

1965 年秋天，附近七里八村的，还有外地的种烟能手和烟农代表会聚到了乔庄。

“烟农常说‘烤烟是火中取宝，烤得好一炉宝，烤不好如粪草’，生动地说明了烘烤与烟叶质量的密切关系。从田间采收的烟叶为什么要进行烘烤呢？这是因为，烘烤对鲜烟叶来说，具有 4 个方面的作用：形成烟叶的外观质量，形成烟叶的化学质量，形成烟叶的物理质量，形成烟叶的评吸质量。可见，烘烤是形成烟叶品质的关键环节，烤烟也因烘烤而得名。”朱尊权的课开始了。

“我们要通过烧火的大小，来控制温度的高低；通过天窗、地洞的开关程度，来控制相对湿度的大小。烟叶只有在适宜的温度、湿度条件下，才会呈现鲜烟叶的质量，烤出颜色好、含水量适中、香味宜人、口感好的烟叶。”朱尊权的讲解从基本概念和原理入手。

朱尊权把烟叶烘烤过程的运作机理和关键操作阶段的技术措施讲完后，没再继续讲下去。他知道，讲多了，大家一时消化不了，何况他也不喜欢用“填鸭”的方法教学。接着，朱尊权拿出几片看上去有质量问题的烟叶，走到烟农中间：“我想问大家一个问题：这些叶片上为什么会挂灰？”

挂灰是指烘烤后的烟叶叶面上出现一层黑褐色的细微小斑点，如同蒙上一层灰一样。这种烟叶燃烧力弱，有异味，香气质差，香气量少，刺激性增强，品质下降。

“产生烟叶挂灰的原因是什么呢？”没有人回答。朱尊权清楚，有些人是真不懂；而有些人是有顾虑，不敢作声，怕说错话。

“没关系，我也是来向大家学习的。你们中有不少是种烟的好把式，有自己的经验，我们互相学习。”

在朱尊权的启发下，大家你一言我一语地说开了：

“烟叶在地里没长熟就采收了，没烤好。”

“升温急了，烤房里湿度增高，水汽蒸伤烟叶。”

“装烟稀密不匀，使烤房里温度不均，低温的地方湿度过大。”

“烘烤初期对于水分大的烟叶要‘先拿水，后拿色’，对水分小的烟叶则‘先拿色，后拿水’，这样，烘烤控制就主动了。”

气氛越来越活跃，俨然变成一场烟农交流会。朱尊权反倒成了一名饶有兴趣的听众……

就这样，在朱尊权等人的指导下，再加上几位种烟高手的经验之谈，大大激发了烟农的学习热情。这当中，朱尊权等人以不同烤制阶段的烟叶为例，讲解理论知识，着重演示具体操作，同时现场示范，并组织烤制能手对烘烤关键的温度、湿度点进行详细讲解，让烟农亲自体验装烟入烤、温度和湿度调控、出炉等操作。针对烘烤过程中遇到的问题，朱尊权与烤制能手、烟农开展交流互动。对一些文化程度较低、年龄比较大的烟农，采取“一对一”的培训方式，把烘烤全过程技术传授给他们。

朱尊权和烤烟生产工作组在乔庄总结“五匀三一致”栽培经验的基础上，又总结出“三看三定”“三严三灵活”“三表一计一对照”的科学烤烟方法。

“三看三定”：看烟叶变化程度，确定适宜的温度和湿度；看温度高低，确定烧火大小；看干湿球，确定保温排湿程度，掌握天窗、地洞开放大小。“三严三灵活”：各阶段烟叶变化的特征掌握要严，所需时间要灵活；各阶段所需温度范围掌握要严，烧火大小要灵活，变黄定色期温度掌握要严，天窗、地洞开关大小要灵活。“三表一计一对照”：炕房使用图表、钟表、记载表与干湿球温度计对照。这些都是烘烤烟叶的基本要领，好记易学，对烟农很有帮助。

平日里不言不语、不善交际，但总是面带一丝羞涩微笑的谢德平，经常出现在烤房旁，在技术人员的指导下，进行编秆、扎把、烘烤。

功夫不负有心人。谢德平从乔庄学习回村后，就带着烟农着手对村里的老烤房进行改造。以前村里烟农烤烟时，把整个烤房都用泥土焐着，不让透气，结果导致烟叶变黄期过度，水分散不掉，烟叶往往烤不好。村里人给这种烤房取了一个十分贴切的名字，叫“老牛大憋气”。

谢德平把朱尊权等人教给他的新知识和新技术运用到烤房改

造、烟叶烘烤的实践中，干出了成绩。村里人看到改造后的烤房烤出了好烟叶，纷纷向谢德平竖起大拇指，诙谐地说："'老牛大憋气'现在扬眉吐气了！"从那之后，宝丰县的烟农把谢德平当成学习的榜样。

这个勤奋上进的小伙子在1966年考入许昌烟草专科学校，毕业后进入烟草行业，长期从事烟叶生产技术工作。

从那以后，朱尊权与谢德平成为"忘年交"，并在往后几十年的岁月中针对烟草生产和科研工作常有交集、密切合作。

12

由朱尊权等人总结的乔庄经验如春花朵朵，迅速在全国广大烟区绽放。烟叶学乔庄的口号叫响了全国烟区，为全国的烟叶发展作出了贡献，使烟草农业从优质逐步走向丰产。有了好经验，加之全国各地又发展了新烟区，很快，全国烤烟产量就从1961年的200万担，增加到1966年的1200万担。

那段时间，在乔庄的田间地头经常能见到朱尊权的身影。他以学生的姿态虚心向社员学习，请教经验、技术。一来二往，他与当地社员熟悉了，社员尊称他"朱所长"。

"朱所长是所长，但看不到所长的架子，连城里人的架子也没有。"社员见多了那些与农民泾渭分明、以显示高贵的城里人。而朱尊权这位城里来的所长，待人热情和善，与他们谈话的时候，经常不时"哦"一声，并点点头，表示认同他们经验的合理性。多年后，朱尊权再去乔庄，社员们热情地围着他问长问短。或许他们道不出多少行话，却不妨碍他们与朱尊权成为朋友。

2008 年 11 月，乔庄村民在河南郑州与朱尊权合影，左起依次为：汤金岭、张安中、朱尊权、汤占强、郭高岭

2008 年，乔庄的汤金岭、张安中、汤占强、郭高岭 4 位烟农专程到郑州烟草研究院看望朱尊权，与他一起述旧情、唠家常。看得出来，他们早就把朱尊权当成了自己人。

有件事值得一提。距总结乔庄经验 20 年后的 1986 年，一部由河南电影制片厂拍摄、朱尊权担任技术顾问、名为《优质烤烟栽培技术》的科教片，介绍了许昌烟区的烤烟先进栽培经验，其中最主要的就是当年朱尊权他们总结的乔庄经验。这部科教片在很长一段时间内对河南省甚至全国加快烟叶生产技术推广步伐，产生了较大影响。

……

进入 20 世纪 60 年代后，随着工作的深入开展，朱尊权的工作思路逐渐升华。他认为，亟须一种新的定位、新的发展战略来决定中国烟草未来的发展方向。他想，建立乔庄全国烤烟生产样板，仅仅只是一局棋中的一步。要下好整盘棋，必须协调其他车马炮，从宏观上统筹全国烟草。

他系统地勾勒出一幅向纵深挺进的行动蓝图，并付诸行动。

农业上，重点抓烘烤技术和分级，试种卷烟工业需要的晾晒烟，为今后发展混合型卷烟准备原料。由郑州烟草研究所的余茂勋负责，率技术人员在广东、四川、湖北、河南、安徽、黑龙江、山西等地试种白肋烟、香料烟。20 世纪 60 年代，白肋烟在湖北建始县、香料烟在浙江新昌县形成了一定的种植规模。同时，研究改进后的气流上升式烤房，在河南、安徽、广西等地推广。从 20 世纪 50 年代开始，对全国各地烟叶进行普查，分析研究全国烤烟、晾晒烟等烟叶的性质特征。1964 年，对各地晒烟进行较大规模调查后，根据各地晒烟的烟质特点，从工业应用角度划分类型：似烤烟型、调香型、调味型、填充型、雪茄型，对全国卷烟工业配方起到了技术指导作用。

工业上，以卷烟香味赶“555”牌香烟为目标，研制“辉煌”牌卷烟，向国庆 10 周年献礼。先后协助香港南洋及国内烟厂，研究改造混合型卷烟、雪茄烟，试制滤嘴烟、药物烟。利用国产晾晒烟原料，为设在几内亚的援外烟厂仿制法国卷烟。工艺机械方面，研究改善通风除尘工作，降低烟厂车间空气尘量；研究生产连续化、部分自动化，合理设置加工工艺流程，在杭州、郑州、太原等地烟厂示范推广。1958 年，郑州烟草研究所与上海卷烟一厂合作，研究设计了一套从贮丝房到卷烟机的风力送丝系统。

打叶复烤是烟草行业的一项重大技术改革。60 年代，全国科技发展规划明确提出，要在中国烟草行业全面实施打叶复烤技术。1965 年，郑州烟草研究所的袁行思等人在河南许昌烟叶复烤厂开始进行打叶复烤的试验与探索，取得了一定的成果，但由于“文化大革命”而中止。80 年代，袁行思等人再次对打叶复烤作深入研究。1986 年，在楚雄卷烟厂建成中国第一条工业性试验生产线并投入试生产，标志着我国打叶复烤迈出了第一步。

化学方面，由郑州烟草研究所的张泳泉、孙瑞申负责，对烟叶卷烟的糖、氮、碱等成分进行分析研究，并对影响烟叶、卷烟品质的化学成分进行探索，提出以“比值”代替苏联当时通用的“施木克值”。同时，对卷烟加工使用的胶粘剂、添加剂进行研究改进，还组织力量生产红枣精供烟厂使用。

同时，朱尊权组织力量起草卷烟标准及工艺规程。1957 年，创办刊物《烟草科学通讯》（后改名为《烟草科技》），他先后担任主编、名誉主编。该刊多次被评为全国优秀科技期刊，2003 年成为全球有名的美国《化学文摘》（CA）收录期刊，并成为中国中文核心期刊、中国科技核心期刊、美国工程索引（EI）收录期刊……

很多工作是由朱尊权等人全盘规划、组织力量实施的。如果说朱尊权既是指挥官又是战士，那么，在那个艰苦的年代里，与他一起冲锋陷阵的还有一大批技术人员和专家。他们是：王承翰、余茂勋、张泳泉、丁瑞康、孙瑞申、朱迪民、韩育冬、洪承钺、张逸宾、徐洪畴、袁行思、江文伟、金显琅、于华堂、徐亚中、金敖熙、杜同珪、杜秉文、苗临运、黄嘉礽、刘峘、冯中夫、尹孝英、钱鸿意……

很多日子，朱尊权是在工厂、农村度过的。多年间，“忙碌”成为他生活的主旋律，他一直朝着“人民的烟草专家”方向迈进。

第六章

坚守信念：历经磨难，不改大家风范

1

1966年5月，朱尊权在杭州卷烟厂指导帮助该厂完成制丝线上的连续化技术改造项目，该项目经过鉴定后，已准备在全国各大卷烟厂推广经验。在杭州已经待了一个多月的朱尊权仍准备留下来与技术人员商讨一些后续工作。

这时，烟草研究所给朱尊权来了一个电话，通知他回郑州。

许多重大时刻，往往都从毫不起眼儿、平凡普通的环节开始。一个看似平常的电话，其实为一个重要事件埋下了伏笔。当然，朱尊权当初没有意识到与自己有关的一件大事开始了。

提着行李，还未走进二七路上的郑州烟草研究所，不祥的预感已像灰黑的阴云霎时堆满朱尊权心里。铺天盖地的大字报从所内一直贴到所外面的墙壁上。

“怎么了?”他拼命压下乱糟糟的心绪，所有这一切的发生显得那么突然。

针对他和其他人的大字报赫然夺目、触目惊心:“朱尊权是反革命”“朱尊权是资产阶级反动学术权威”“朱尊权是欧美同学会特务组织的头儿”……还有“炮打”“火烧”“砸烂”之类的大幅标语。篇幅大都不长，口气却是不饶人的。更有甚者，还给他画了大幅的漫画像，配有“反动”“罪恶”等吓人的字眼儿。朱尊权呆立着，与一连串问号伴随而出的惊讶都被堵在喉咙里。人在突如其来的打击面前，声音都会被噎住。朱尊权脑子里反反复复地翻腾着一个巨大的疑问:为什么要这样做呢?那时候，当然找不到答案。

他被首当其冲地列入批斗的黑名单。

1967 年初春的一天晚上，几十个造反派到朱尊权家抄家。他们举着红旗，敲着锣，喊着口号，涌进朱尊权住的那栋楼上，人群塞满了整个楼梯。之后不久，朱尊权一家就被撵出了这套单元房，住进潮湿阴暗、只有一间小屋的筒子楼……

连续几个晨曦送走了朱尊权的不眠之夜。连续几个不眠之夜后，他的心态由惊讶、惶惑、苦闷逐渐变得自如镇定。他多次反躬自省，坚定地认为自己多年来对共产党、对社会主义是坚贞不渝的。无论过去、现在、将来，这个信仰都不会改变。他相信党，相信群众，相信历史不会倒退，这种信仰支撑着他对未来的信念。

对不公正地横加指责、不负责任地上纲上线的做法，他打心眼儿里反感，但他无心也无力地站在自己的立场辩解。他问心无愧，就把一切交给时间吧。

朱尊权等人被关入“牛棚”，先是关到办公楼里，白天学习，晚上睡地铺；后来又被送到离郑州 10 余公里的石佛镇劳动学习，这里是郑州烟草研究所的一个烟叶试验农场。

1969 年元旦刚过，无风的夜晚，雪下得格外稠密。在寂静的黑暗里，大雪覆盖了郑州东南边百余公里的一大片土地。那里有个地方叫扶沟县练寺公社，属许昌地区，是河南省直机关“斗批改”工作队的驻扎地之一。干部、群众被一卡车一卡车运过来，统称七团五营。朱尊权所在的郑州烟草研究所与中国烟草工业公司郑州分公司等三四家单位，组成五营下属的几个连队。有的人住在农家的堂屋、柴火房，有的人住在生产队的牛圈里。他们把圈沉积多年的粪土挖掉，换成沙土填平，没有麦秸就用豆秆铺在地上，人睡上去柔软些。

1969 年的冬天，一场雪连着一场雪，格外寒冷，气温有零下 20 多摄氏度。黄昏来临，干完一天淘粪坑、拉架子车的活，朱尊权回到住处。虽然这些劳动包含着惩罚的性质，而他感到劳动带给他的快慰是没有人能够剥夺的，因为只有在劳动时，他的身体和思想才是自由的，有暂时超脱尘嚣的安逸。

然而，树欲静而风不止。朱尊权回到住处不久，一伙人冲了进来，不说一句话。朱尊权还没明白过来，眼睛就被黑布蒙上了。几个人一拥而上，架着朱尊权就往外走。

雪还在下，时密时疏，无拘无束，根本不理会什么章法。

雪覆盖了村庄傍晚一些本该有的声音，那些看家的狗也一声不叫。朱尊权眼前一片漆黑，而心里洞若观火。他被那些人架控着、推搡着，脚步的方向一会儿往东、一会儿往西。他们故意扰乱他的方位辨别意识。

朱尊权顿时觉得又好笑又可憎，一些电影里的类似镜头在他脑中闪过。眼下的情形是如此充满戏剧性，令他啼笑皆非。

10多分钟后，他被拉进了村外的一个烤房。一个造反派头头冲着被解下蒙布的朱尊权说："你不愧是经过专门训练的，一路上不惊不慌，如此镇静。"

朱尊权依然是以不变应万变的淡然，淡然中透着一股倔强。

"朱尊权，你有严重的问题没有交代。"屋子里传来造反派的声音，"今天老老实实交代清楚。"造反派把笔和纸甩到朱尊权跟前。

就着那盏昏暗的煤油灯，朱尊权把曾经向组织上汇报过的家庭历史和思想动态重新写下来。自挨批斗起，这样的"交代"已不止一次。这不是妥协，他觉得为人做事就应该认真，经常反躬自省，弃伪择真，没有隐瞒。他自信自己的忠诚能够证明自己"没有错"。

10多年来，朱尊权没有经历平常意义的大起大落，似乎很幸运，走的是一条逢山有路的平坦人生大道。可是，只有他自己和与他有着相似经历的人才会明白，他的的确确是在"走钢丝"。而使他保持平衡的杠杆两端，一头是他的工作能力，另一头则是他的忠诚。

朱尊权的“交代”令屋里的造反派大为光火，勒令重写。

朱尊权拒绝了。他实在没什么好写的了，要“交代”的都交代了。

朱尊权的冷静与“顽固”让造反派恼羞成怒。他们不相信“革命的威力”制服不了一个“臭老九”。

朱尊权被折磨得虚汗淋漓。

此后，他失去了自由，被囚禁在这个烤房里，由三个造反派管制。

又一个雪夜来临。朱尊权听到屋里人粗粗细细的鼾声，在黑暗里一起一伏。屋子里的空气渐渐浓稠起来，而他也渐渐地滑到了黑暗深处。

冷。怎么这么冷啊？朱尊权发现自己掉进了一个冰洞里，挣扎着，但无论如何也爬不起来，原来是场梦。他的身子袒露在被子外边，冻得冰凉。而脱臼的双臂耷拉着，无力伸出去。于是，他用牙齿把被子衔住，一点一点往上挪，盖好，再入睡。

一星期后，朱尊权被放回原来的连队。造反派伎俩施尽仍得不到“问题交代”，还得“伺候”这个生活不能自理的被管制者，他们也累了。再说，万一朱尊权有个不测，也不好交差，毕竟他们还是怕出人命的。

回到连队后，朱尊权与十多个同事同住一屋。化学工程师朱迪民，比朱尊权大一两岁。他主动承担了照顾朱尊权日常生活的任务，像母亲对待孩子一样给朱尊权喂饭，帮助他上厕所、洁净身体。这一切让朱尊权终身铭感。

得知朱尊权的情况后，厨房大师傅每次都要在他的饭盒里多盛些饭菜，嘱咐打饭的朱迪民：“劝朱尊权一定要多吃点儿，保住身体。”

听着这番感彻肺腑的话，朱尊权不由心头一热，眼眶潮湿了："谁说天下没好人呢？大家都在用一颗关爱的心对待我呀！"

村里一位五十多岁的大妈，一边数落"这些人怎么这么狠哟"，一边用平时做针线活的针在朱尊权的手臂上扎几下。他那几个原本僵硬的手指头竟变得柔软了些。

"治这么重的病得找高手。"大妈告知，二十多里外的镇上有个专治伤科的郎中。

经工宣队批准，一名工人师傅专门护送朱尊权去看郎中。朱尊权坐在自行车的后座上，每到难走的地段，这位工人师傅就推着车走，他担心朱尊权摔下来。

"世上好人多，丑态毕呈、千夫共指的人毕竟是少数。"朱尊权身边出现的诸多好人，常常让他心存感激，并升华为理性认识，"其实，人关键的时候就那么几次，有时候自己挺过去了，有时候朋友们推一把，咬咬牙，一切就正常了。"

有了这种感觉，朱尊权索性不把眼前的遭遇当回事。善于消融怒气与愁伤，比善于消化食物更重要。有了这种心态，就等于准备好了承受的底线，不会计较了。

"既然有许多艰难注定要经历，那么，与其烦恼不堪，不如告诉自己，黑暗不是我的人生色彩，我只是在经历黑暗。"朱尊权决定以异常镇定的姿态对待眼前发生的事情，用时间和坚强来支撑自己。

脱臼的手在那位郎中的医治下接好了，但十根指头还是不听指挥，生活仍不能自理。郎中建议去大医院，否则，手臂神经可能坏死，轻则留下后遗症，重则整个手臂致残。

朱尊权最后被送到河南省医学院，诊断结果是双臂臂丛神经受损，即大大小小多处神经受损。吃药、打针后，病情有所好转。经别人介绍，朱尊权认识了河南省中医学院的刘大夫。在他祖传秘方和推拿按摩的作用下，几个月后，朱尊权的病情奇迹般地好转。

所幸，凭着医生们的高超医技，凭着自身强健的体质，还凭着不可或缺的坚韧，朱尊权的两条手臂没有致残，也没有留下后遗症。

只是，病痛中的朱尊权仍然是被管制的，没有行动自由。风雨泥泞之路，依然在他的脚下延伸。

与朱尊权的命运紧密无间的姚雪英，当丈夫被批斗、被关进“牛棚”时，她也遭到冲击，而且一波接一波。

“你必须与朱尊权划清界限，要站出来证明朱尊权是特务。”个别人“启发”甚至威逼姚雪英。

“我可以用生命保证老朱绝不是特务！”姚雪英的回答诚挚而坚定。

有人拿出朱尊权与另一个女人的合影说：“他在美国就已经结婚了。”

姚雪英哑然失笑，不知谁抄家时找到的“把柄”。那是一张美国留学期间朱尊权在妹妹朱尊慧婚礼上的合影，笑意融融的兄妹俩十分开心。

画虎不成反类犬，造反派更不心甘。

半夜里，姚雪英被“提审”。十几道手电筒的强光一齐射到她的脸上，白惨惨一片。她什么也看不见，只听得有人不断催逼她交代朱尊权和她自己的“罪行”。

姚雪英欲哭无泪，欲喊无声。她真不知道为什么在没有任何证据的前提下，对清白无辜的人如此上纲上线、如此不依不饶。

审讯完后，她独自跌跌撞撞地走在练寺公社漆黑的田野里，找不到返回连队的方向。在接二连三的打击面前，她实在感觉很累、很委屈。这种感觉强烈到她甚至觉得，自己的体力和心力根本不能从头到尾撑下来。

然而，这位坚强的女性挺过来了。她的坚强是出于对丈夫的忠诚与爱。而支撑她的信心和生活勇气的，也是对丈夫坚定不二的信任。“没有谁比我更了解尊权的了，他不是特务，他是一个心正志淳的好人。如果自己不明不白地撒手而去，谁来证明尊权的清白？谁来还尊权一个公道？”在多少次不公正待遇面前，她不会掉泪，而一旦想到自己的丈夫，泪水便潸然而下。

姚雪英与朱尊权同在一个连队，但见面的机会不多。只要见到朱尊权，她在他眼中总能看到他在为她痛，比伤了自己更痛。这一刻，她完全忘记了所有的不幸。她深信，在这个世界上，她的幸福就在这里了。当生活中的希望变得渺茫时，唯有亲情才是慰藉精神的良药。

“坚持，坚持，活下去，好好保护自己。”姚雪英喃喃自语。她平静地迎接挑战，也向严酷的现实掷去绝不妥协的战书。

有人劝姚雪英：“你对老朱不要抱任何希望，即便今后恢复工作，他也不能当领导了。”

“我从来不期望他当什么领导，做一个不被关注的普普通通的人多好啊！”她用自己不可改变的性格，回答这些人的劝告。她爱的是朱尊权这个人，从来不因他的职位而享受荣光。

在最困难的时候，支撑姚雪英的还有周围人给予的温暖和信任，包括练寺公社的社员，他们反反复复地安慰着姚雪英：“我们知道你们两口子都是好人。”烟草研究所的一些同事，私下见到姚雪英，会衷心地说上几句劝慰、鼓励的话，还向她伸出大拇指。

在那个口号沸腾而人心渐冷的年代，各方面的关心、温暖，滋育着朱尊权、姚雪英夫妇受到重创的心灵。他们在逆境和困厄面前，看到了人心可贵、正义不泯的光明。这正是朱尊权和姚雪英夫妇从容、坚强的理由，他们也更坚持有意义的生存。

2

“文化大革命”结束后的1977年，一位叫黄少良的新华社记者专门到郑州烟草研究所调查，他深为震惊。他秉持记者的道义、良知和社会责任，写了一份很详细的内参材料，反映朱尊权的遭遇，引起中央重视。

“当时连同国家副主席李先念在内，中央共有7位领导人作出批示，要求有关部门郑重地调查解决此事。后来，这个内参批到了轻工业部，又批到河南省委，省领导很重视。”黄少良多年后回忆说。

河南省轻工业厅随即派新的工作组进驻郑州烟草研究所。

1977年的一天，突然有人通知朱尊权参加河南省轻工业厅的全体干部大会。此前，类似这样的会议，是轮不到“资格不够”的朱尊权参加的。

礼堂坐满了人，朱尊权不声不响地选了个靠过道的座位。

“朱尊权同志来了吗？请到主席台就座。”坐在主席台上的河南省轻工业厅新任厅长朱哲夫一边通过麦克风询问，一边朝台下搜寻。

会场倏然寂静。朱哲夫的声音通过扩音器传进每个人的耳朵。朱尊权的心突然一紧，他听到了，全场两三百号人也听到了。他似乎远远地听到一两下隆隆的春雷声。

几年的担心似乎可以解除了？历史的突然变化使他还来不及清理身边发生的一切，难道所有的磨难都要过去了？他还有些半信半疑。一个受过打击的人可以不灰心丧气，但，难免敏感。

从座位到主席台的距离不长，朱尊权却像走了一条很长的路。他在清理自己的思绪：是惊，是虑？是喜，是忧？思绪纷呈间，脚步不由得跟着心跳的节奏加快了……

确实，那是一次很有象征意义的亮相，没过多久，一切就明朗了。

1977年，朱尊权在河南省轻工业厅党组领导的直接关怀下，迎来了生命的第二个春天，重新走上了他挚爱的工作岗位。

不幸与幸运对朱尊权来说都有些突然，然而，后者给他带来的毕竟是畅意释怀的心情。

1977年秋，轻工业部食品工业局局长苗志岚亲自指定朱尊权到河南商丘参加全国烟草工作会议，并安排他在大会上作学术报告。

"我多年没做工作了，报告就免了吧。"毫无准备的朱尊权有点儿为难。

"没关系。大伙儿都想听你说说话。"苗志岚的用意很明显，那就是，借这次烟草行业级别最高、影响最大、到会人员最广泛的会议，在全国恢复朱尊权的名誉和地位。

此后，郑州烟草研究所的业务和技术工作仍由恢复副所长职务的朱尊权负责，并在正职未派定之前先由他负责全面工作。

曾经"整"过朱尊权的人见到他，不禁有些别扭、担心。

"只谈工作，不谈过去。"朱尊权的"施政纲领"非常简单，他将那段不愿回首的往事有意淡化掉。也就是说，只要努力工作，烟草研究所的每个人都不是局外人。

"对不快的事保持沉默，这常常是朱尊权的做法。即便非说不可的时候，他也只是实事求是地说说经过，对人和事不加臧否，更没有愤愤不平。"郑州烟草研究院化学室原主任冼可法说，"他历来就是一个不记伤痛的人，原本就没有把某些具体人对他的毁损放进心里去。"

人有一善，心必从之。所有这些成为朱尊权善良、宽容的组成部分。他甚至为一些曾批斗过他的人找到理由：

“在巨大的社会潮流面前，个人是无力和渺小的。大多数人都害怕与群体中的对立面站在一起。当一概被打上‘反动’的标签后，我个人被误解，甚至饱受訾议、招致怨谤，便是必然的。更何况大多数批斗我的人也是为形势所趋、现实所迫，不得不如此，口不由心。”

一个人的苦难在民族的沧桑和历史的博大面前，无疑显得渺小。往事和经历都很自然地得到一次重新体味，似乎将痛苦结晶成了一份珍贵的礼物，这或许就叫襟怀。

朱尊权的宽容大度和对历史真相的尊重确实给了一些人不小的惊奇，也无疑留下了一个意味深长的反衬。

往后，同事们看到，朱尊权虽然越来越受到上级领导的礼遇和敬重，但他仍像过去一样，尊重他人，团结同志，虽然有时也批评人，但从来不给别人穿小鞋、不打击报复。同事们说，朱尊权这一辈子没有整过人，没有做过对不起同志的事情，但他要求自己非常严格。

“纤云扫尽碧空净，凭栏一笑乾坤小”，是朱尊权重新走上领导岗位后的心态。心怀不满的人永远找不到一把舒适的椅子，而朱尊权敞开无私的胸怀，投入到新一轮工作中。

第七章

未雨绸缪：瞄准潮流，引领技术攻关

1

自1972年中美关系破冰之后，断流已久的河道终于波翻浪涌。一个国际关系的新纪元到来了，中国科技界与国际科技界的学术交流活动也逐渐增加。1979年7月底，轻工业部组成6人团赴美考察，朱尊权是副团长。这对于从巨大政治压力中解脱出来的朱尊权，是一次难得的机会。

这时正值全国科学大会召开一年多，国内科技、教育界欣欣向荣，生机勃勃。这一切，使朱尊权憋足了劲，想为国家的烟草科技事业再出一把力。

他心里开始倒计时。“毕竟美国是全球科技创新的前沿阵地。过去与国外隔绝，虽从零星资料上看到一些报道，但吃不透，了解不真切。”朱尊权确实想去看看人家的变化，倒不是说对美国有多向往，只是想去了解国际烟草形势，这才是真实目的。

越过浩瀚的太平洋，朱尊权透过飞机的舷窗，俯视着轮廓越来越清晰的洛杉矶海湾，心里不由生起了感慨。从头算起，岁月匆匆，他离开美国已29年。他想起当年冲破阻力，从洛杉矶起程奔向解放了的祖国的情景。

“那时候，我就好像一个意气风发的新兵，一心想在祖国的建设中尽一份力。回忆起来，第一个10年在党的正确领导下，自力更生，排除困难，靠大家同心协力，的确做了一些事，解决了不少烟草工农业生产上的科学技术问题。”想到那艰苦创业的年代，他自豪地笑了。一瞬间，脑海里又倏忽闪现出风雨如晦的年月，他不由嗟叹了一声。

“唉，虽然有种种不尽如人意的地方，但那毕竟是我的祖国。

1979年，访美代表团与美国同行在菲莫公司门前合影（左四为朱尊权）

当年，我毅然放弃在美国发展的机会，回到祖国一切从头开始，的确没什么后悔的。祖国需要烟草事业，干事业就需要人去奋斗。如今，党中央力挽狂澜，拨乱反正，号召全国人民开始新的长征，建设四个现代化。科学的春天来到了，历史的脚步终于跨入了令人振奋的时代，我的生命乐章又流畅地继续演奏了。”想到这些，他很欣慰，感到了自思自审后的自觉，更有了自省自悟后的自励。

在美国，代表团考察了农业、工业、科研单位。紧张的日程安排中，有一站是专门参观肯塔基州立大学农学院，它正是朱尊权当年学习、工作的地方。他有幸见到了当时在魏禄实验室一起工作的戴森教授及夫人。遗传学教授斯蒂尔也开着车到旅馆看望朱尊权。斯蒂尔年近80岁，而且正处在眼睛手术的恢复期。医生建议他静养，他却执意要见见当年在答辩现场被他“拷”问过的学生。

斯蒂尔见到朱尊权就抛出一句话：“你答辩过关，来，咱们摔跤吧！”一片笑声中又回到了当初，朱尊权觉得自己找回了年轻时的感觉。中断了那么多年的谈话，他们没费力气就续上了。遗憾的是，他的指导老师、著名烟草专家魏禄已于1974年去世，享年83岁。

一路上，代表团受到了高规格的接待。北卡罗来纳州州长接见了代表团成员，消息在当地的报纸、电视台刊登播出。朱尊权的美国老朋友卢卡斯教授幽默地说：“你们在北卡州待一天就可以跟州长合影，我在这里待了几十年也没轮到。”

美国朋友的热情，为代表团营造了轻松、愉悦的气氛。在美26天，他们共考察了6个州15个城镇，包括卷烟厂、打叶复烤厂、白肋烟农场、肯塔基州立大学农学院、美国国家农业图书馆等大大小小30多个单位。美国在这几十年里变得越来越新奇，也越来越陌生。每到一处，都会在朱尊权心灵上产生一波波震撼：时间是一个永不停息的过程，不会因某些人稍许迟疑而停止脚步。不进则退，这是无法逆转的法则。如今，世界烟草已经发生了超乎想象的变化，似乎还没有弄明白是怎么开始的，很多事情就发生了。朱尊权感叹道：“看一看人类共同走过的这么多年，本来就落后的中国烟草，差距更加明显了。”

代表团在一家卷烟厂的烟叶仓库看到，先进的科技装备使生产流程实现了完整的、连续化作业，每道工序全部由计算机控制。进厂的烟桶卸下后，就被放在运转带上，通过激光扫描仪查明烟叶的身份、类型、等级、产区和重量。经计算机与货单核对确认并记录，烟桶就被由计算机控制的升降机送到贮存架上。当制丝车间需要配料时，升降机系统就会按照计算机发出的指令，自动把贮存架上的烟桶取下，传送到下道工序。

朱尊权第一次感受到信息化的魅力，不由赞叹：当一个企业把几乎所有的生产和管理工作都实现了标准化、自动化、流程化，将节约多少人工及成本，又将提高多少工作效率啊。

与视觉冲击来得同样直接的，是两国之间烟草业现况的比较。

中国当时的甲级烟用料标准极高，在美国烟叶中也挑不出多少像中国甲级烟用的烟叶。这并不是说美国烟叶质量不好，相反，他们更注重烟叶的可用性，靠先进、科学的工艺技术，用普通原料制成适合消费者需要的高质量卷烟，而不是专靠高级烟叶生产高等级卷烟。

朱尊权认为，这恰恰是中国卷烟工业需要借鉴的地方。国内卷烟工业面临着原料供应和卷烟产品需求之间的严重矛盾，烟叶原料上、中等烟叶不足，低、次等烟叶积压；市场需要的甲、乙级卷烟供不应求；丁、戊级卷烟的市场没有打开，销路不畅。美国也是利用本国所产烟叶制造大量卷烟的国家，但并没有产生中国存在的类似问题。这是因为美国强调烟叶的可用性，发挥每片烟叶的作用。同时，各种卷烟牌号不分等级，价格基本相同，只有风格、形式之别，因此，烟叶供需保持平衡。

美国烟草的变化给中国烟草很多有益的提醒。朱尊权感到，不光是生产自动化水平，劳动生产率和产品质量的提高，还有卷烟产品的发展方向，特别是吸烟与健康问题，已经成为科学技术发展的一个突出中心。美国人提出两个新概念：一是加强卷烟减害研究，二是卷烟企业向消费者提供更安全的烟草制品。

朱尊权发现，传统意义上的卷烟虽然没有消失，但它的内涵正在逐步演变。演变的方向是少害卷烟或低危害卷烟。

没有一样食品，比对卷烟这个“特种消费品”的争议来得直接、敏感、持久。与烟草业伴随最紧密的当属反烟浪潮，几乎冲刷到人类赖以生存的每个区域。

对于全球的吸烟与健康话题，朱尊权有所了解——

20 世纪 50 年代和 60 年代，英国皇家学会和美国医政总署分别发表关于吸烟与肺癌关系的流行病学及医学方面的研究报告，认为吸烟是导致肺癌的一个重要原因。以此为契机，掀起了世界范围内的新一轮反吸烟运动。

而真正影响美国乃至全球烟草产业和各国政府对烟草政策的转折点，是源于美国卫生局的一份报告。1964 年 1 月 13 日，一个平静的星期六上午，卫生局长路德·特瑞在华盛顿向全世界公开发表了一份他的顾问委员会所写报告。这份报告根据 6000 多篇论文得出的结论提出："吸烟是一种极其严重的健康危险，迫切需要采取适当的行动。"这表明美国官方旗帜鲜明地介入吸烟与健康这一问题，并将它首次纳入政府视野，而引起特别重视。

这份长达 15 万字、具有里程碑意义的报告，是卷烟工业发展历程中的一个分水岭，美国乃至全世界烟草业发生深刻变革的钟声由此敲响。

20世纪70年代末，世界卫生组织又将"吸烟与健康"(smoking and health）中的"与"变成"或"，进而把"吸烟与健康"演变成一种对立关系。

而反对派则认为所有报告只是阐述流行病学的"统计相关性"，不能作为因果关系，而且，实验结果忽视了人的遗传因素、体质和大气环境的污染，致使研究结论多有矛盾。

人们看到：当香烟成为大众消费品之后，它给人们带来的精神上的愉悦和放松被更广泛地认同。虽然吸烟有害健康尽人皆知，虽然反烟浪潮日益高涨，全世界仍有约 10 亿以上的人在吸烟，中国的烟民达 3 亿之多。英美医学界把吸烟与肺癌等相关疾病联系起来时，引起各界普遍恐慌，而恐慌后，卷烟依然存在。

一些国家鉴于历史经验，认为用行政命令手段禁止吸烟是行不通的，也知道有一个更为简单、成本更低的方法来减少这种危害，那就是：教育公众别吸烟。要吸烟还是要健康，没有比这一选择更具有排他性的了。这一选择无疑是痛苦的，然而表象上并未显出选择的难度。上百万人戒了烟，但另外成百万人又抽上了烟。尽管香烟盒打上了“吸烟有害健康”的警示，可钟情香烟的人还是“爱你没商量”。单纯靠规劝和说服，是不会奏多少效的。马克·吐温有言：戒烟不难，我都戒一千次了。这经典的戏谑，说明戒烟并非易事。

既然还有大量坚持要吸烟的人，那么，没有比发展低危害卷烟更好的办法了。在美国访问期间，朱尊权了解到，所谓低危害卷烟，是指采用新的技术措施，减少烟气中的有害物质，降低焦油量；或者采用新的配方技术趋利避害，使吸烟具有一定良性作用，给吸烟者一定安全感的新型卷烟。它与传统卷烟的主要区别就在于有害物质减少，从而使吸烟嗜好者在同等吸食量基础上，明显降低吸烟的危害性。

由此可见，发展低危害卷烟既与公众关心健康一致，又不危及烟草业。于是，世界各国的烟草业纷纷行动起来，采取双管齐下的办法，一方面深入开展吸烟与健康的科学研究，另一方面大力改进卷烟质量，减少吸烟危害，使之更安全些。

如此，美国烟草研究向两个目标迈进：除了应用新的化学、物理等科技手段外，还通过新的生物学、遗传学的原理和方法，从烟叶或烟气中减少或免去对消费者有潜在危害的成分，以提高烟草的安全性。

综合相关信息，朱尊权意识到：“美国的研究计划和动态，预示烟草科技界可能在不远的将来在卷烟减害这一课题上有新的作为。”

他还认为：美国的成就和创新趋势将给世界烟草的未来提供一个全新的概念，也为中国烟草提供丰富而深刻的警示——中国不能再做全球烟草的局外人。吸烟与健康问题将凌驾于一切研究工作之上，而且必定是烟草界面临的最重要和最困难的问题。

在返航的飞机上，朱尊权继续思考着这个迫在眉睫的问题：“中国烟草有很多事情应该做，不幸的是，我们还没有做或者说还没来得及做。美国面临的问题与挑战，目前尚未波及中国烟草业，但烟草问题的浪潮会紧随其后袭来。在西潮东渐面前，我们应该未雨绸缪，主动掌握国际吸烟与健康问题研究的最新进展和前沿动态，全力以赴应对吸烟与健康的矛盾，免得到时候措手不及。”此时，几页稿纸零散地摊在小桌板上。他不时地望一望舷窗外，凝思片刻，又收拢神思埋头纸上。

2

1979 年 8 月 23 日，代表团载着友谊和收获，离开美国回国。这次考察虽然面广而不深，然而，吸烟与健康问题以及美国烟草对科研的重视程度，还有烟厂生产装备的现代化、烤烟生产对烟叶可用性的重视等新气象，给朱尊权留下了极为深刻的印象。

“时光无法倒流，岁月随风而逝。过去的岁月给我们留下了一些什么，而我们又能为将来做些什么呢？既然这一切已经进入了我的视线，我的任务不光只是写个考察报告。现在是行动胜于笔端，要拿出方案来，拿出行动来，向人们证实烟草行业是负责任的行业。”

朱尊权回到郑州烟草研究所，一连几天陷入沉思：

“科学研究成了如今世界舞台上越来越发挥重要作用的制胜法宝。无论是新工艺还是新产品都必须依靠科研开路，特别在吸烟与健康问题的压力下，只有通过科研的途径才能研究卷烟减害技术，才能找出改进的办法，因而更加重了烟草科研工作的任务和重要性。而我国正好相反，甚至有‘既然反对吸烟，何必还要搞烟草科研’的论调。这种因果混淆的认识由来已久，事实上，需要研究的课题太多了。”

事实确实如朱尊权说的这样，人们不论因为什么原因都会继续吸食卷烟，而为他们提供一种风险较低的烟草制品就显得极为重要。那么，提供风险较低的卷烟应从何入手？朱尊权首先想到4个字：降焦减害。这是提供低风险卷烟的主要措施和最佳途径。

很早就有人提出，卷烟对人的危害主要来自烟气中的有害成分。卷烟烟气中包含4000多种化学物质，由于烟气中的致癌物大多存在于烟气焦油中，以焦油为标尺评价吸烟的危害性易于推行。于是，各国就以每支卷烟在标准燃吸条件下产生的焦油量来衡量卷烟烟气的危害性程度。所以，发展低焦油卷烟也就成为提高吸烟安全性的重要举措，并且成为国际卷烟发展的主要趋势。

1976年，当全球卷烟的焦油量普遍处于20毫克/支以上时，世界上第一支焦油量低于15毫克的卷烟悄然诞生，世界烟草业的发展进入一个全新时期。

成大事者必有大视野。当低焦油卷烟成为全球潮流，顺应形势、主动出击，应该成为中国烟草行业与国际接轨的积极选择。1979年，朱尊权从美国考察回国后不久，就为随后一个时期中国烟草的发展轨迹作了超前的构想和定位。他在呈给轻工业部的一份有关卷烟降焦减害工作的报告中写道：“降低卷烟危害性成为社会公众对烟草行业的一致要求，也是烟草行业必须承担的社会责任与义务。既然卷烟工业还需要继续发展，那么烟草科技的当务之急，就是在满足人们对烟草的消费嗜好的同时，研究出最大限度减少危害的新方法，首要的问题是要明确发展方向，制定正确的发展策略。目前，我国卷烟工业面前有两条路可以选择：一条路是继续维持原有产品类型，被动地满足消费需要；另一条路是积极发展低危害卷烟，主动指导消费。走第一条路比较省力，并且可以偏安一时，暂且维持生产经营局面；走第二条路则需要付出一定的努力，将会影响传统的生产工艺和传统的消费习惯，会给生产和销售带来一定的困难，要冒一定的市场风险。但是，从长远看，走第一条路冒的风险更大，说不定那才是一个真正的雷区；走第二条路才是正确的发展方向，即降焦减害，发展低危害卷烟，提高国产卷烟的安全性。”

话至此，发展低危害卷烟的重要性不言而喻，但朱尊权的思考仍未停止。在报告中，他又从理论高度进一步阐述道：“社会主义企业经营思想的最根本的特征就是为人民服务，对人民负责。发展低危害卷烟既可以满足人民消费需要，为国家建设提供积累，又可以提高吸烟的安全性。因此，在消费者不能完全戒烟的情况下，从长远看，从国家利益、消费者利益出发，发展低危害卷烟是一个一举两得的策略。”

3

那么，应该选择哪种卷烟类型作为发展低危害卷烟的突破口呢？朱尊权认为，从降焦减害途径考虑，研究和发展有中国特色的混合型卷烟是一个很好的办法。

为什么要发展混合型卷烟呢？这是一个复杂而深刻的话题。朱尊权从世界卷烟的发展史分析认为：尽管看起来总是形状相同的支支卷烟，却有 4 种不同的类型。世界上的卷烟主要类型按国际地域的分化组合以及政治、经济影响，可分为以英国为代表的烤烟型，以东欧、苏联为代表的香料型，以美国为代表的混合型，以法国为代表的深色晒烟型。

在19世纪曾经辉煌一时的大英帝国，殖民疆域很广，烤烟型卷烟产品也传播得很广。但第二次世界大战以后，美国一跃成为世界上的超级大国。从而，美国的混合型卷烟也就传播开了，影响更大。与美式混合型卷烟日益发展相反的是，法式深色晒烟型卷烟和东欧、苏联的香料型卷烟急剧萎缩，逐步被美式混合型卷烟替代。

所谓美式混合型卷烟主要以烤烟、白肋烟、香料烟和少量晒烟配合，除大部分采用美国烟叶外，还在世界范围选购适用、价廉的烟叶。世界范围内，混合型卷烟的销量逐渐扩大。许多国家也转向混合型卷烟，包括中国人熟悉的英式烤烟型卷烟品牌代表“555”牌也掺用了一些晒烟，也在逐步向混合型卷烟过渡。

可以看出，世界卷烟类型的形成也是世界历史形成的一个缩影。

有人不禁问：“烤烟型、香料型、混合型和深色晒烟型卷烟的烟质完全不同，它们的品质及香味风格适应了不同消费者的爱好。瓜大枣小，各有营养；桃甜梅酸，各成滋味，不可替代。比如说，混合型卷烟香气特别，劲头较大，口感干净、略带苦味；而烤烟型卷烟烟气比较柔和，口感舒适，易于吸食。消费者如果吸惯了某类型卷烟，很可能根本不欣赏另一类型卷烟。提倡发展混合型卷烟，是不是跟在美国人后面邯郸学步？”

对这个问题，朱尊权早已有所考虑，并在1980年轻工业部组织的一次学术研讨会上，就发展混合型卷烟的必要性和可行途径作了详细讲解：“发展混合型卷烟的好处很多。从前景上看，易于为消费者所接受。目前，我国沿海开放城市和部分大城市的消费者已经适应了这种卷烟类型。同时，发展混合型卷烟有利于我们学习国外的先进技术，有利于我国的卷烟产品打入国际市场。从经济上看，它具有原料使用范围广、成本低、效益高的特点。

更重要的是从安全上看，它具有燃烧性好、焦油量低的特点，有利于提高吸烟的安全性。”

也许是准备得充分，朱尊权讲得甚为轻松。他讲解的内容包括历史的启示与客观形势的需要、卷烟的发展前景、社会主义经营思想的要求，还有发展混合型卷烟的主要途径。但在场的听众反响不大，他们还在等待着，看朱尊权如何分析中国式的混合型卷烟。

“混合型不光有美式混合型，还有欧式混合型。实际上，美式混合型卷烟在国外发展时也重视改变配方结构，以适应当地的消费习惯。各地的混合型卷烟都有本地的特点，并不是典型的美式混合型卷烟。许多原来生产烤烟型卷烟的国家和地区，如日本、东南亚、中国香港也部分转产混合型卷烟。为什么要变？所有的转折点在于吸烟与健康问题、吸烟安全性的冲击。”朱尊权侃侃而谈。

“不管哪种类型的卷烟都要降焦，都要减害。在目前的条件下，降焦是减害的唯一手段，只有通过降焦才能降低卷烟烟气中的有害成分。我提出发展有中国特色的混合型卷烟，最重要的一点是基于有利于卷烟降焦减害。”朱尊权习惯性地扬了一下头，继续他的话题。

其一，由于原料本身的特点，同美式、英式、日式卷烟相比，中式卷烟尤其是中式烤烟型卷烟在降焦方面处于劣势地位，总体焦油释放量高于国外的混合型卷烟。

其二，降焦的技术难点是保持“香味”。一般来说，烤烟型卷烟的香味要淡一些，混合型卷烟的香味要浓一些，因此，混合型卷烟降焦就相对容易些。尤其在我国还没有掌握烤烟型卷烟保持香味前提下的降焦技术，每支卷烟的焦油量又高达 30 毫克以上的情况下，发展混合型卷烟具有现实意义。

点燃一支烟，朱尊权继续说道：“中国卷烟受英国影响，属于烤烟型，即全部或绝大部分用烤烟为原料，烟叶质量以黄、鲜、净为标准。而混合型卷烟不重视烟叶颜色，以香味浓醇为主，颜色次之，从而给配方工作提供了很大的选择余地。相对于烤烟型卷烟只能从烤烟里挑选，对烤烟烟叶要求高的局限性，混合型卷烟的优势还在于对原料的要求比烤烟型低，原料来源广泛，成本较低，可以从烤烟、晾晒烟等烟叶类型上挑选，有利于缓和我国烟叶原料与产品需求的矛盾。”

朱尊权说，国内制造卷烟的成本较高，过分依赖和追求高等级原料、高价位配方。1979 年，他出访美国时，为“中华”牌卷烟带回上等美国烟叶，经上海卷烟厂挑选，有一半的烟叶不能用。而在美国，被我们视为“高等级”的烟叶只在配方中少量掺用，这大大降低了卷烟的生产成本。在朱尊权看来，扩大烟叶来源、降低制造成本是烟草行业必须高度重视的问题。

朱尊权还说了一个他看到的事例：1979 年，在香港市场上，内地用最好烟叶生产的最高档的“中华”牌卷烟的售价却低于美国卷烟。“这说明我国对烟叶的选用与国际上有很大不同。在国内，一方面是高档烟叶奇缺，另一方面是低、次等烟叶大量积压，这个现实矛盾已经突出地摆在我国烟草行业面前。如果制造混合型卷烟，就比较容易做到充分利用不同质量的烟叶，但这并不是说把低级烟叶混在里面就行，而是要通过先进的工艺处理，使其质量确实达到要求才可进入配方使用。”

最后，朱尊权的话题转到“中国特色”上，他强调：“中国烟草必须走自己的路。任何人都不可能在模仿他人中找到自己的真理。中国发展低焦油混合型卷烟，要坚持自己的研究方向，做自己的东西。也就是说，要考虑群众的吸烟习惯并立足本国资源，突出国内的原料、配方特征和加工技术，形成自己的风格和特色。中国烟草的特色不能被忽略。”

在东西方技术交融方面，朱尊权表现得颇有创意。他认为，中式混合型卷烟的基本概念可以理解为：以国产烤烟和国产晾晒烟为主，加上先进的制造工艺，再加上降焦和提高吸食安全性的技术措施，使产品具有烤烟与晾晒烟相混合的香味风格，而不是与大量加料加香、使用特殊烘焙工艺改变香味的美式混合型香烟混为一谈。这就要求我国烟草工业、农业方面的科技工作者密切配合，走产学研相结合的道路，共同努力打造。

从以上观点可以看出，尽管是发展混合型卷烟，中国烤烟仍然在其中占主体。这也是朱尊权的用心所在：这样做，既亮出了自己的旗帜，不必担忧跟在人家后面效仿，又不会使习惯了香味醇和、劲头适中的烤烟型卷烟消费者产生吸食口味上的不适。

朱尊权围绕发展混合型卷烟的演讲整整进行了两个小时，他精力充沛，滔滔不绝。听者也没有一丝倦意。与会者进行热烈的讨论后认为：朱尊权的演讲结合事实阐述观点，根据形势超前谋划，多中要肯。只要我们加以重视，扩大混合型卷烟的生产和宣传，卷烟工业一定会在优质、高档、安全的方向上健康发展。

研讨会上，郑州烟草研究所科研人员周国柱也有感而发："发展中国式混合型卷烟，这是多年来朱所长一直谋划的课题。1966年，朱所长就带领我们开展全国高级烟原料基地建设工作，为发展混合型卷烟做准备。此项工作因随后的'文化大革命'没有继续进行，但朱所长发展中国烟草事业的规划是深远的。"

1979年，朱尊权就针对发展混合型卷烟在郑州召集了国内部分省区优质晾晒烟座谈会，又安排郑州烟草研究所在湖南、河南、河北3省进行香料烟引种试种，建立基地，并对国内各晾晒烟进行调查取样，为发展混合型卷烟奠定了基础。

在1980年那次发展混合型卷烟的研讨会上，朱尊权再次提出："要有计划、有步骤地向适合我国国情的低焦油混合型卷烟发展，搞好降焦减害的科学研究，着手恢复发展晾晒烟、香料烟、白肋烟，修订卷烟产品标准，并大力宣传。"他的这一建议刚出炉，即刻引起国内烟草界的普遍关注。

但烟草界不是所有人都赞同他的观点，甚至有人认为在中国搞低危害卷烟、搞卷烟降焦，会屡屡受挫，如飞蛾扑火。

对于不同的观点，朱尊权认为不无道理，他也有与此同样的担忧：发展低危害卷烟的途径之一是降低卷烟的焦油量。焦油中含有卷烟烟气中的有害物质，但烟气中有益的香味物质也主要存在于焦油中。随着焦油量的降低，烟味也相应减少。

抽烟的人知道，卷烟产品无论是什么型，最主要的是“味道”。淡而无味的香烟，消费者是不乐意接受的。消费者对一支烟是否喜爱，关键要看这款卷烟是不是符合自己的“口味”。这个“口味”是通过消费者的鼻子、舌头等感觉器官共同感受到的，也就是卷烟的“感官品质”。

这意味着降焦是牵一发动全身的事。

朱尊权很清楚：低焦油卷烟按照1979年国际上的通行标准，是指每支焦油量低于12毫克或15毫克的卷烟。而我国当时卷烟的焦油量一般在每支30毫克以上，大大高于国际通行标准。1977年，“中华”“熊猫”“牡丹”三种高级烟的焦油量都比美国最高的焦油含量高20%到50%。

“实际上，焦油是一种混合物质，是烟丝燃烧后的产物。据世界著名烟草专家、美国农业部顾问左天觉博士分析，烟气焦油中99.4%的物质是无害的，只有0.6%的物质是有害的，但又拿不出来，无法选择性减害，因此，只好把整个焦油量降低以相应减少有害物质。带来的问题是，在减去有害物质的同时，也带走了有益的香味。”朱尊权打了个形象的比喻，“也就是说，倒掉洗澡水的时候，婴儿也被倒掉了。”

“尽管如此，世界烟草并未停止降焦减害的步伐。降焦并不足以根本改善吸烟的危害，但如果想让你的产品有一个好结果，这一步就必然要跨出去，它甚至影响到全球烟草公司的新格局。”

为了说服持不同观点的人，朱尊权举了一个例子。

美国从20世纪50年代开始降低焦油，当时认识并不统一。美国一部分大烟草公司还是老观念，认为试图改变卷烟品质香味的做法非常愚蠢。这种“聪明”的结果让自己吃了大亏。例如，当时的美国烟草公司就是抱着不变的态度，观念上裹足不前，导致它由原来占美国第一位，慢慢变得微不足道，最后不得不转业。相反，比较起来最突出的是菲莫公司，它抓住机会，花大力气搞所谓“愚不可及”的降焦减害研究，转眼之间就出现了奇迹，由最初美国烟草业6个主要竞争者中最弱的一个，跃居领先者。

一个保守不变，另一个顺势而为，他山之石可资借鉴。原来一些与朱尊权的意见相左的人也认为，世界卷烟销售向低焦油品种市场发展的趋势很明显。这是提高卷烟安全性的主要措施，是关系到烟草行业生存和发展的长远之计。

为了让更多的人认识到降焦减害的重要性，朱尊权又言简意赅地指出：各国烟草早已经过了很大的变动，而我国烟草还完全在变动的大潮之外。美国卷烟焦油量自1950年的平均38毫克/支，降到了1980年的14毫克/支。而我国1980年卷烟的焦油量一般在30毫克/支以上，明显超过低焦油的标准。换句话说，吸一支我国的卷烟，相当于吸两支美国的低焦油卷烟。由于卷烟焦油量大大高于国际通行标准，我们必须迈出降焦减害的步伐，在行动上主动突围。今后不单单降焦，还要降碱、降低一氧化碳等有害物质，随着科技发展还会提出新的要求。

鉴于此，朱尊权大胆呼吁：坚持以人为本，关注公众健康，大力推进技术创新，积极研究开发卷烟减害技术，为消费者提供优质低害的卷烟产品，尽可能解决吸烟与健康的矛盾，担当起烟草行业义不容辞的责任。

4

朱尊权为低焦油鼓与呼的同时，也在对于烟草行业改革发展道路的思考与探索方面迈出了坚实而重要的一步，率先投入到低焦油卷烟研究工作中。驱动力来自一种未实现的潜力转变成实际结果的强烈愿望，更确切地说，烟草科研人的使命感激励他去从事一项不仅意义重大，而且更有开拓性的工作。

从 1981 年初开始，朱尊权带领烟草研究所的科研人员进行低焦油卷烟综合技术措施研究，其中包括烟叶原料的普查和发掘、配方结构和加香加料的研究、制造工艺技术条件和不同规格卷烟盘纸对焦油量影响的研究……他们的目标只有一个：尽快拿出低焦油卷烟样品。

在当时没有引进新技术、新设备、新材料，国内技术和生产水平落后的条件下，他们面临的最大困难是技术生疏、设备不齐，而降焦工艺技术又是必须闯的难关。

这道关怎么闯？朱尊权心里早已有谱。就当时的水平，只能用比较简单的办法小试牛刀。

"卷烟降焦，采取什么工艺技术既比较经济，又容易上马？" 1980 年，在菲律宾参加国际烟草科学研究合作中心（CORESTA）会议期间，朱尊权专门就这个问题请教国外同行。

菲律宾福川卷烟厂的总经理向他介绍了滤嘴机械打孔稀释的办法，并送给他一个接装在机器上的打孔小零件——刺板。

在降低卷烟焦油的措施上，滤嘴打孔稀释技术因较为简便而且降焦效果明显，已被全球烟草行业普遍采用，是制造卷烟的一项重要改进技术。在滤嘴上打孔主要是为了对烟气进行通风稀释，即在滤嘴丝束的外圈卷纸上打一圈小孔，在烟支上制造通风环带，引进二次空气，达到减少焦油及一氧化碳等有害物质的目的。

滤嘴打孔的原理实际上很简单。朱尊权给同事们做了一个实验。

取一支过滤嘴香烟，用大头针在滤嘴上均匀地打几个小孔，然后点火抽吸，吸完后，把滤嘴外包纸剥开，滤嘴内丝束已呈棕黄色，而滤嘴上小孔后面的丝束仍保持白色，这就是烟气被稀释后的现象。“这是因为滤嘴打孔后引进的空气使烟气稀释和扩散作用增强，烟支内气流流速降低，过滤效率提高。”朱尊权解释说。

由于稀释工艺被普遍重视，全球的滤嘴打孔技术发展较快，先进国家已经从机械打孔进展到电火花打孔乃至激光打孔。而朱尊权他们着手进行的还是初级阶段的机械打孔，就是在滤嘴接装机上对卷成的烟打孔。

打孔原理虽然简单，但对面临落后生产设备技术的朱尊权等人来说，简单的东西也是挑战。

从菲律宾带回的那个小刺板派上了用场，它被安装在滤嘴接装机上。机器运转起来，朱尊权他们看到，卷烟成品的滤嘴上被均匀打上 5 个小孔。这正是他们需要的。

然而，愿望和现实往往像人的影子一样，有时贴近，有时又会出现距离。随着机器的运行，各种问题开始出现。时而孔被堵塞，时而零件被卡住，给机器运转增加了困难。虽然他们尝试了一些办法去解决这些麻烦，但期待的效果并没有出现，仿佛在考验决意实践它的人。

原理显而易见，技术也不复杂，朱尊权他们却依然怅然若失。一时间，所有的思路都如乱丝纠结，拆解不开。

久攻不下，有人产生了畏难情绪，怀疑设计方案的可行性。

他们把焦虑的目光转向朱尊权。

“设计方案不是行不通，而是设备条件为它设置了障碍。这个是可以改进的。”朱尊权的信心丝毫没有减弱。一个新产品试验成功前，必然面临无数困难，攻其至难，才能图其致远。他把这些看成赢得胜利必须付出的代价。这也让同事们感到，一个试验不可能完全按照原来的计划进行时，灵活应变、处变不惊应该是一个科技人员应有的素质。

朱尊权和同事们一起查找原因，研究制服“拦路虎”的办法。在技术人员和工人师傅的共同努力下，机器得以正常运转。这时，朱尊权那细纹微现的嘴角流露出淡淡的笑意，这种笑意的内容正由初现端倪的结果诠释着。

结果没有出乎他们的预料，不懈的努力终于取得成功。1982年1月，一种利用机械打孔稀释烟气技术的低焦油混合型卷烟诞生，每支卷烟的焦油排放量为15毫克，这意味着全国第一个低焦油卷烟产品开发成功。像所有值得记住的日子一样，它被命名为“821”低焦油混合型卷烟。

开中国低焦油卷烟先河的“821”，获轻工业部科技进步成果二等奖。由于多种原因，它成功的价值尽管没有被工业大规模生产证实，但在历史上产生的启示非常深刻：在技术装备和技术工艺远远赶不上国际生产技术水准的条件下，中国烟草科研人克服困难，大胆尝试，涉足前沿，勇当过河卒子，这种精神谁能说不可贵？而产品试制成功，为进一步发展中国更多的低焦油、低危害卷烟，开创了一条有效的途径，具有积极的示范和引导作用，进一步说明在中国发展低焦油卷烟能行、可行，而且势在必行。

“诞生在1982年1月的‘821’应被看成是实现‘2000年全国卷烟焦油量降至每支15毫克以下’目标的起跑线。朱尊权对中国烟草改革发展道路的思考与探索，是有价值、有成果的。”熟悉那段历史的人至今仍说，“821”功不可没。

5

继“821”之后，全国卷烟生产在降焦方面取得相当进展。特别是“中华”牌卷烟，在传统烤烟型卷烟生产的基础上，研制开发了“中华”牌混合型卷烟，使“中华”品牌生产又增加了新的技术含量。但从全国范围看，在缩短与国际先进水平的差距上进度缓慢。1987 年之前，每支低于 15 毫克的低焦油卷烟除郑州烟草研究所的试验产品“821”外，形成一定批量商品的只有徐州卷烟厂的“414”和北京、上海、长春等卷烟厂试制中的产品。

这种情况与消费者对健康的要求很不相称。其实，降低焦油的理论及国外采取的行之有效的办法并不神秘。朱尊权意识到，问题在于生产技术的局限和降焦减害技术不成熟。比如，滤嘴材料及高透气度的卷烟纸还不能大量生产，烟丝膨胀、打孔稀释技术还未能有效掌握。再说，过去几年，有关降低卷烟焦油的研发工作是由各单位自发分头进行的，没有统一组织领导，没有明确要求，也是进度不快的原因。

朱尊权认为：“卷烟降焦减害是一项艰巨的系统工程，特别是我们的卷烟产量这么大，要求全面降低焦油更加困难。既要抓行业内部，又要考虑到行业外部；既要抓原料的供应，又要考虑到相应机械设备的配套。发展低焦油混合型卷烟还必须与发展白肋烟、晾晒烟、香料烟同步，才不会导致无米之炊；必须结合滤嘴材料的生产发展、盘纸的改进和膨胀技术的消化吸收，还要考虑烟草薄片技术、打孔稀释技术以及烟厂技改等各项综合因素，才不致成为空谈。”作为率先倡导卷烟降焦减害技术的科研人员，朱尊权一面向中国烟草总公司提出宏观建议，一面深入工厂企业进行具体的技术指导。

“一支烟的焦油量，等于平均每吸一口产生的量乘以抽吸的口数。所以，降焦可以从两个方面着手。一方面是减少每吸一口烟产生的焦油量，这可以从两个不同的环节进行。一是减少每吸一口烟燃烧的物质，例如采用膨胀烟丝、梗丝、烟草薄片、滤嘴打孔稀释的办法减少实际燃烧所用空气量；二是采用截留的方法，利用滤嘴把产生的焦油吸附一部分，不让它被吸入口腔。另一方面是减少每支烟可吸的口数，可以采取改变烟支长度、采用高自然透气度的盘纸、改进烟丝的燃烧性以加快静燃速度等措施。20世纪50年代，美国的每支烟可以吸12—13口，现在有些烟只能吸6—7口了。”

“降低卷烟焦油的途径很多，为什么我国降焦的进展一直不太令人满意？”在1985年的一次全国性烟草会议上，有人请教朱尊权。

对于其中的原因，要分析得很客观、很透彻不是三言两语的事。朱尊权认为，除了他曾经说过的一些因素外，问题的关键在观念上，要改革就要投入，就要冒风险。一些生产经营者光从当地的市场状况出发，认为消费者已经习惯了原有的固定吸食口味，因此不愿去降低产品的焦油量，他们还没有意识到深陷其中产生的后果。

还有，降焦有多种不同的角度和方法，路径并不唯一。国际上与卷烟有关的行业已先后在加工技术方面开发出一系列行之有效的降焦措施，包括开发了各种形式的滤嘴、改进卷烟纸的自然透气度、打孔稀释、膨胀烟丝、梗丝以及烟草薄片等技术。“但是，各种降低焦油的方法又都是有限度的。例如，烟支太短，抽几下就完了，消费者就不满意；滤嘴过滤阻力太大，吸时太费力，消费者也不能接受；吸阻与打孔调剂可以控制焦油量，但最关键之点是如何保持一定香味和生理强度，使消费者能接受。”朱尊权说。

其实，很多人都知道：综合利用各项技术可以任意调节卷烟的焦油产生量。也就是说，烟支焦油量的多少在工艺上是可以控制和计算的，取得令人震惊的突破在理论上也是可能的。但现实是一个艰难的过程，一般的降焦措施都不具备合乎理想的选择性。随着焦油量的降低，虽然严重危害身体健康的物质减少了，可处理后烟气香味有什么变化、能否满足吸烟者的要求，又关联到一系列问题。

为此，朱尊权从 1986 年开始多次向中国烟草总公司建议：改进烟叶的可用性是卷烟降焦工程的重要环节。在烟叶生产方面，烤烟应着重研究提高其可用性，以提高香味浓度、焦油低、烟碱含量中等为目标，重点是改进上部烟叶和顶叶的品质。在工业配方技术方面，为了降焦，应更新以腰叶为主的传统思想，逐步研究以成熟度好的优质上部烟叶为主体的配方技术，适当增加配用少量晾晒烟。对于各项国际通用的降焦工艺技术，在了解其降焦作用基础上，还应进一步研究对卷烟产品整体质量的不同影响，以便有效地综合利用。此外，对加香加料和白肋烟处理技术的研究也必须加强。

卷烟降焦面临的另一个挑战是加工技术和设备问题。当年朱尊权他们搞“821”低焦油卷烟时，样样靠自己摸索，确实是拖着艰难的步子上路，戴着镣铐跳舞。我国长期与外界隔离，先进的技术和设备缺乏。比如，打孔稀释采用在线机械打孔法，这种方法当时用在实际生产中就有一定困难。从我国现有的条件考虑，朱尊权主张，烟草行业既要动员自身的研究潜力和创新能力，又不能忽视技术引进问题。技术创新的脚步已经越来越快，假如国际上的一些新技术都要靠自力更生来搞，自然费时又费力。那么，“拿来主义”不失为一条可取的捷径。

1982 年，中国烟草总公司成立后，抓住国家实行改革开放的机遇，改革烟草管理体制，实行对外开放，开展国际合作，为提高行业装备和科技水平、加速技术改造、改进产品品质创造了条件。

自20世纪80年代中期后，全国引进消化吸收国外先进技术，经过连续几期的技术改造，在卷烟机械装备等硬件方面，已接近或部分达到了世界先进水平。感到欣慰的同时，朱尊权又看到了另一个突出问题，即加工工艺技术方面特别是叶组配方技术方面，还有很大差距。

朱尊权很清楚，造成这种差距的原因一是限于商业秘密以及同国外交流困难。再则，我国部分配方技术人员，对国外卷烟降焦趋势带来烟叶可用性的变化、叶组配方如何与之相适应的必然性不甚了解，还有经营管理体制方面的制约，使配方工艺规程得不到改进，还在沿用传统的落后配方模式。

传统配方落后是相对于国外的两次配方而言的。实施两次配方的前提在于打叶复烤。打叶复烤是国际上在20世纪五六十年代以后不断推广应用的烟叶复烤技术，顾名思义，就是在复烤之前，先通过打叶设备使烟片与烟梗分离，对烟叶与烟梗分别进行复烤，尔后分别打包和贮存。

美国自20世纪50年代推行打叶复烤后，逐渐形成卷烟工业的两次配方工艺规范，就是把产烟地收购的数十个等级的烟叶中作用相似和有相互补充协调作用的，按比例掺配打叶，进行第一次配方，形成较大批量并具有一定质量特性的本企业等级。卷烟厂制丝时，再将各地初步配合的本企业自定等级烟叶按配方要求配合，进行第二次配方。

朱尊权主张，随着我国打叶复烤的进展，应该及时组织工农有关技术人员抓紧研究配方打叶技术。两次配方应成为今后国内烟草加工的方向，其优点在于：可充分发挥配叶作用以提高品质，可使价格较低的烟叶成为可用烟叶以降低成本，可减少工厂配叶时等级数量过多、难于操作的麻烦，便于掌握本企业自定等级烟叶的实际质量以保证卷烟质量稳定。

朱尊权的主张逐步得到了实施。自国家烟草专卖局对烟叶收购实行“原烟交接、就地加工”的模式后，烟叶开始进入配方打叶的阶段，为卷烟降焦减害创造了有利条件。

6

在降焦越来越受到烟草行业重视、越来越成为当务之急的时候，朱尊权又及时提出“卷烟降焦要循序渐进”的观点：“卷烟的香味风格是长期形成的习惯，尽管要改变，但还要尽量保留一部分原来的风格特点。现在，卷烟产品向淡味方向演变，但旧的记忆只能逐步淡忘。如今，消费者比过去更敏感，而淡味产品的变化比浓味更易被感受出来。为了补偿越来越淡的烟味，需要提供其他能满足感官要求的办法，并引入新技术来控制对产品的影响，使演变基本上察觉不出来，为消费者所接受。”

朱尊权的想法是，在降低焦油的路途上，当年美国渐变的做法值得借鉴。美国卷烟的焦油量在20世纪80年代初为15毫克/支，而1950年平均高达38毫克/支，美国花了30多年的时间才降低了20多毫克。这种有计划的渐变是为了避免失去市场，为了引导消费者逐渐适应焦油的降低，使消费者在潜移默化中接受降焦的事实。如此，保护了品牌，保护了产量和市场。

“在降焦的同时，还要注意消费群体层面。”朱尊权打了一个比方，“过去，人们喜欢喝50度以上的高度酒，前些年为了健康的缘故，忽然间到处都是低度酒。尽管不少人能接受这一变化，但那些众多的老客户怎么办？一些厂家随即就生产出 50 度至 30 度的系列酒，不仅满足了不同消费者的需求，又保证了市场份额。美国在降焦过程中就注重生产系列产品，同一品牌卷烟产品的焦油量有超低、低、中、高几个档次。”

朱尊权的循序渐进观点，还源自一件事情的启发。

1983 年，在美考察期间，他在菲莫公司赠品中选了一条不带滤嘴的卷烟。它的焦油量为每支 30 毫克，还是 20 世纪 40 年代的风格。虽然这类产品只约占 1%，但毕竟证明了菲莫公司既保品牌，又不丢消费者的良苦用心。美国的做法是逐步降低名牌卷烟的焦油量，同时根据市场需要生产不同焦油量的系列产品，由市场决定降低焦油量的进度。

即使到了 2004 年，美国市场上仍有少量不带滤嘴的高焦油卷烟产品供给特殊消费群体。

朱尊权之所以强调“卷烟降焦要循序渐进”，还因为单纯地降焦很容易，而保持香味特别困难。“因此，在降焦策略上不能突变，只能有计划地逐步改变。香味变化不大，原有的消费者不会失去，市场不会受到大影响。这样因势利导、循序渐进，也符合咱们中国的国情。”

不断走向改革开放、走向国际化，同时坚持自己特色的中国烟草应该怎样面对吸烟与健康问题，这是许多烟草人都在积极主动寻找的答案。多年间，朱尊权一直思考着，多角度、全方位、深层次地思考着。他一直强调：消费者喜爱卷烟的权利必须得到尊重，最大限度降低烟草危害是烟草产品提供者责无旁贷的道义与责任。

在这样的背景下，1999 年初，国家烟草专卖局在青岛召开低焦油、混合型卷烟产品开发工作会议，正式启动低焦油、混合型卷烟的开发工作，明确提出把产品开发的着眼点放在降焦减害上。之后，随着卷烟市场的变化和烟草行业的发展，又与时俱进地提出全面开展降焦减害技术研究以及坚持“一高二低”(高香气，低焦油、低危害）卷烟产品开发方向，分阶段提出了降焦的具体目标。

为了全面推进烟草行业降焦减害工作，2003 年 4 月 14 日，在全国烟草行业降焦减害工作会议上全面展示了 1999 年以来全行业降焦减害工作新成果，并释放了一个新的信号：以降焦减害为科技工作主线，把我国烟草行业的降焦减害技术研究和低焦油、低危害卷烟产品开发提高到一个新水平。

至此，烟草行业把降焦减害工作提到了前所未有的高度。

在降焦减害、打造混合型卷烟的行动中，朱尊权既是开拓者、实践者，又是领航人。当 21 世纪初全国已经实现卷烟焦油量降至每支 15 毫克以下的目标时，人们不会忘记这位曾经在这条路上创造新气象，又为新气象再添风景的老人。

7

如何对公众的愿望和要求作出反应？烟草行业的策略是为吸烟者提供低焦油和低尼古丁而味道最好的卷烟。

如果真正实现了“更诱人的味道和更少的焦油”，真可谓善莫大焉。全球烟草行业一直朝着吸烟者期盼的方向努力，也是朝着提高吸烟安全性的目标迈进。

事实上，焦油是把双刃剑，其中的有害成分种类很多，但绝对量仅占 0.6%，而香味成分也多在其中。降焦后的产品如果表现为香气不够细腻，香气的醇和度、刺激性、余味不十分理想，这些缺陷均须通过加香加料来改善。

烟用香精香料与其他类型香料非常不同的地方在于，其不单单需要嗅香好，燃烧之后的香气也要好，并且要与烟草的香气协调一致或有所提升。而当初许多卷烟吸起来，外加的香精香料与烟草本身的香气是两股道儿，甚至外加香掩盖了烟草本身的香气，非常不协调。

国外已经把加香加料措施广泛地应用于卷烟制造业，并对增进低焦油卷烟的香味浓度起到了显著作用。而中国烟草行业一些企业仍采取大量购买香精成品，然后进行复配的方式给产品增香。与国外那些有上百年历史的卷烟企业相比，国内的香源缺乏，品种单调，调香技术落后，基础研究相当薄弱。

那么，形成卷烟香味的重要成分有哪些呢？

朱尊权了解到，当时美国的低焦油卷烟牌号虽多，但只有“美利特”占有市场的一定份额。据菲莫公司的专家介绍，这种卷烟在加香配方中用了 30 多种烟叶本身的致香成分。朱尊权根据这条信息，提出研究分析非低焦油的“万宝路”和低焦油的“美利特”的化学成分，以探寻重要的致香成分有哪些。

“万宝路”和“美利特”都是混合型卷烟，为什么焦油量相差悬殊，而香味近似？朱尊权提出的研究课题得到了轻工业部领导的重视。1985 年，郑州烟草研究所引进了一批先进的分析仪器，由高级工程师孙瑞申负责组织化学室的技术人员进行研究。继而分析云南、河南等地的烟叶，从中找出致香成分，为卷烟微量香味成分的分析及烟草化学领域研究奠定了基础。

为了改变香精香料研发能力落后的局面，1986 年，在朱尊权的倡议下，郑州烟草研究所的香精香料研究室正式成立。他们针对国内外卷烟工业生产发展趋势，研究开发低焦油卷烟所用香精香料。香精香料研究室还对国内外流行的卷烟产品及烟用香精香料进行广泛分析研究，从烟气中鉴定出大量的化学成分，找出影响卷烟香气与吸味的关键性物质，成功地运用化学合成法，自制出一批与烟草香味密切协调的单体香料，为烟草行业提供烟用香精香料产品。

朱尊权知道，要加快香精香料研究步伐，办法莫过于求助国外的先进技术，仅凭国内自身能力无法穿越现实的阻碍。于是，朱尊权通过相关途径，联系瑞士的福美尼施香料公司作为合作伙伴，多次进行技术交流，由对方帮助培训技术人员、提供适用设备。这些工作为进一步开展烟草香味物质研究和香精香料应用、开发研究，从理论上做了准备，在方法和技术上创造了条件。

香精香料研究室的科研运作模式，也为郑州烟草研究所实行由单纯搞科研转变到以开发为主促科研，由样品、报告为终结转变到以效益为终结，由事业费拨款型转变到自给型，由固守型转变到开放型等一系列科技改革，奠定了重要的基础。

如今，郑州烟草研究院香精香料研究室既承担烟草香味化学、烟草感官组学、烟草调香技术、烟用香精香料的研发与评价，还承担香精香料分析检测以及新型烟草制品研制等方面的研究。2012 年，郑州烟草研究院香精香料研究室成为烟草行业重点实验室。

“我院的香精香料研究能有今天的规模和水平，是与朱老分不开的。”张永红在 1982 年大学毕业后被分配到轻工业部郑州烟草工业科学研究所（现在的郑州烟草研究院），见证了香精香料研究工作的发展历程。

“当时正是百废待兴之时，我国烟用香精香料的研究很落后。朱老邀请国际知名烟用香精香料公司的技术人员到我所举办技术讲座，介绍国外的科研成果及某些单体香原料，使年轻的科研人员能从单体香原料的认识开始，针对烟草的香气特征进行调香。朱老安排和指导研究生在实验室化学合成国内当时还没有的杂环香料单体，使我所的烟用香精香料研制思路实现了根本性转变、跨越式发展，将烟用香精香料研制成果成功地运用于卷烟产品中。继朱老率先研制的‘821’成功后，我所又研制了低焦油烤烟型卷烟‘831’、低焦油薄荷型卷烟‘841’和中焦油混合型卷烟‘853’等产品。”张永红回想起当年朱尊权指导他们研究开发烟用香精香料的情景，印象非常深刻。

同样作为亲历者，朱尊权的学生、郑州烟草研究院的研究员赵明月深有同感：“1986年，在朱先生的提议下，我和施雄伟负责组建调香研究室。年底，我俩又被派往瑞士的福美尼施香料公司培训两个半月。在朱先生的联络下，我们和国际上许多知名香料公司展开了频繁的技术交流与合作；通过我们，又使这些国际知名香料公司与中国烟草行业其他企业开展了深入的技术交流。”

因朱尊权等人倡导，烟草行业对烟用香精香料的认识大大提高。为了掌握香精香料的核心技术，中国烟草总公司在20世纪80年代中后期开始以技贸结合方式提升香精香料的研究和应用水平，选派技术人员出国学习，着力培养调香技术人才。技术交流使国内调香人员打开了眼界、增长了见识，烟草行业一批香精香料领域的科研骨干成长起来，全国烟草行业在烟用香精香料领域取得了快速发展。

思路决定出路。科研导向是郑州烟草研究院的生命所系。朱尊权既当策划师又当把关人，他作为业务主管不是“甩手官”，而是业务轴心，其工作的重要一环就是对科研开发的把握。他以降焦减害、废物利用、降低成本等工作为重心，从烟草行业实际情况出发，组织力量开展技术研究工作，为烟草行业发展提供了坚实的技术支撑。

朱尊权的兴趣确实都在研究工作上。不过，熟悉他的同事知道，作为一名所领导，他并不是那种只满足于被动应对各种各样事件的“驯服工具”。他会经常主动深入系统地思考、研究应该如何做一名好的管理者，或者说什么样的管理者才是合格的。人们看到，许多成功事例体现出来的，正是他具备高瞻远瞩的超前意识和驾驭科技工作的管理能力。大部分项目从规划、立项、实施、总结、鉴定、推广，朱尊权既是指挥官又是践行者。他组织协调科研与生产、科研与资金，以及单位与单位之间、人员与人员之间等一系列关系，化解矛盾、统一认识，使科研工作朝着科学实用、平稳有序的方向发展。长年累月思考、研究的领域，随着他生活的轨迹一步步得到了有效实践，又获得了新的升华。

8

朱尊权从来不尝试说服任何人卷烟对于他们的身体有好处，但他也从来不提倡把卷烟危害绝对化的过激观点。毕竟，像成千上万的食品一样，卷烟在从前、现在都以一种合法的生产销售产品身份出现。全球皆如此。

有人问：人为什么要抽烟呢？对这个司空见惯的社会现象，居然在与卷烟结下不解之缘的地球上，至今还没有一个确切答案。卷烟得到了众多作家大量笔墨的恩宠，更使得无数科研人员深潜其中探寻深度与广度，却没有一只手彻底拨开它神秘的面纱。

也许对吸烟者来说，卷烟的独特价值在于它具有兴奋和镇静的双重作用。卷烟作为绝好的情绪调节剂，既是对办好一件事的奖赏，也是对做糟一件事的安慰。有人说，它是一种最方便（可随身携带）、最便宜（吸一支烟便可获得一次享受）的特殊安慰剂。不论是高兴还是忧郁、紧张还是悠闲，吸烟者的反应都是点燃一支烟。这种情形很像《红楼梦》里的那句话："都云作者痴，谁解其中味。"

为什么吸烟能成为最广泛的社会习惯？研究认为，吸烟时烟碱通过肺吸收到脑部的时间只有 7 秒钟，对人体神经系统有明显的刺激作用，可以使人兴奋，可以提神醒脑，同时也可以使人镇静，可以缓解紧张、焦虑的情绪，因而受人喜爱。

不管是支持还是反对，也不管社会舆论如何，我们还是听听 80 多年前《烟草之地》作者卡尔·艾弗里·沃纳的一番话："不管是生产烟草还是吸烟，我都不仅把烟草看作是伙伴，更把它看作是一种广泛的民主：各个阶层、种族、信仰的人由于共同的兴趣走到一起，结下了友谊，这是一种相互同情和理解的纽带。我喜欢把香烟的制造和享受烟草这种神奇植物的乐趣看成一个王国，臣民是志同道合的灵魂，统治者是这种芳香的烟草释放的烟雾在人们心中燃起的善良的人类情感。"

吸烟也许正如沃纳所言，是一种人类情感。吸烟者对烟的迷恋，表面上看是一种个人行为，实际上表达的何尝不是一种不可言传的生命状态？有的国家，在青年男女之间把吸烟借火与主动点烟作为传递爱情的一种特殊方式。尤其是卷烟在很多文学和艺术作品中，往往被当作视觉的"闪光点"、心灵的"冲击波"：毛泽东、邓小平、丘吉尔、鲁迅等伟人的照片无不与袅袅香烟结缘，这当然也是他们日常生活的写照；看过电影《高山下的花环》的人，一定会对靳开来口含半支烟牺牲的悲壮情景记忆犹新。这感人的情景绝非文学杜撰，在战场上确有战士临终前提出的要求就是抽最后一口香烟。

更为重要的是，卷烟在社会生活和国民经济中的地位与作用可以概括为两句话：一是广大吸烟者的特殊"食品"，二是国家财政的重要支柱。

不知道世界上还有没有另一种仅仅几克的东西，能赋予如此繁多的意义。

关于卷烟，朱尊权有以下唯实是从的评说——

禁烟非现实性选择。对于这种数百年广泛流行的习俗文化，历史经验证明，采用简单绝对性的政策是行不通的。

吸烟的的确确危害人体健康，但也不宜过于夸大。卷烟在燃烧过程中可以生成4000多种化学物质，要降低和减少烟气中的有害物质，必须首先搞清楚哪些物质和成分对人的身体有害。如今，对卷烟主流烟气的分析研究已经比较成熟。科学家大多认为，从主流烟气中已发现的4000多种成分来分析，绝大部分对人体无害，有害成分中亦只有极小部分是致癌或有可能致癌的成分。

烟草中的一些有害物质并非烟草独有。例如，公认的致癌物质苯并芘，在日常的食物中、在呼吸的空气中，哪怕在土壤中都是广为存在的。烟气的一氧化碳含量比起其他工业过程的释放量，比起一家一户每天烧饭时的煤气释放量，比起各种车辆的尾气排放量来，可以说是微乎其微。一些医学工作者经过大量调查分析，也认为某些疾病主要是大气污染和环境恶化造成的，到目前尚不能作出吸烟与某些癌症具有直接因果关系的结论。影响人类健康的因素是多方面的，现在很多疾病的成因机理还不清楚，未经过长期复杂的研究难以得出直接的因果关系。因此，吸烟的危害程度到底有多少、吸烟与哪些疾病具有直接因果关系，还需要人们用智慧进一步专门研究。

但，一个不可回避的事实是：吸烟，多害少害，总之有害。公众的忧虑合情合理。消费者的真正需求是在健康的前提下，尽可能满足嗜好。烟草行业必须意识到确保科学研究、生产经营与社会期望值保持一致，以理智、负责的态度对待。

以上是朱尊权的一些思考，也代表了烟草界的立场和观点。烟草产品虽然被严重的健康问题所困扰，烟草业却没有在这场争论中却步，也没有在一些医学例症面前保持沉默，反而更加重视公众关注的问题并采取行动。中国烟草界开展一切可以减少吸烟致病影响的研究，从人民的健康出发，趋利避害，努力减少吸烟的危害性。

科学理论及成果的发展就像登山一样，创造了一个新的理论、收获了一项新的成果就登上一座新的高峰，人的视野由此更广阔了。

于是，继 1981 年开发低焦油混合型卷烟后，从降低卷烟的危害性出发，朱尊权又提出一个观点：应用中医药理论和成果，发展药物型卷烟，提高吸烟的安全性，即研制新混合型卷烟。

“我国有着宝贵的中草药资源和传统的医疗方法，这是我们研制和生产低危害卷烟独有的条件。”朱尊权认为，“充分利用宝贵的中草药资源，开发具有中国特色的药物型卷烟，即新混合型卷烟，是中国烟草界的责任。”

“发展药物型卷烟并非无中生有，中国古代就有烟气疗法，添加中草药的例子在生活中也能找出很多。将中草药用于化妆品、牙膏、香皂等日用品，在我国已取得了成功经验。将中草药加入食品和饮料中，生产营养膳食和保健品，也得到了较好的结果。这些事例和经验无疑会对我国发展药物型卷烟有所启发、有所促进。”朱尊权对药物型卷烟的研发很看好。

与朱尊权一样，很多人相信，药物型卷烟是中国独创，是在世界吸烟与健康潮流中利用中国传统的中医药理论、发挥中草药或其制剂的功效开辟出来的一条新路，将会为解决吸烟危害健康这一世界性难题作出有益的探索。

对药物型卷烟研制感兴趣的不止烟草界，一贯反烟呼声最高的医药卫生界也有许多专家和部门认同其中蕴含的科学理论依据、研究价值和发展前景，主动提出与烟草企业联合开发。烟草企业也乐于在平等互利、相得益彰的原则下，与医药科研部门开展协作，一起找出解决大家都意识到的各种问题的办法。

朱尊权很早就提出一个观点：“药物型卷烟的研制和生产需要

1986 年 8 月，中国烟草学会在河北承德组织召开药物型卷烟研讨会（左二为曾担任周恩来保健医生的卞志强，左四为陈瑞泰，右四为朱尊权，右三为王承翰，右二为江文伟）

多部门联合协作。如果我们不能调动各方面的力量支援协作，只靠烟草行业有限的力量，路子将会越走越窄的。”实际上，医药卫生界与烟草界在地区性、个别单位的协作已有多年，并且取得了较好的实践效果，但真正的全国性学术交流研讨协商是从 1986 年开始的。

1986 年 8 月 21 日至 24 日，由中国烟草学会发起组织、与中国烟草总公司联合召开的药物型卷烟研讨会在河北省承德市举行。朱尊权以中国烟草学会副理事长、郑州烟草研究所名誉所长身份出席并主持了会议。

这是一次跨行业、跨部门、跨学科的高规格会议，除烟草界外，还特邀了全国医药卫生界的著名专家、学者。中国中医研究院西苑医院研究员李连达、中国中医研究院基础理论研究所副所长陆广幸、中国预防医学科学院环境卫生与卫生工程研究所副研究员关乃源、湖南中医学院院长肖佐桃等有关单位的代表共 61 人出席会议。

会议开始前，朱尊权就跟医药卫生界的几位专家共商大会主题，为会议调弦定调：

“我们把这次会议的主题定为：对药物型卷烟的科学性及其如何发展等问题进行研究讨论。”

“会议应充分发扬学术民主，认真进行学术交流。总结近 20 年来特别是近几年来，医药卫生部门与烟草行业互相配合、共同研制药物型卷烟的成果和经验。”

“还应听取医药卫生界专家、学者的学术论文和研制厂家的情况介绍，讨论进一步开发药物型卷烟的方向、目标及注意事项。”

大会开始后，与会代表争相发言，认为我国中医药资源丰富，具有几千年的文化积淀，近些年在中药现代化方面又取得长足进步。研制和发展药物型卷烟是科学、可行的。从指导思想上看，发展药物型卷烟是从关心吸烟者身体健康出发的，它是减少烟草中的有害物质、相对提高吸烟安全性的积极措施。从理论依据上看，我国有着科学的中医理论和传统的医疗方法以及宝贵的中草药资源，很多中草药疗效确实、安全无毒，可以随烟气吸入人体内起到某些药理作用，这是研制、发展药物型卷烟的科学基础和物质基础。从实践效果上看，在药物型卷烟燃烧产生的烟气中确实存有药物成分。经过临床试验观察，药物型卷烟对某些疾病有一定的缓解作用。

朱尊权综合大家的发言欣然总结道：“这次会议的召开突出了‘两个非常’，一是非常必要，二是非常及时。会议的必要性在于，虽然医药卫生界与烟草界在地区性的、个别单位之间的合作已开展多年，但全国性的学术交流研讨协商还是第一次。因此，在我们已取得初步成果的基础上，召开这样的会议进行总结交流和探讨是非常必要的。会议的及时性在于，近年来，药物型卷烟的发展速度正在加快。这种新型卷烟既受到了我国政府的鼓励，也引起了国际上的重视。因而，各有关部门和有关学科的专家、学者共同研讨、共商大计，对保证药物型卷烟的健康发展是非常及时的。”

讨论中，代表们在肯定药物型卷烟作用的同时，也明确了药物型卷烟的基本性质：这种卷烟是烟而不是药。所以，在研制和生产药物型卷烟的过程中，要首先注意“烟”的特性，而不能过分追求药的作用。

在这样的指导思想下，代表们在涉及开发药物型卷烟的方向、目标和要求过程中，制定了如下原则——

第一，药物型卷烟是烟而不是药。药物只是用作添加剂，应与烟草的色香味和谐一致，并使其焦油、尼古丁、一氧化碳等有害物质的含量低于普通卷烟。第二，药物添加剂与烟草配合后经过燃烧不能产生新的有害物质，应与适宜的降焦措施相结合，而且严格规范其毒理及病理试验规则，并要经过一定时间的临床试验观察。第三，有计划、有组织地发展产品，从产品设计到生产制造、质量检测和管理方法都必须具备相应的先进性。今后在此类卷烟的宣传上，应实事求是，不可夸大其疗效作用。

医药卫生部门对发展药物型卷烟很关心，表示了积极支持和大力协作的态度，并对烟草行业作出的努力给予赞赏和肯定。双方的共同愿望是建立一个全国性药物型卷烟评审委员会，以便对这类卷烟进行审定，对发展中的问题进行协调。

随着会议的深入，如何给药物型卷烟命名成为一个举棋不定的议题。

由于药物型卷烟是烟不是药，为了避免概念上的混淆，需要为这类卷烟确定一个比较确切的名称。

讨论中提出药物型、保健型、疗效型、低毒型、安全型等 20 多个名称，但都不够确切、妥当。虽然这类卷烟对患有某些疾病而又不能戒烟者有一定的良性作用，但它跟常规药物有本质的区别，如果把它定为“药物型”，也不公允。

会议即将结束，可卷烟名称仍定不下来。朱尊权最后建议，将这类卷烟定名为“新混合型”卷烟。

这个名称有两层含义：一是这种类型的卷烟是以烟叶为主料，掺入中草药和其他辅料混合而成的，并确有一定的良性作用，因而就配方成分讲，具有“混合型”的特点；二是这种“混合型”卷烟与国际上通行的烤烟、晾晒烟配制的“混合型”卷烟是有区别的，因而冠以“新”字，以示区别。

由此，药物型卷烟的名称被“新混合型”取代。

1986 年 8 月 24 日，为期 4 天的药物型卷烟研讨会圆满结束。当天夜晚，心情激动的朱尊权辗转难眠，索性穿上衣服走到静谧的夜空下。

会前，朱尊权还担心有代表对药物型卷烟抱有歧义，会产生争议。然而，到会的同志以自己多年的研究成果和实践经验，认真论证了药物型卷烟的科学性和可行性，一致认为：中草药是中华民族数千年积累下来的瑰宝。将烟草与中医药相结合，是中国卷烟独一无二的竞争优势。发展药物型卷烟的指导思想及研制目的明确，具有科学理论依据和较好的实践效果，因此，这种卷烟新产品是有发展前途的。

烟草界和医药卫生界代表们观点的同频共振，让朱尊权看到理想的阳光照进了现实，也让他深受启发：一种新产品是否有生命力，取决于它的研制目的、理论依据和实践效果，最终取决于它的科学性。

会议自始至终在协商、友好的气氛中进行。朱尊权不由想起发生在 1983 年 4 月由全国爱国卫生运动委员会组织召开的吸烟与健康会议上的小插曲。

那次会上，卫生部的一位前任老领导讲述自己抽烟的经历。他说，他人生中的第一口痰来自抽烟，那是在战争年代抽烟斗的时候。

随即，朱尊权听到某报社两名年轻记者就老领导的“第一口痰”进行的私下议论：

“第一口痰来自抽烟？那么，从前伤风感冒了就不吐痰？”甲问。

乙答：“他从前的痰都咽到肚子里去了。”

一问一答明显含有他们对认为不切实际事物的质疑。

朱尊权心想，对烟草问题，需要一个公正的态度对待。公正是解决一切问题的基础，也是衡量一个社会是否健康发展的尺度。这次药物型卷烟研讨会体现的协作、民主气氛，让烟草界和医药卫生界的与会人员看到，这一共同关注和开发的领域已经展现新的前景，药物型卷烟将在中国卷烟发展史上写下新的篇章。

事情正如朱尊权所料，药物型卷烟在国内市场得到了稳步、健康发展。烟草界与医药卫生界相互配合，在古代中医秘方的基础上，经过科学的药理分析和严格的配方配料，把人参、灵芝、罗布麻、九节兰等一系列中草药经过处理后掺入烟丝当中，制出一批既保持了香烟的吸味风格特点，又对人体有一定营养价值和疗效作用的新型卷烟。比如，北京卷烟厂生产的“金健”“中南海”“长乐”牌系列卷烟，经国内有关卫生部门的临床试验和国外有关研究机构的化验分析，证明确实对呼吸道疾病具有一定的疗效作用。

之后，朱尊权又带领团队采取化学分析和毒理学试验的方法，对在卷烟中应用中草药的理论原理和实效性进行了深入分析、研究。试验和分析得出的数据进一步证实，选用合适的中草药，并与卷烟配方配伍，能够有效降低烟气的危害性。

朱尊权同时指出，利用中医药减害，主攻对象应是吸烟对呼吸系统的危害。吸烟要经过呼吸道，烟气对呼吸道的影响自然首当其冲。所以，添加的药物除了能减少烟气中的主要有害成分外，还应该具备生津、润喉、止咳、化痰的功能。

在朱尊权等人的倡导和引领下，“应用中医药理论和成果减害是中式卷烟减害降焦的重要途径之一”成为烟草界的共识。特别是国家烟草专卖局在 2003 年提出打造“高香气、低焦油、低危害”的中式卷烟之后，不少卷烟工业企业开始思考并采取行动，将烟草与中医药相结合，加大将中草药应用于烟草的开发利用力度，用中草药的药效来降低烟气对呼吸道的刺激，从而达到减害降焦的目的。

对此，朱尊权颇感欣慰：“当年，我们利用中医药减害这条路没走错。它是确立中式卷烟比较优势的关键环节，具有独特的减害降焦功能，更是国外卷烟企业无法模仿的，不仅赋予卷烟产品鲜明的风格特征，还增强了中式卷烟的竞争力。”

20 世纪 80 年代由朱尊权等人确立和开拓的药物型卷烟领域，在 21 世纪已经展现出新的风采，并取得了新的成果。

第八章

桑榆未晚：老当益壮，续写科技新篇

1

1980 年，轻工业部在济南召开全国卷烟工业会议。这次会议专门提出改革卷烟生产方向，首次把发展混合型卷烟提上了议事日程。这对于长期以来以生产烤烟型卷烟为主、结构单一的中国烟草工业是个耳目一新的话题。大家已经看出，支撑未来中国烟草业的顶梁柱是卷烟产品的安全性和经济效益，他们希望能迎来中国卷烟工业的飞跃发展时期。

然而，由于管理分散，大量不在有效控制之内的卷烟厂比比皆是。到 1981 年，计划外小烟厂迅速蔓延到 300 多个，产供销矛盾突出，严重影响了整个烟草行业的发展。

强大的压力呼唤着烟草行业探寻新的解决途径。1981 年 5 月，国务院批准了轻工业部的报告，决定对烟草行业实行国家专营。经过 6 个月的筹备，由轻工业部、商业部、供销合作总社有关部门组成的一个新机构——中国烟草总公司，亮相于世人眼前。

此时，时间到了 1982 年。同年 1 月 1 日，北京右安门，一个不起眼儿的招待所里迎来了一群新面孔。没有喜庆的锣鼓，没有热闹的揭牌仪式，但这群人从此揭开了中国烟草发展历史崭新的一页。

中国烟草总公司的成立，意味着全国烟草行业的产供销、人财物、内外贸，从今往后实行集中统一管理。紧随其后的烟草专卖体制也于 1984 年正式建立，为烟草行业全面入轨，实行统一领导、垂直管理、专卖专营起到了水到渠成的作用。

此时，烟草行业的命运与其他普遍实行简政放权的行业不一样。中央为维护和发展烟草行业，把组建上划、实行集中统一管理为基础的改革作为当务之急。也就是说，将事关烟草的烟叶种植、卷烟生产、商业批发，分别从供销合作总社、轻工业部和商业部划出来，变成“一条龙”管理。

因为卷烟是一种对人体健康有一定影响，但又拥有众多消费者的“特种消费品”，不能像普通商品那样单纯依靠市场调节，需要有计划地综合平衡、协调发展，因此，国家对烟草行业赋予了特殊的改革政策。同样是改革，绝大多数行业面临着走向市场，而烟草行业反而回归到避风的港湾，实行“寓禁于征”和垄断性质的生产经营，为其保驾护航的是专卖体制，而可观的经济效益和利税又进一步夯实了烟草专卖体制的基石。

国务院对调整计划外烟厂工作十分重视，到1983年底，全国共关停这类烟厂300余家，初步解决了长期未能解决的“老大难”问题，烟草行业从无序逐步走入有序状态。

到1983年，中国的烤烟产量位居世界第一，卷烟产量同样位居世界第一。烟草行业实现的工商利税支撑着全国财政收入的10%。

10%！谁敢不掂一掂它的分量？

然而，令人骄傲的数字带来一个令人担忧的问题。与此对应的是，烟草行业各项经济指标只相当于发达国家20世纪四五十年代的水平。有些数据差距明显：80年代初期，中国每箱卷烟耗用的烟叶达60公斤左右，滤嘴烟只占卷烟总量的10%，每支卷烟的焦油量超过30毫克，全员劳动生产率为年均140箱，单箱利润仅18元多。而发达国家每箱卷烟耗用的烟叶为45公斤左右，滤嘴烟占卷烟总量的90%，人均劳动生产率为每年400箱，美国一家大烟草公司1977年的单箱利润就达89美元。

两相对比，令人尴尬。

朱尊权一针见血地指出，我国“两烟”（卷烟和烟叶）产量已占到世界总产量的三分之一左右，而经济效益比世界发达国家的水平低得多，庞大的生产规模与低下的效益形成了巨大反差。从根本上分析，主要原因是科技水平落后，其中包括烤烟生产技术的问题。烤烟品质下降，上、中等烟叶比例小，有价值的烟叶供不应求，必然导致以烟叶为原料的卷烟产品与市场供需脱节，烟叶质量难以满足卷烟生产需求。

从宏观上说，烟草业的主要任务包括3个方面：为国家经济发展积累资金，改善烟农和卷烟零售户的收入与生活，减少吸烟的危害。无论哪个方面，基本要素都离不开4个字：优质烟叶。

烟草业说庞大也庞大，涉及农工商贸，机构大而全；说简单也简单，人们最熟悉的无外乎烟叶和卷烟，前者连着广大烟农，后者连着广大消费者。很显然，卷烟工业的基础归根到底来自烟草农业。

朱尊权认为：回顾几十年的发展，除了本身无法克服的客观因素外，脱离经济建设和社会进步方向，应该是导致发展滞后的一个重要原因。烟草业也不例外，长期以来形成的品质降低、品种退化、量多质差现象，随着遍布天南地北的烟草种植深入而广泛。

朱尊权的分析是有道理的。长期以来，生活物资紧缺带来的恐慌，高涨着人们大干快上的热情，缺少的是瞻前顾后的深思熟虑。烟叶生产最突出的表现是与天争时、与地争力，只重视产量、产值、扩大生产能力，而非以质取胜。当然，也受地方和部门利益驱动，对优质与高产的矛盾在烟草界长时间无法形成统一认识。农业部门的观点是先吃饱、后吃好。工业部门则要求二者兼顾，既要高产，更要优质，长远考虑，对消费者负责。

20世纪70年代中期，北方一些地方流传着这样一首打油诗："点着灯，背着风，儿叫爸，不吭声。"意思是说，一声轻声应答的气流停顿就会使卷烟熄火。烟民埋怨说，都是烟叶惹的祸，质量不好，燃烧性也就不好。抽完一支烟，中途有时要点三四次火。

更让朱尊权担忧的是，20 世纪六七十年代的 10 多年间，因为烟叶供不应求，各产区用高产品种代替了优质品种，种植技术采用高产栽培。不少产区实行间作套种，增加种植密度，烟叶品质严重下降。进入 80 年代后，烟叶两极分化的矛盾更加突出：上等烟叶不到 10%，市场紧缺；低、次等烟叶却大量积压，没有销路。

对产量和质量的矛盾在广大烟区一直无法统一认识，鼓励增产，不光涉及政策问题，更主要的是认识问题。直到中国烟草总公司、国家烟草专卖局相继成立，实行垂直领导后，观念逐步转化，这样的争论才告平息。

然而，尽管大会小会反复强调主攻质量，要在提高烟叶质量上下功夫，提出的口号也随着形势变化，从高产优质到优质高产再到优质适产，但落实到具体行动中，效果不明显，仍然是重产轻质。再加之烟叶生产多年没有解决计划生产问题，一时多了，一时少了，多了就“砍”，少了就“赶”，烟农反倒成了“迷途的羔羊”，哪还能把握住质量的方向？

作为一位心系烟草的专家，质量的重要性毫无疑问在朱尊权心里占居首位。他多次向中国烟草总公司建议：“烟叶是卷烟工业的基础，质量的优劣对卷烟品质起着举足轻重的作用。过去由于物资匮乏，一味强调产量是因形势所迫，解燃眉之急，不得已而为之。现在产量已能满足需求后，不能再盲目追求产量，主攻质量应成为全行业的共识。”

然而，什么是优质烟叶？怎样生产优质烟叶？与外界长时间隔绝的中国烟草要回答这些问题，不是没有难度的。很多烟区仍在种植 20 世纪三四十年代的品种，生产技术措施还在沿用几十年前的老一套。朱尊权知道，在先进国家，不光烟叶的生产水平提高了，对质量概念的认识也受吸烟与健康观念影响发生了变化。

如今，国际上强调烟草的可用性。原来评价烟叶质量是基于烟叶本身的外观特征和烟气特征，质量的概念似是固定不变的。而可用性则是除烟叶本身各项特征外，还包括工业的需求，是可变的。它随卷烟工业产品的变化及消费者的喜好而改变，甚至可以影响烟叶各等级的价格变化，尤其是在卷烟降焦减害的指引下，对烟叶的要求发生了很大改变。

世界烟草变化的脚步已经越来越快了，发展变化的趋势改变了先前关于烟叶的认识观念和价值取向。当初整体水平一直比较落后的国内烟叶生产，无论是生产技术、生产方式、基础条件，还是烟叶质量、观念认识，都有待在更为广阔的视野下着手改进。朱尊权主张对国内烟叶生产作一次全方位的“诊断”，找出症结所在，避免头痛医头、脚痛医脚的简单粗放的改进方法。

朱尊权的想法，与中国烟草总公司在成立之初提出的“把烟叶生产作为重要基础予以高度重视并认真抓好”的工作方针异曲同工。1982 年中国烟草总公司成立后，烟草行业沐浴改革开放的春风，步入前所未有的发展时期。“把烟叶生产作为重要基础予以高度重视并认真抓好”的工作方针，被列为烟草行业工作计划的重中之重。

1984 年春日，中国烟草总公司第一任经理李益三、副经理金茂先请朱尊权进京，共同分析研究中国烟草状况，考虑改进对策。

中国烟草种植分布很广，东起黄海之滨，西至伊犁谷地，南到海南岛，北迄黑龙江。从低于海平面的盆地到海拔 2000 多米的高原山区，都有烟草种植，形成了以烤烟为主，香料烟、白肋烟等为辅的多类型烟草种植结构，有黄淮、东北、西南、华中和华南五大烤烟产区。

见到李益三、金茂先，朱尊权免除了一切客套话，直接进入主题："我国的烟草种植虽然遍布大江南北，但长期以来形成的品质降低、品种退化、量多质差现象成为严重阻碍烟草发展的瓶颈。"

"的确是这样。展现在我们面前的是一条虽有荆棘，但前途广阔的道路，重要的问题是我们自己怎么走。"李益三、金茂先非常尊重朱尊权的意见，与他一起商讨"药方"，寻求改进良策。

"改进烟叶质量是个大工程，显然包括两个密不可分的问题。其一是如何改变观念，这有一个逐步认识、逐步明晰的过程；其二是如何改进技术，这个问题显得分外突出。如果按照我国的实际情况去摸索，找出规律、找出启示来，不免困难重重。"朱尊权阐述着自己的观点。

"是啊，闭塞是文明进步的最大障碍，也是烟草进步的最大障碍。可以说，中国烟草从诞生伊始，就处于竞争的劣势。"李益三早就认识到问题的严重性。

"现在已进入改革开放新时期，改革开放是当代中国大踏步赶上时代前进步伐的重要动力。面临伟大而艰巨的变革要求，需要的不仅是自我开创和完善，还需要借助各方面力量的支持，尤其需要伸向远处的目光。那么，我们不妨睁眼看世界，'虚其心，受天下之善'，急起直追。"朱尊权抽了一口烟，稍作思考，最后建议：采取"请进来"的办法，"借外脑"来共同改变烟叶生产技术落后的状况。

他向两位领导推荐了一位关键人物：左天觉。

"左天觉"三字一出，李益三、金茂先同时叫好："左博士心系祖国，多年前就向我们表达过为祖国烟草事业效力的愿望。"

左天觉是美籍华人、国际农业科技界知名学者、世界著名烟草专家，1917 年生于湖北孝感，1947 年到美国。他曾经作为美国农业部烟草研究室的负责人，与有关部门合作，主持研究减少烟草有害成分、生产低危害卷烟工作，为美国和全球的低危害卷烟作出了重要贡献。他曾任美国农业部农业研究局顾问，并被美国总统任命为特级文官。

朱尊权与左天觉有着相仿的年龄和青春时期的经历，两人的友谊可以追溯到抗战时期。那时，他们一个在重庆读中央大学，一个在成都读金陵大学，都是学农业和烟草专业。1947年，他俩分别赴美延续各自的学业，一个在肯塔基州立大学，一个在宾夕法尼亚大学，仍然是学农业和烟草专业。1950年，朱尊权回国；左天觉因为要攻读博士学位，从此留在了美国。

从那之后，他们海天相隔。当几乎断了的琴弦又奏响旋律时，时间已是近30年后的1977年，左天觉第一次被邀请回大陆访问，两人重逢。那次，朱尊权陪同左天觉在河南许昌看看烟叶。

朱尊权陪左天觉走遍河南许昌烟区。说到中国的烤烟种植，河南许昌首当其冲。河南是全国有名的烟叶大省，许昌又是中国烤烟发祥地。1913年左右，美国烤烟品种从大洋彼岸传入许昌襄城。从此，馥郁芬芳的烤烟之香，由颍河之滨飘向中华大地。

然而1977年，朱尊权和左天觉在许昌看烟时，却看到了“大好形势下”难以遮掩的“家丑”。

“眼前这几块烟田的情况不尽如人意。”左天觉对朱尊权说。

“在国内大环境的制约下，许昌烟叶的发展水平的确与久远的历史不太相称。”朱尊权与左天觉走进烟田，作简单交流。

他们看的烟田，烟叶偏青偏黄，没有光泽，没有柔软度，种植技术、品质与国际标准相去甚远。

就因为朱尊权陪着左天觉在这块长势欠佳的烟田里多看了一会儿、讨论了几句，事后遭到某些人的指责，说朱尊权揭了“家丑”。

对于某些人的怪罪，朱尊权没有沉默：“维护社会主义形象，宣传大好形势，并不是要求对问题视而不见、对存在的不足捂盖子。既然请人家来指导工作，就没必要逃避、粉饰。”他一贯秉承藏拙不如献丑的态度，不唱高调，也不妥协，更不会不懂装懂。他觉得有问题不可怕，有差距也不可怕，怕的是不能发现问题、正视问题。

“敢于正视自身的不足是种美德，知耻近乎勇，正如一个迷途的人首先要不耻于承认自己走失，才有达到目标的希望。”朱尊权不会计较某些人对他的态度。这时候，已经有一道亮光照在他心上，给他温暖，也为他扫尘，因为很多迹象已经表明，环闭的地平线已经打开了一个缺口。

事隔不久，党的十一届三中全会召开，千千万万人听到了时代大变革的前奏。

随后，朱尊权有了出国访问的机会。1979 年，朱尊权访美，再次见到了左天觉。由于时间关系，两个老朋友来不及作深入交谈，而他们在情感上都有一致的归属和认同：希望能有机会携手合作，共同为中国烟草的发展作贡献。他们之所以后来成为中美烟草合作的两个代表人物，源自他们都吸吮着中国优秀传统文化的乳汁。他们此刻的心情，就明显地反映出这种相知和相通。

同样的感受给了他们同样的渴望，同样的使命给了他们同样的信心。两人的手紧紧握在了一起。

朱尊权与左天觉会合，为中美烟草合作奠基。事后证明，只要是与祖国有关的事情，左天觉都会不遗余力地去做。从 1977 年开始，他先后 100 余次回国，为中国烟草发展献计献策，帮助中国烟草界参加国际交流，关注中国烟草科技人才的培养，直接参与改进中国烤烟生产，为中国烟草事业开阔眼界、提升水平作出了重要贡献。

1979 年之后，朱尊权又相继到日、德、法、意、巴西等国考察，多次参加国际烟草科技会议，与同行业不同国籍的朋友交流，让他的信息量获得极大丰富，视野越来越宽，思考的东西也越来越多。

面对世界烟草日新月异的变化，他多了一份喜悦、一份畅想；由于肩负着中国烟草科技工作者的使命，更添了一份对未竟事业的责任。

“中国烟草大大落后了，在竞争中如果不小心挨人家一拳，就有可能爬不起来。言念及此，怎不令人忧心忡忡？如果不奋起直追，缩短差距，将来恐怕只有望尘莫及的份儿。既然做不了领跑者，就必须学习借鉴，紧跟时代潮流。既然要跑起来，就需要速度、需要效率，不能再像过去那样，过分强调自力更生，花漫长的时间，去走漫长的路。借鉴不等于照搬，借鉴主要是一种学习、一种创造。”因之，朱尊权想到了“借外脑”领航，用“请进来”做助动器，以加快改进中国烟叶生产的进程。

俗话说，天堂虽好，没有梯子上不去。而这一切在朱尊权看来并不难，因为前面提到了美籍华人、世界著名烟草专家左天觉一直心系祖国，早就有报效祖国的愿望。

“左博士不光有丰富的烟草学识，而且还是国际烟草界的权威人物，中国烟草正需要他的支持。”作为中国烟草总公司的“一把手”，李益三对左天觉不仅不陌生，而且还有过交往。此前，中国烟草总公司的人员到美国访问，有几次是左天觉陪同接待的。在彼此的接触往来中，他们深为佩慕左天觉这位华裔科学家为祖国发展竭智尽力的爱国行为。

李益三记得，1982 年赴美考察烟叶生产时，绿油油的烟叶宛若绿色地毯铺到天边。他抚摸着那些又大又松软而且饱含油分的烟叶，不禁感慨万千：“中国作为烟草大国，应该早日生产出这样的优质烟叶！”

“李经理，把它带回去吧！”陪同的左天觉摘下一片烟叶递给他。李益三明白了对方的意思，马上托起这片烟叶，拍下了一张笑逐颜开的照片。

"中国烟草虽有进步，但如果与国际惯例和先进水平相比，还得承认自家落后、技不如人。我们既要保持中国特色，又要在不断与外来技术的接触中对其加以吸纳，才能得到发展。"在李益三的意识里，这类似于一个简单的道理——单轮独走不如两翼齐飞。基于对左天觉的了解和敬佩，李益三欣然采纳了朱尊权的建议。

2

1984 年 7 月，左天觉以中国烟草总公司高级顾问的身份被邀请回国，专程参与改进中国烤烟生产。他一开始就明确提出，个人不收取中方一分钱的顾问费，义务工作，倾力而为，以慰平生的心愿。那次，他邀请了 5 位国外著名烟草专家同往。

朱尊权为促成此事充当了重要的媒人，并代表中方专家一同参与这次忙碌而紧凑的行程。一场从未有过的指导改进中国烤烟生产的工作开始了。

这次主要是考察云南、贵州地区，分析研究中国烟草状况，号脉问诊，制定改进措施。

把本次考察地选在云、贵两省，皆因二者是我国烤烟生产后起之秀中成长最快、面积最大的两个省份，其烤烟种植发端于 20 世纪 40 年代后期，滞后于豫、鲁、皖等省，收购量却分别占全国收购量的 30%和 15%左右。

全民族抗战爆发后，原来集中种植烤烟的山东、河南、安徽等省，因战争关系，交通阻隔，欲将卷烟运至后方却极为困难。南洋烟草公司和英美烟草公司同时涉足彩云之南，倡导种植美烟。1947 年，云南烤烟首次在上海市场露面，其优良品质引起商人极大兴趣。从此，云南烤烟名声大噪。

贵州烤烟的兴起也肇始于全民族抗战时期。当时，沿海和华中一带的学校、机关、工厂纷纷迁往西南，大批的难民、工商业者、国民党政府达官贵人涌入贵州避难，对卷烟的消费需求迅猛增加。加之贵州的自然条件很适宜烤烟生产，产量逐年递增，一跃成为全国重要的烤烟产区之一。

说起中国烤烟的种植历史，朱尊权和左天觉都了然在胸，尤其是连续对国内主要烟区调查考察后，更加深了对情况的全面了解。

他们最为痛心的是，烟叶种植在几番曲折和起落中，进程如逆水行舟，艰难而缓慢。中国烟草生产水平虽然有一些提高，但烟区还一直戴着贫穷的帽子，烟叶生产也一直没有跨过落后的门槛。如何追赶并缩短差距，是多年间一直萦绕在朱尊权脑海中的问题，也一直沉甸甸地压在左天觉心里。他俩为此探讨过多次，也多次一起深入全国烟区调查研究、寻找对策。

7 月，正是云贵高原最炎热的季节，很多烟区位于离城市遥远且仍在贫困线下挣扎的山乡，这也意味着朱尊权和左天觉他们的工作需要在艰苦的条件下进行。

条件艰苦，在这两位 60 多岁的专家看来算不了什么。这次工作被他俩赋予了非同寻常的意义，这是他们的需要。左天觉把它当作报效祖国的机会。而朱尊权在耗费了 10 年的黄金时光后，更懂得时间的宝贵，他要用生命之秋去吟唱一段春之歌。

这一年，朱尊权 65 岁，从郑州烟草研究所副所长任上退居二线后，随之而来的是名誉所长的称号。这是一个见证功绩和贡献的头衔，也是一个受人尊重而又可以当“甩手官”的职位。有了这些，可以功德圆满、安享清福了。但朱尊权似乎不在意身边的优越条件，仍然在原来的轨道上运行，延续着对事业的热忱和追求。对于这位深深挚爱烟草事业的科学家来说，他不在乎荣誉、地位，一切只是一种习惯、一种真性情、一种与烟草割不断的情缘，还有振兴烟草事业的责任心和紧迫感。谁又能说，中国烟草的发展能离开老一辈科学家的支持与帮助、智慧与热情呢？

朱尊权和左天觉顶着云贵高原强烈的紫外线走遍烟区，每到一处，必打开天窗说亮话："我们是专来挑毛病的！"

20多天的考察结束后，他们的眼神里流露出的不安与沉重，明显超过了连日忙碌浮现的疲劳和倦意。

"在品种、栽培、肥料、土壤等一系列生产环节上存在的问题确实不少啊！"多日来，紧锁的眉头一直挂在朱尊权脸上。

"有的烟区田间株数每亩达2000株以上，比国际烤烟多出一倍。"左天觉对栽培得不科学很担忧。

他们还看到了另一个关键问题：烟叶的成熟度不好。

成熟度是烟叶品质的第一要素。提高烟叶成熟度是带动烟叶生产技术水平提高的关键环节，也是生产全过程的技术核心。

朱尊权和左天觉在云贵烟区调查了解到，绝大部分烟叶不待成熟，有些还是青烟就采收，其中贵州的青烟量达20%左右，烟农即收即烤即卖钱。

烟农"采青"的主要原因在于烟叶在田间生长刚到生理成熟期时，内含物质多，产量最高，烟农获利最多，因此，不等到工艺成熟即行采收。加上质量意识淡薄和当时烘烤技术及设备落后，烟农普遍采用"宁青毋糠"的做法。烟叶成熟不够，烘烤变黄不到位，导致烟叶的青杂气突出、刺激性大、香味欠缺。

当时，有关方面未提出成熟采收的要求，烟草管理部门亦未制定科学的质量标准，政府在政策上也无有效规定，因而，烟叶无论优劣，一律收购。

当年在"以粮为纲"的政策指导下，种烟面积不能扩大，也不能进口烟叶，烟厂长期处于原料供不应求的被动局面，只好

"有啥用啥"。在烟叶分配到烟厂时，好烟叶搭配次烟叶，结果造成库存积压。长年累月，越积越多，烟厂负担加大，国家损失亦大。

看到烟农烤房里挂起的一排排青烟，看到有的烟农为节省燃料，不等叶片变黄还是青烟时就拿出来，朱尊权和左天觉痛心地说："这哪是烤烟啊，分明是'炒菠菜'，黄金变成泥土了！"

在云贵烟区的考察结束后，这两位专家看到了问题的严重性。

"中国烟草'两烟'产量已达世界之冠，每年烟草工商税利占国家财政收入的10%，而烟草的品质和可用性却在逐渐退化，使生产、制造和出口贸易潜伏着极大危机。若不及时采取有效措施，可能导致整个烟草业崩溃。"这掷地有声、字字药石的声音，来自朱尊权、左天觉1984年7月24日在云贵烟区考察报告中的开场白。

通过考察云贵烟区所得，再结合以前其他烟区的情况，朱尊权和左天觉反复酝酿后，以共同的果敢和耿直率真的方式指出了国内烤烟生产存在的技术问题。他们把这个至关重要的问题归结为16个字："营养不良，发育不全，成熟不够，烘烤不当"，后被业内人士称为"16字评论"。

所有的感慨都是历史的感慨、观者的感受，亦是朱尊权与左天觉当时的心情。他们虽然身处的地域和环境不同，但对中国烟草的珍重和呼喊却是殊途同归。

"探其原因，不止一端"，朱尊权和左天觉在云贵烟区考察报告中指出：

第一，不等烟叶成熟即行采收，水分多，生理变化未完成，因而烤成青烟。

第二，没有采取科学、有效的生产技术措施，增产多叶，缺肥少光，根部发育不全，病虫害问题更是严重。

第三，土壤和肥料不能适合烟株成长的要求。很多烟区的土壤常年种烟，肥力、地力受损；加上前后作物所需肥料不一，对烟草施的氮肥有的过多、有的不足；普遍缺少钾肥，导致烟叶品质下降。

第四，大量用水井灌溉的地区，盐分过多，排水不畅，水分蒸发后，盐碱逐渐增多……

“以上分析是从生产技术观点出发，实际上，根本原因还有政策问题。目前的情况仍是鼓励高产，缺乏品质概念。烟厂废烟增多，国家负担加重，连带引发的问题是产品质劣、焦油量高，因而增加了吸烟对健康的危害性。”朱尊权和左天觉两人一连串振聋发聩的深刻分析和不讳其过的“16 字评论”，如一块巨大的石头，引发了轩然大波。

一些不同意上述观点的人认为：“中国烟叶有其特色，特别是云贵烟叶在国内一直是上乘之品，不仅饮誉国内，还打入了国际市场。”

还有人问：“根、茎、花、叶，样样不缺，什么叫发育不全？”

“我们种了一辈子烟，难道连整个生产概念都不对了吗？”

农业部的一名负责人也对朱尊权和左天觉的当头棒喝极为不爽，私下对别人说：“朱先生和左先生太不给我们留面子了。”

面临着从未有过的分歧，朱尊权置身其中，承担了举足轻重的角色。他不会中庸地对待科学的真伪，尤其不想违背自己从人生经验和历史反思中获得的判断：

“我个人十分赞同左先生的观点。云贵烟叶在国内仍为上乘之选，但若以国际烤烟品质衡量，距离高品质烤烟标准尚远，若过分拘泥于一时之誉，则隐患甚大。左先生提出的‘16 字评论’，言简意赅地指出了全国烤烟生产的主要症结，绝对不是强做惊人之语，我认为可以成为指导我国烤烟生产技术改进的纲领。”

话不多，但“含金量”高，字字句句饱含着朱尊权开阔的视野和多年的思考所得。他给出了充足的理由：从国内实际情况考虑，需要大量卷烟以满足消费。只有在烟叶生产上达到技术先进、品质良好，才能加强烟叶的可用性，也才能奠定卷烟安全性的基础。

有人怀疑，“16字评论”这个结论是否下得太早？它无论在概念上还是在接受的程度上都与传统做法相去甚远。有些人还有这样或那样的心理抵触：“外来的和尚就真的好念经吗？”

然而，态度鲜明的中国烟草总公司领导为“16字评论”叫好：朱尊权所长和左天觉博士的观点发人所未发，有独到的见解。他们的分析好就好在对情况的掌握非常清楚，对中国烟叶生产面临的“短板”分析得很透彻，达到了入木三分的程度。

过去，中国烟草总公司领导也看过不少思考性的文章，而此类文章往往是“领导出上一个题儿，找上一帮人儿，关上窗户门儿，喝上几顿酒儿，拉上一串条儿，念起来挺顺嘴儿，就是不解决问题儿”。这段听起来像顺口溜的话，的确是对那些花拳绣腿文章的形象描述。

“现在，我们正视和剖析自己，正是为了更快地达到改进的目标。只有勇于拿手术刀解剖自己，才能及时‘治病’。症结找到了，接下来是行动，拿出实施方案，贯彻到底。”支撑中国烟草总公司这种说法的一个具体例证是：长期以来，由于受烟叶质量观念、烟叶生产方式、生产技术、基础条件、基本设施等制约，全国烟叶生产的整体水平和烟叶质量一直处于落后局面。所有这些，意味着几十年沿袭下来的思想观念、生产观念已经成为改造烟草农业的主要目标，已经到了必须对烟草农业进行改革的时候。

英国历史学家汤因比研究过20多种在历史上相继消亡的文明，结论如出一辙：不是“他杀”，而是“自杀”。原因很简单：它们在关键时期失去了改革的勇气和创新的活力，最终湮没于历史尘埃。

不进则退，放之四海而皆准，同样适合中国烟草。

1984年8月，朱尊权与左天觉从云贵烟区考察回京后共同商量，以“心之谓危，不敢藏拙，所陈各节，供有关部门参考”的诚恳谦逊、实事求是的态度，向中国烟草总公司提出了解决烟叶生产中主要问题的基本方案：

彻底改变生产观念，无论什么品种的烟草都应首先以质量为前提，要服从烟叶的可用性，符合卷烟工业生产需要；与科学的栽培方法配套，不能用千篇一律的栽培方法对待不同的烟草品种；建立科技知识、栽培方法、品种改进等完整的推广辅导制度，培养烟草科技人才，着重研究国内急需解决的问题……

稍有停顿，可能坐失良机；须臾懈怠，或将前功尽弃。“16字评论”提出后，中国烟草总公司极为重视，症结找到了，重在改进。由中国烟草总公司牵头的中美合作改进中国烟叶质量试验研究项目，在一些人还经历着正视现实的阵痛中出台了。

中国烟草总公司领导及时采纳了朱尊权的建议，继续聘请左天觉为顾问。左天觉联络了美国的查普林博士、琼斯博士这两位长期从事烟草研究和技术推广工作的专家来华，参与改进烤烟生产的指导工作。

中国烟草总公司的指导思想很明确：自主创新不是自我创新，也不是封闭创新。在经济全球化加快发展的今天，强调自主创新，是强调在开放条件下提高获取关键技术和自主知识产权的能力，这对提高我国烟草行业竞争力将起到十分重要的作用。

3

1986年7月的一天，贵州省遵义烟区忽然热闹起来，老乡们看到村子里来了一群陌生人。偏僻山区的男女老少奔走相告："这些人是烟草专家，来帮助咱们种烟致富，还有两个高鼻子的外国人哩。"村民们似乎意识到，这些人的出现预示着变化的来临。

由中国烟草总公司统一领导、为期3年（1986—1988年）的中美合作改进中国烟叶质量试验研究项目，就这样拉开了序幕。

这表明，在朱尊权努力下，中国烟草国际合作的先河由此开启，掀开了发展中国优质烤烟的新纪元。

这个项目由中国烟草总公司成立试验领导小组和技术小组，聘请左天觉、查普林、琼斯、朱尊权为技术总指导，由郑州烟草研究所与河南、贵州两省烟草公司共同承担。引进国外成熟的先进技术，结合我国烟区不同的自然条件，采取边试验、边示范、边总结、边推广的方法，尽快闯出一条提高全国烟叶质量和生产优质烟叶的新路子。

技术小组在调查研究后，选定河南省、贵州省为烤烟试验点，湖北省、四川省为白肋烟试验点。各省试验领导小组和技术执行组担负试验实施工作。

这次试验是专门针对"营养不良，发育不全，成熟不够，烘烤不当"进行的。

尽管多少年后，人们非常习惯地把中国烟草农业改革的第一步归结为这次合作，也非常习惯地把"16字评论"引为烟草农业改革成功的经典，并证实了它在指导烟草生产中发挥的纲领性作用，但在未得到实践前，所有这些都还留着一丝悬念。

朱尊权预想合作期间也许会遇到一些"麻烦"，就给身边的老朋友左天觉打了个"提前量"：

"天觉兄，您提出的观点对传统思想构成了挑战。有些人把观念当作现实来接受，一时半会儿恐怕做不到，您一定要有心理准备。如果合作初期出现一些状况，甚至某些人不理解、出现迷惘也是正常的。多长时间能磨合到位，释放出推动整个烟叶生产发展的能量，也是个未知数。”

“小老弟，您分析得对。要改变思维定式、行为、习性，是最深刻的，也是最难的。让一种新的东西进入人们的大脑，就得删除先行进入的旧的不合时宜的概念。”左天觉意识到了这些，“何况一切事物的成功都有一个发生、发展的渐变过程。”左天觉比朱尊权年长两岁，平时昵称对方“小老弟”。

战斗还未打响，这两位有着丰富理论知识和实践经验的中外烟草专家就已经进入了一级战备状态：所有试验的成功都无法回避挫折。戏未始，论未定，过多的语言都是多余的。他们对结果的期盼是，让成功的实践作出回答。相信在改进烟叶生产的过程中，也能改变人们的观念。

每个成功者都需要面对工作中的风险和艰辛，朱尊权和左天觉也不例外。他们采取的行动通常是经过深思熟虑而且富有创造性的，他俩对自己的要求是立即行动起来。一个实际行动胜过十打纲领，这是他们一以贯之的对科学和工作的务实求真的态度，也反映了他们对这次合作的慎重和重视。

试验开始后，他们按照技术方案做氮肥用量试验，这是为了解决“营养”与“发育”这两个关键问题。据烟农反映，一些烟农有种“恐氮症”，氮肥稍过量就出现不易烘烤的黑暴烟，烤出的烟叶质量低劣。

为什么烟农对氮肥的使用形成捉摸不定的心理?

“主要还是耕作制度上的问题。为了提高烟叶产量，有相当一部分烟区在很大比例上以无机氮肥代替有机肥。由于钾肥供应短缺，饼肥用量不适，氮磷钾配比失调。因此，氮肥量稍过，就会在烘烤时出现烟农说的黑暴烟，原因就是对烤烟生产的需肥规律没有掌握好，没有做到科学施肥。”朱尊权和其他专家调查分析后找出了原因。

解决施肥问题，在于了解烟叶生长发育所需各种必要元素的合理用量及其比例。朱尊权建议试验点采取平衡施肥的方法。

“什么是平衡施肥?”针对烟农们的提问，朱尊权打了个比方，“烟田就像人体，人体需要营养，土地需要肥料。营养多了或少了都不利于身体健康，种烟叶也是这个道理，要根据土壤情况，进行平衡施肥。”

烟农们知道了，原来，烟叶长不好的一个重要原因是土地中的氮元素含量过低，造成“营养缺乏”。

使烟农掌握合理的施肥技术，成为朱尊权等人指导、传授的重要内容。

“我们平时总说应该用多少肥、用什么肥，其实还是最粗放的方法。事实上，应该先看看前茬作物下了多少养分、土壤里肥料的可用性有多少、什么时候可以被烟叶吸收。因而，要根据烟叶品种和土壤情况来确定肥料用量。”每次讲解，朱尊权都做到简单明了，让文化水平不高的烟农能听懂、能接受。

在朱尊权的建议下，作为试验点的河南郏县烟区开展了测土施肥工作，采集土壤样品，测定了土壤的 pH 值、有机质、碱解氮、有效磷、速效锰、有效钾等成分；并根据烤烟营养特性与每亩 150—175 公斤的生产目标，细化制定了施肥方案。然后，通过测土平衡施肥标准卡，将施肥方案传递到烟农。

“什么时候施肥、施什么样的肥、用多少量、采取什么方法，施肥标准卡都交代得很清楚，照着做就行。”烟农对众专家和烟草公司技术人员的指导满心感激。

围绕解决营养不良问题，1986—1988 年 3 年间，各试验点在专家的指导下，按照有机肥与无机肥相结合、大量元素与中量元素相结合的施肥原则，沿着合理施肥的技术路线，做了大量试验和改进工作，使这个问题得到较为完美的解决，烟农以前对氮肥的“恐惧”也自然消失了。

“至于发育不全问题，也很复杂，除施肥量和施肥技术外，还与移栽、打顶、留叶、种植密度等有直接关系。”朱尊权和其他专家们分头到烟田现场讲课，让一些种了一辈子烟的烟农恍然大悟：原来，种烟还有这么多讲究。比如，每株留叶数以18—20片最适宜，而究竟留18片还是20片，还要根据田间烟叶长势而定。如果土壤中的肥料多一点，该留20片而少留两片，就会出现顶叶大于腰叶、叶质粗糙的现象。如果土壤中的养分较少，该留18片而多留两片，就会出现顶叶发育不良。这样，不仅顶叶质量不好，还会使下面的叶子营养不良。此时，如果把上面多留的两片叶子打掉，就能使顶叶和腰叶都不失去营养。这样，既提高了烟叶质量，也不会影响烟叶产量。

烟叶在大田里生长了120天左右后，一般进入成熟期。按照往常做法，烟叶成熟后就要采收。而此时，朱尊权与众专家提出“让烟叶在烟株上再停留一段时间”。

烟农们纳闷儿了：“烟叶都长好了，为啥不摘？自己田里的烟，闭着眼都知道啥时该掰。”

为什么不让摘？原来，查普林、琼斯这两位美国专家发现，访华几周来，所到各地，没有看到典型的成熟叶。烟农采收的烟叶光光滑滑、清清爽爽的，用手一摸，叶片很薄，没油分。当地烟农至少是提前一周采收了烟叶，这些烟叶被专家们称为“缎子货”，也就是所谓的“黄、鲜、净”，中看不中用。查普林和琼斯认为，中国烟农忽略了一个简单的道理：只有真正成熟的烟叶，才会烤出好质量的烟叶。如果采收不熟或欠熟的烟叶，就等于金子变成了石头。

为了让烟农更好地明白烟叶成熟度的意义，朱尊权举了一个例子：对于西瓜，谁也不愿吃生的，大家都愿意吃正常成熟的，哪怕是生理成熟的也不愿吃，因为生理成熟的瓜养分没有得到转化，甜度不够，不是脆沙瓤。对待烟叶的成熟度，在不过熟的情况下，就要考虑越熟越好。

过去，烟农一直认为生理成熟的烟叶已经达到工艺成熟。实际上，中、上部烟叶达到生理成熟后，尚需进一步变化，才能达到制造卷烟所需要的工艺成熟。

如何才能达到工艺成熟呢？朱尊权向烟农解释说："烟叶达到生理成熟后，中、上部烟叶再在烟株上停留一段时间，使烟叶内含物质适当分解，有利于香气物质的产生和化学成分的协调。这时采收的烟叶，才能烤出符合卷烟工业需要的、使用价值高的优质烟叶。这和以往掌握的成熟度标准相比，在时间上应推迟 10—15 天。"

专家们提出的这些要求，在一些烟农和技术人员看来，使得过去"自成一体"的做法都不管用了。他们想不通："难道咱种了一辈子烟，就真的不会种烟了?!"他们半信半疑地按照专家们的要求去做，结果，烟叶质量和香味确实好于从前，更重要的是能卖个好价钱。

在事实面前，感觉就不一样了，他们信服了："如今种烟不能光凭老经验，要相信科学。只有掌握科学技术，才能种好烟。"那些原本有疑惑、有顾虑的烟农和技术人员的积极性与自觉性大大提高，观念和行动发生了根本转变，他们不再拒绝与原有知识和经验不相同的东西。

烟叶采收后还有一道极为重要的工序：烘烤。烟叶烘烤既是烟叶干燥和醇化以及生理的变化过程，也是实现烟叶价值的最终环节，是决定烟叶品质和可用性的重要因素。只有把烘烤这道工序完成好，烟叶生产全过程才算画上一个圆满的句号。否则，大田烟叶生长得再好，烘烤不过关，烟叶质量也要打折扣，甚至功亏一篑。

以前烟农收获烟叶后，往往沿用"老三天"的烘烤方法，只用三天三夜就把烟叶烤干了。采用这种方法，变黄急促，烟叶尚未完全变黄变香就升温定色，加之采收的烟叶本身还未完全成熟，烤出的烟叶往往带青。特别是切成烟丝后与国外烟丝对比，青色更显著。

“过去，外商和国外烟厂一致反映我国的烤烟色青，成熟度不够，但我们一直没有扭转过来。”朱尊权实事求是地向国外专家介绍“国情”。

“对这个有目共睹的问题，为什么不坚持纠正？难道还有什么比烟叶质量更重要的吗？”

面对老外的反问，没有谁不感到难堪。

朱尊权意识到，我国烤烟与国际上优质烤烟最大的差距就是成熟度。

对成熟度最粗浅的理解，无外乎是让烟叶在大田里多生长一段时间。

但是，在中国广大烟区，往往一个看似简单的道理也会变得复杂起来。

过去，我国烟农提倡成熟度不够的“采青炕青”，追求“宁青毋糠”，实际上有主观原因，也有客观原因。就像朱尊权分析的那样：“烟叶生产在追求高产、‘黄、鲜、净’的指导思想下，营养不良，发育不全，内含物空虚，经不起考验。迟采几天就会枯在田里，烘烤的时间长了也会枯焦。怪不得烟农说‘七成收八成丢’，烘烤时也采用‘高温快速变黄’的办法。再说，过去的有关政策过多地照顾了烟农眼前的利益，收购的大量青烟可以混入黄烟，成熟度虽差，但并不影响收入，故而缺乏提高成熟度的动力和大环境。”

一些烟农也认为，把烟叶烤黄、烤干就算大功告成，没有达到“烤香”的目的。对此，朱尊权给烟农打比方：各卷烟品牌的香味风格虽然不尽相同，但对成熟度的要求是一致的。以煮饭为例，不同的人可能喜好软饭或较硬的饭，可前提是要煮熟，夹生的米饭是谁都不能接受的。

他指导烟农：要把烟叶烤黄、烤干为目标变成把烟叶烤香为目的。整个烘烤过程不仅要注意调节烤房温度，更要特别注意烤房中相对湿度的控制。

随着试验项目的进展，进入烟农脑海中的“成熟度”“烘烤”等概念逐步发生了变化。他们懂得了在如今良种化、规范化的条件下，烟叶营养充分，发育好，内含物质充分，在大田里多生长成熟几天只会更好，不致变枯。如今掌握的变黄期、定色期、干筋期的三段式烘烤方法，才是科学、有效的方法。只有认真把握好不同时期的温度、湿度，才能实现烘烤的真正目的，烤出的烟叶才能颜色好、香气足、质量佳。

4

烟叶的发展根本得益于技术普及与推广，但这个过程不一定都一帆风顺。由于 20 世纪 80 年代烟草行业技术推广体系尚不完善，烟叶生产技术难以普及，新型实用技术难以推广应用，科技成果转化为现实生产力速度缓慢，甚至连最必要的生产要求都难以执行到位。

1987 年 7 月中旬到 8 月下旬的 40 多天时间，河南平顶山地区的降雨量仅为正常年景的 10%。朱尊权和指导专家在鲁山县烟区一个劲儿地喊：“灌水！灌水！”却没有烟农按他们的要求办，焦急的叫喊显得那么苍白无力。

朱尊权苦口婆心地告诉烟农：“如果烟叶生长后期水分跟不上，上部烟叶生长就会受到影响。”但烟农不舍得花钱花力把井里的水抽出来灌烟田，认为没必要。结果，大部分烟田后期缺水，没有生产出符合标准的优质烟叶。

朱尊权痛心地拿着质量不合格的烟叶给烟农分析说：“上部烟叶成熟期因高温干旱造成逼熟、假熟现象，叶片僵硬，过于肥厚。这些烟叶柔性差，烘烤后色泽灰暗、品质差。这在很大程度上是由没及时灌水造成的，真可惜啊！”

而离鲁山县不远的宝丰县烟农听了专家的话，获得了好收成。鲁山县不少烟农后悔不迭：“这下，我们认识了什么是优质烟叶、怎样才能生产出优质烟叶。”

为什么宝丰县烟农能听专家的话，按时灌水？这里面的“奥妙”，朱尊权最清楚。这是“吃一堑长一智”的结果。

事情还得从 1984 年说起。当年，宝丰县政府争取到了中美合作改进中国烟叶质量试验研究项目和推广 NC89 美国良种种植计划，没料到烟农拒绝执行。

“俺种了几辈子烟还不知咋弄？洋人、洋种就比俺强？你就是叫俺一声爷，俺也不种！一分钱不要，俺也不种！俺就种‘黑苗’‘螺丝头’（当地烟草品种）。”有人还边说边手提水壶，用热水把壮实的 NC89 烟苗浇死。宝丰县烟草公司的领导只好采取小地块、多方位的办法，先让亲戚朋友们种，让事实说话。

这一招儿还真灵，经过几个回合的较量，两年后，绝大多数烟农认识到了新品种 NC89 的优良性能，并从中尝到了甜头。

到 1987 年，宝丰全县种植 NC89 的面积达到 100%，烟叶质量居全国一流水平。

值得一提的是，事隔 10 年后的 1997 年，当 NC89 退化变异、进入暮年时，宝丰县又及时引进具有高产、抗虫害、适应能力强等优点的 K326、RG17 品种在全县推广。这次，全县神话般地一下子由试种时的 100 亩扩展到 2 万亩，占全县烟叶种植面积的 40%，在新品种推广方面为全国烟区带了个好头。

有人说，只要点亮一盏灯，就会照亮一大片；只要有好收成，烟农就会蜂拥而上。此话符合经济杠杆的调控原理。不过，要点亮这么一盏灯，需要倾注多少人的心血和汗水啊！

就拿解决烟叶成熟度问题来说，看似不复杂的事情却一直很难办到。

于是，朱尊权主张从简单的技术入手，指导烟农判断烟叶成熟度。烟农们渐渐明白，除长期以来遵循的成熟特征外，还要掌握 3 个标准：一是烟叶必须有足够的生长期。从烟叶移栽到采收，至少要有 120 天生长期，甚至更长。二是采摘时，烟梗与烟茎光滑脱落，达到瓜熟蒂落。三是要做到下部烟叶颜色淡绿，生理成熟；中部烟叶叶面发皱；上部烟叶叶面变黄，成熟斑明显，顶部两片烟叶充分成熟后，与上部 4—5 片烟叶一次采收。

判断烟叶成熟度的方法简单易行，很好掌握，但由于观念和技术等多方面原因，烟叶成熟度问题一直在广大烟区没有得到有效解决。尽管烟草生产组织部门反复强调，甚至对采收时间硬性作出规定，总体情况仍然是：下部烟叶过熟，中部烟叶不熟，上部烟叶采青。

为了让烟农接受成熟采收的观点，解决上部烟叶采青问题，朱尊权和众专家不厌其烦、反复“说教”，甚至费尽口舌。

后来，朱尊权改变方法，一边讲基本原理，一边让事实说话。烟农最信服的就是眼前的事实。

朱尊权与烟草公司商量，决定以试验的形式说服烟农。在某个烟区，他任选了 100 棵烟株，以每片 0.5 元的价格让烟农留住上部烟叶 4—5 片，涂上红色颜料作记号，让它们在烟田多生长 10—15 天后采收，单独烘烤。结果显示，参与试验的烟叶全部是上等烟。这次对抓好烟叶成熟度提供了很好的启示。

“当然，收获上等烟叶绝非简单到让烟叶在田里多生长 10 来天”，朱尊权向烟农和技术人员强调，“解决烟叶成熟度问题必须建立在烟叶充分生长发育的基础上，烟叶营养不良、发育不全，不可能实现真正成熟；如果不掌握科学的烘烤技术，不可能获得真正成熟的烟叶；如果不从思想上认识到什么是优质烟叶、为什么说成熟度是品质的核心，仍然以‘黄、鲜、净’的标准去判断烟叶品质，也不可能有真正成熟的烟叶。”

身临其境的人，最容易从变化的事物中受到启发。1986—1988 年的 3 年里，试验点的烟农、技术人员，还有各烟草部门的试验人员，在朱尊权、左天觉和其他技术专家的指导下，围绕“营养不良，发育不全，成熟不够，烘烤不当”展开技术攻坚战。

一旦领悟到科技如何服务于生产的理论和方法，并且在烟区取得突破性进展，烟区的烟农和科技人员就成了技术应用的先驱者。他们看到，还是那片天，还是那片地，收获的却是不一样的烟叶。最明显的是烟叶的可用性提高，均价增加，试验点的上等烟叶比例平均达到 20%。

如今的烟区，千亩连片的烟田铺展得那么辽阔，阳光一照，宛若一片浩渺的烟海。

那么，1986—1988 年 3 年的中美合作优质烟叶开发试验究竟有哪些重要收获呢？

朱尊权回答：当对优质烟叶的标准是什么，优质烟叶有什么样的长势、长相，烟叶成熟度的标准特征是什么，怎样解决烟叶生产的关键性技术问题等都有了新的认识和提高，答案也就自然出来了。

当然，答案不止这些。一系列具有现实指导意义和可操作性的建议，对促进中国烟叶发展发挥了重要作用。比如，朱尊权等专家提出“烟草部门应与烟农签订合同，按合同收购烟叶”，这一建议不久后被落实到全国各烟区。经过多年实践，合同收购制逐步在烟叶产区全面推广，成为提高烟叶质量、保证收购工作顺利进行的关键措施。

不仅如此，这 3 年中，在品种、施肥、移栽、采收、烘烤等各项试验的研究上取得的成果，被及时应用到烟叶生产中，对提高烟叶质量起到了明显的作用。尤其是明确了什么是优质烟叶，并据此修改了烤烟国家标准。3 年的中美合作试验，让更多的烟农开阔了眼界，基本掌握了优质烟叶生产技术，为开发优质烟叶奠定了群众基础。广大技术人员不仅仅对如何指导千家万户烟农搞好烟叶规范化生产有了新的认识，在思想观念更新上也产生了新的飞跃。而所有这些又汇聚到一个总的认识上：试验点和示范田的烟叶长势清楚地表明，只要按照这项合作试验的主要技术要求去做，我国是可以生产出具有国际水平的优质烟叶的。

“通过 3 年时间的试验和研究，对我国烤烟‘营养不良，发育不全，成熟不够，烘烤不当’的技术问题已经有了基本的解决办法。试验点的经验对全国深入普及规范化生产、提高烟叶质量产生了深远的影响。中美合作优质烟叶开发试验方向明确、方法对头，走出了生产优质烟叶的路子，中国烟叶的发展前景更为明朗。”1988 年 10 月，在北京召开的中美合作改进中国烟叶质量试验研究项目总结会议上，中国烟草总公司的有关领导和朱尊权等人的总结与畅述，为 1986—1988 年 3 年的成功试验画上了一个圆满的句号，也为全国提高烟叶质量并开拓出新的途径指明了方向——只要合理地运用技术，并且让这些技术植根于我国烟区的具体情况，技术就会成为加速发展的根本动力。

5

当人们把汽车比作自己延伸的双腿的时候，它也成了速度和效率的象征。

1986—1988 年 3 年的中美合作改进中国烟叶质量试验研究项目结束后，广大烟区掀起了依靠科技上水平的热潮，在良种繁育、集约化育苗、科学施肥、成熟采收、三段式烘烤等先进技术措施的普及推广上迈出了一大步。

一炮打响的成功效应，往往会增添外界的期望值和对烟草界的信心。中国烟草总公司知道，3 年中美合作解决的问题只是整个烟草领域的一个方面。尽管部分烟区的生产水平和烟叶田间长相已经接近或达到国际烟叶生产先进水平，但在烟叶内在质量和可用性等方面仍然存在诸多不足。

为了把成熟的技术转化为生产力，进一步解决烟叶生产中的技术问题，探索让中国烟叶通往全球的可能性，“技术合作”成为中国烟草总公司战略决策中的一个关键词。他们再次决定，通过合作的牵引加快中国烟叶科技继续前进的步伐，达到逐步改进烟叶生产的目的，增强中国烟叶在国际市场上的竞争力。

在这样的背景下，1996 年，中国烟草总公司与美国菲莫公司亚洲集团进行的技术合作——中美合作开发优质烟叶项目启动了。

该项目于 1996 年至 1999 年，分别在河南、福建、湖北和新疆 4 个省区建立的烤烟、白肋烟、香料烟技术合作点展开。这是继 1986 年至 1988 年，中美合作在河南、贵州进行改进烤烟并在湖北、四川进行改进白肋烟生产试验取得成功后的延伸，被称作第二次中美合作。

朱尊权以郑州烟草研究院名誉院长的身份再次与左天觉联手，担任中美合作开发优质烟叶项目的技术顾问。在中美双方代表参加的启动仪式上，朱尊权充满激情地说道：“自行车的两个轮子相邻而不相依，却可以走向同一个目标；人的眼睛相邻而不相依，却看得清同一个东西。我们中美双方如果都奔向同一个大目标，车轮就转得快了，目标就贴近了。”

朱尊权如此感慨，是因为第一次中美合作一切都非常成功。中美合作改进中国烟叶质量试验研究项目获得1989年国家科委科技进步奖二等奖、国家烟草专卖局科技进步奖一等奖。中国烟草已经尝到了合作共进的甜头。

“中外合作”这样一个过去不太被接受的概念，如今在烟草这个追求创新的行业里变得深入人心。不过，仅靠一次合作不可能解决所有问题，开发优质烟叶是一个复杂的系统工程，涉及烟叶生产、调制和加工的各个环节，需要大量的时间和精力，需要在主要技术环节上下功夫，并取得突破性进展。在此情况下，能否用较短的时间和较少的精力让这些问题迎刃而解，并走出一条捷径，尽快生产出符合优质卷烟需要的国际型优质烟叶?

有了以上深层次的动机，中国烟草总公司与美国菲莫公司的合作也就成了一种必然，它为更有价值的跨越提供了支撑力。

熟悉烟草的人，“菲莫”一定是叹为观止的著名烟草公司之一。菲莫公司的“万宝路”牌，已成为全球最响亮的卷烟品牌之一。

对于这次与美国菲莫公司的技术合作，更多的人已经认识到，科学运用无国境亦无止境，“外来和尚”确实有“真经”。改革开放以来，中国通过大量引进先进技术，推动了创新力和生产力的提高。

“合作不是被动的追随，而是主动的选择；不是消极的等待，而是积极的创造；不是人云亦云的服从，而是自我追求的实现。”这是朱尊权一以贯之的思想。

将欲取之，必先予之。“蛋糕”做大了，外方切掉一块，而中方得到的更多。

中国烟草之所以进行第二次中美合作，还有一个明确的思路：这次合作的基础是利益的协调。菲莫公司有一批经验丰富的技术专家，又有世界一流的卷烟生产设备和先进的管理经验。经中国烟草总公司批准，菲莫公司在中国某卷烟厂生产加工某种牌子的卷烟，全部使用中国生产的烟叶。每当加工生产这种牌号的卷烟时，菲莫公司的专家亲临现场监督、指导生产，以确保产品质量。这种名叫“来牌加工”的方式既解决了当时该烟厂生产任务不足的问题，也给国内卷烟企业传授了现场管理的经验。学习菲莫公司的技术和经验正是中方的主要目标。

菲莫公司还同意把他们的王牌产品“万宝路”拿到中方一家有名的卷烟厂加工生产。协议规定，“万宝路”在该厂加工生产18个月后，配方中要使用40%的中国烟叶。这个数字对卷烟产品质量的影响非同一般，这就促使菲莫公司不得不在中国烟叶生产方面投入大量精力和技术力量，研究如何在中国尽快生产出能确保“万宝路”产品质量、达到国际质量标准的烟叶。

据不完全统计，这次为期4年的合作中，中美双方先后有27位农艺专家到河南技术合作烟区指导烟叶生产，有20余人次中美烟叶生产专家到福建合作烟区举办技术讲座；此外，在湖北白肋烟区和新疆香料烟区也派有专家蹲点，指导生产，为合作烟区培训了大批烟农和技术骨干。

朱尊权亲自负责中美合作中的有关技术问题。菲莫公司选派了年富力强的总农艺师史密斯具体负责技术工作。这位个性坦率的美国技术专家，从小生活在肯塔基州那片有着深厚烟草氛围的土地上。家里大片大片的烟田，仿佛展示了他未来的人生方向。他从肯塔基州立大学农学院（朱尊权曾经就读于此）毕业后，在南美洲、非洲、欧洲、亚洲等20多个国家和地区指导烟叶生产，经验非常丰富。

当朱尊权与史密斯第一次把手握到一起时，两代人之间找到了一种共同的感觉：相见恨晚。史密斯语声急迫地脱口而出一句话：“优秀的东西总是在相互靠近。这次合作对我来说，会有智慧和人格魅力的完善，还会有难忘的友谊。”他显得十分兴奋，眼里流露出诚挚。

第二次中美合作期间，中美专家在河南烟田（左一为史密斯，左二为朱尊权）

时间印证了史密斯的期望。一天，他对朱尊权说：“您就是我的第三个父亲。”他的语气表明，他绝不是调侃、游戏地来说这句话，而是认真的甚至带有孩子气的固执。在朱尊权之前的“第二个父亲”，是史密斯在南美工作时当地一位可敬可爱的农业专家。史密斯自然亦是用这份爱来对待朱尊权的，并很快把这一感受在他的朋友圈中传播开来：“我结识的朱博士是一位学者、仁者、韧者，不光胸襟广阔、卓识高远，而且还是位虚怀若谷、虚心向学、礼让后生的前辈。这么好的人，是值得当作父亲去尊敬、去爱戴的。”

朱尊权身上蕴含的人格魅力，不光令史密斯动容，与朱尊权一起工作的同事们同样为之折服：

“兢兢业业的敬业精神是这位老专家给予我们中青年人最深刻的教诲。他对我们说：‘没有一点闯的精神，没有一股子干劲，就走不出一条好路，就干不出新成绩。’他这么说不单单是对别人的期望，也是他对自己终其一生的要求。”

“合作期间，朱老已年近 80 岁，是本次合作的决策者、指挥家。他全力以赴，运筹帷幄，规划设计，与中外专家一起确定了几乎所有的技术方案和具体细则。同时，我们还看到了一位壮志未衰、热血未冷的战士形象。他本人仅每年到河南烟区检查指导工作就不下 10 次。”

“不少省份的合作烟区，大多在交通不便的乡野或地势险峻的山区，而他不畏路途艰险，不计较条件艰苦，真可谓殚精竭虑、雷厉风行，丝毫不在乎自己的年龄。”

而这不是一两年的事，中美两次合作期间，朱尊权都是这样。有时候半个月内，他要跑遍贵州、河南、福建、湖北等省的多个合作烟区。特别是在七八月份的时候，天气炎热，朱尊权和中外专家经常坐大半天的汽车下乡，顾不得休息就深入烟田查看，晚上还要开座谈会，与烟农和技术人员交流，第二天又接着跑另一个烟区。

“为了做好项目，朱老长时间驻扎在平顶山烟区试验点。烟叶‘种在三九，收在五伏’，生长期长，特别在收获季节，气温很高，但朱老跟我们的烟叶技术人员一道冒着酷暑深入烟田，走村串户地进行技术指导。”在两次中美合作改进中国烟叶质量过程中，曾任河南省平顶山市烟草公司烟叶生产科科长的谢德平是与朱尊权接触最多的技术人员之一，对朱尊权有着深厚的感情，“我与朱老一起做了多年的田间试验，他对科研认真严谨，生活上很简朴，从未要求过特殊照顾。”

1998 年，也是在平顶山烟区，连续几天的高温暑热还没过去，田野里热浪滚滚。在烟农家里吃过午饭的朱尊权，放下碗筷就提出下烟田。烟农和技术员劝他喝杯酒，午休一会儿再工作。朱尊权解释说：“按理应当喝一杯酒谢谢大家的招待。不过，工作的时候，我不喝酒，请大家原谅。”

朱尊权没有午休的习惯，紧张的日程安排使他难以腾出凑兴

朱尊权（左二）与谢德平（左一）在烟田

的时间，他也不认为专心致志的工作必须让位于一些不紧要的事情。

1999年，一个大雨滂沱的午后，朱尊权等人来到平顶山市鲁山县。钻出汽车，朱尊权就穿上雨鞋，执意要下烟田查看是否及时排水。如果烟田积水24小时，烟叶根儿就会浸烂。他一亩一亩地看过去，烟田多有积水，当场向烟草公司负责人提出，采取措施马上排水。

当晚11点多，朱尊权一行到达郏县烟区。临睡前，他仍然惦记着鲁山县积水的烟田，叮嘱同行的人打电话询问挖沟排水是否落实，听到确切消息后，才安然入睡。像这样的事例，在朱尊权身上不胜枚举。

与美国菲莫公司4年的技术合作是在中国烟叶生产现有基础上，针对更新观念、统一认识、澄清一些技术方面的问题进行的。进行技术合作试验的烟区，在国内外专家指导帮助下，初步总结出一套生产优质烤烟的技术方案，上部烟叶的可用性得到提高，生产出一部分接近国际标准的优质烟叶。白肋烟、香料烟的栽培、加工技术和品质也明显改善，还为技术合作烟区培养了一大批技术人员和烟农，为中国烟叶质量赶上和达到国际水平提供了有益的经验。

1999 年，与菲莫公司的技术合作结束后，朱尊权在总结报告中提到：如今全国烟区最显著的变化在于，扭转了过去对优质烟叶认识上的偏差，初步实现了从只注重外观质量到注重内在质量并兼顾外观质量的观念转变。科学种烟、科技兴烟的观念逐步为烟农所接受。自觉规范种植，严格按照技术规范要求进行农事操作，也逐步成为部分烟农的自觉行动。当然，要真正使烟农都自觉自愿按规范操作提高烟叶成熟度，还有待在烟叶收购及价格政策等方面作适当调整。

“与中美合作成果一同被历史记取的，还有朱尊权等合作专家严谨的科学态度和执着的敬业精神。它是合作期间的一个亮点，也是一段令人振奋的主旋律。”中国烟草总公司把这段话写进了中美合作项目的总结报告中。

而让朱尊权记取的是，他的生命、他的晚年生活又一次与中国烟草发展的大事紧密结合在一起。他说，这才是他的荣光。

6

更多的时候，朱尊权只把自己看成实践者、学习者。“尤其是作为组织和参与了两次中美合作的成员，我个人学到了不少东西，得到了不少有益的启示。两次合作是我们进一步研究掌握改进烟叶质量与国际实用技术接轨的最好机会。”总结自己的工作、自己的一生，已届耄耋之年的朱尊权仍然喜欢用“学习”二字。学而后知不足，他不习惯把自己看成高高在上的专家。即使以专家的身份去指导工作，他也认为是一个教学相长的过程，没有任何自以为是、装腔作势的模样。

细心的人会发现一个有趣的现象：如果是工业方面的人请教朱尊权，他会说，这些年，我在农业方面研究得多一点，工业方面还要向你们学习；反之，如果是农业方面的人向他请教，得到的回答正好相反。

谁也不会把这种谦逊的态度误解成搪塞、不负责任，更不会认为是“揣着明白装糊涂”。

大家明白朱尊权的意思：凡向他请教者，不要把他的话当成唯一的标准答案或终极结论，取用自如，适用则留，不适则去。“实为人师，不以师自居。”朱尊权就是这么一个人。

2002 年，在云南省宾川县，当地的烟草公司向他汇报白肋烟科研情况。汇报完后，一个技术人员请朱尊权评吸当年的白肋烟。

“这个样品的烟碱比以前是低了不少，但不会少于 4.5%—4.6%，当然啦，也不会高过 4.8%—4.9%。”听完朱尊权的点评，这个技术人员睁大了眼睛，连连点头。事后，他竖着大拇指告诉旁人：“这个样品经仪器检测，烟碱是 4.7%多，朱老真神了！”

事实上，朱尊权的学术观点在中国烟草科技领域一直是很多学问的源头，是颇具影响、颇具权威性的。哪怕在 1984 年退居二线后，他的文章和观点一旦出现，即广受关注，也成为引用者的首选目标。

影响力来自 3 个方面，一是丰富的实际工作经验，二是渊博的学识，三是科学、严谨的学风。

1986 年 9 月 16 日，在郑州召开的全国烟草公司生产处长会议上，朱尊权就产品开发问题为烟草行业指明了方向：“我们应注意吸烟与健康问题，从长远的目标来考虑产品开发，注意消费者的健康。为什么外国人肯花那么多钱去搞吸烟与健康的研究和改进？就是为了这一点。我们过去和现在搞疗效烟（新混合型烟）、降低焦油量等工作，都是为了消费者的健康。”

1986年，朱尊权在全国烟叶生产会议上提出了“计划种植，主攻质量，优质适产，核心是优质”的观念。

在1987年的全国烤烟生产工作会议上，他又以“再谈烤烟生产主攻质量”为题，突出强调评价烤烟质量的根本是香味质量和工业使用价值。

在烟草公司刚组建的头几年，受当时组织机构不健全、管理不到位、利益驱动等因素影响，出现了1986年的“烟叶抢购”。一时间，烟叶生产和收购工作较为混乱。对此，朱尊权站在全局的高度，严肃地指出：烟叶生产一头连着国家利益，一头连着千万烟农的利益。如何保持烟叶生产稳定发展，是摆在我们面前的一道重要课题。烟草公司和相关部门，有责任向当地领导讲清楚烟叶的特殊性，不能少种，也不能多种。要从全国一盘棋出发，摆正国家、集体、个人三者之间的关系，不要给国家和农民造成不应有的损失。

1986—1988年和1996—1999年，他两度参与中美技术合作提高中国烟叶质量的研究，撰写了《卷烟产品发展方向》《烟叶分级和烟草生产技术改革》《烟叶的可用性与卷烟的安全性》《卷烟降焦要循序渐进》《提高烤烟质量与分级标准的相互关系》《当前我国优质烤烟生产中存在的问题》《论当前我国优质烤烟生产技术导向》等一系列文章，对比中美两国在烤烟分级方面的主要差异，指出要着力解决烟叶成熟度和烘烤工艺问题。

国家烟草专卖局原副局长金茂先说，朱尊权文章中的观点，极具启示性和指导意义，引领了我国烟叶生产的发展方向。两次中美合作中，朱尊权的观点不仅极大地推进了中美技术合作的成功，更使我国烟叶的质量水平和生产技术管理水平实现了质的飞跃。

为了加以说明，这里采撷朱尊权学术理论体系中关于烟叶成熟度的论述。

“强调烟叶成熟度，其根本原因是降焦减害决定的。成熟发育完好的烟叶，组织结构疏松，燃烧性得到改善，叶中含糖量降低，这些变化都有利于降低焦油的产生量，利于提高烟叶的可用性。”反反复复被朱尊权强调的烟叶成熟度问题虽然逐步引起了全国各烟区的高度重视，但在朱尊权看来，烟叶成熟度不够，仍是制约我国烤烟质量的关键，国内对烟叶成熟度的认识还没有完全到位。

“烟叶成熟度不到位的根源不止一端：一是生产环境的多样性、烟农水平的参差不齐、管理水平的高低不同造成烟叶质量不均衡。二是烟农普遍采用‘宁青毋糠’的采收做法，烟叶在田间生长不待工艺成熟即行采收。还有很重要的一点是，分级标准关于残伤的规定不科学、不合理。”

现实中，成熟度好的烟叶难免出现一些象征成熟的斑块，甚至还会如朱尊权说的那样出一些残伤。“但刺激性和杂气减少了，而且香味更浓，最适合于生产低焦油卷烟。而一些烟草公司制作的收购样品仍受传统影响都是选用‘黄、鲜、净’的烟叶，没有代表性。”朱尊权说，“烟农如果认真抓成熟度，重量损失不论，还可能使等级下降，烟农怎么会去认真执行技术规范？烟草公司应按国家标准要求放宽烟叶残伤标准，多考虑农民利益，制定一些措施帮农民致富，农民才会按照技术规范要求生产。”

一些烟叶收购人员却向朱尊权诉苦，担心烟叶残伤标准放宽后卷烟厂拒收。不少烟厂的配方师也有苦衷，认为中国消费者的吸烟习惯是先看颜色然后燃吸。成熟度好的烟叶多为颜色较深的橘黄或橘红烟叶，怕消费者不接受，影响卷烟销售。

面对如此纠结的局面，朱尊权一语中的：“说来说去还是被‘颜色’所困，好似悠悠万事，唯‘色’为大。”很多场合，他不得不围绕一个“色”字释疑解惑：“由于成熟度要求高了，烟叶的颜色自然由浅黄、柠檬黄转深为橘黄、橘红，还难免带有一些象征成熟的病斑和焦边，这很正常。”

朱尊权解释说，国外的评级人员将烟叶上出现的这种病斑、焦边称为“符合要求的损伤”，因为这是真正的成熟烟叶，是烟叶内在香味较好的特征。实际上，这些斑块在打叶加工过程中会全部变为粉末而被风分剔除，加工后的叶片中并不存在，不会影响叶片外观质量，更不会影响香味品质。

“再说，烟叶颜色略深也是消费者能够接受的。卷烟一头连着滤嘴，另一头点燃后颜色尽失，颜色奈何？‘色’与‘味’相比，真正抽烟的人在乎的是香味。国外生产厂家不在乎颜色，它们要的是降焦效果和香味质量。”朱尊权在20世纪90年代初的一个全国工业企业卷烟配方师培训班上毫不留情地说，“我们一些企业，一瞧烟叶颜色深一点儿就不愿购进，怕销路不好。这本身就是‘唯颜色论’，不仅没有去引导消费者，反而自己先喊不行，反映了我们国家在原料问题上还有很多工作要做。随着降焦工作的深入展开，我们必须改变这些陈旧的观念，正确引导消费。”

围绕破解烟叶成熟度难题、提高原料可用性，朱尊权更多的时候是站在烟农的角度直言：“工商企业要共同承担起帮助烟农改变观念、提高种烟技术水平的责任。收购部门也要勇敢地行动起来，优先收购那些经过烟农精心培植的、成熟度真正好的烟叶，而不仅仅看它是否有一张‘黄、鲜、净’的面孔。价格政策的调整更应跟上，因为上部烟叶成熟后，重量减轻，产量自然会下降，如果不能在价格上扶持的话，烟农的利益难以保证，很难得到各烟区的积极响应。”

朱尊权有一说一、有二说二，自然而坦荡。他始终把“烟叶成熟度”作为一个命题提出来，重要的论据支持一是与国际接轨，二是吸烟与健康。

曾经有人提出：“实施国际型优质烟叶生产技术以后，因为强调了烟叶成熟度，反而带来了一些问题，比如上部烟叶的尼古丁增高，刺激性大。”

朱尊权直截了当地给这种说法下了结论——错误的。

“真正的国际型优质烟叶成熟度好，颜色橘黄，组织疏松，油分足，尼古丁适中，刺激性不大。为什么一些烟区的烟叶出现反常现象？主要还是栽培、生产等技术的掌握和落实工作做得不好。留叶和施肥的多少、营养和发育条件的不同、采收和成熟度的不同，都会对尼古丁的高低产生实质性影响。绝不是强调了成熟度致使尼古丁高了、刺激性大了，恰恰证明烟叶成熟度还抓得不够。”

朱尊权又对烟叶成熟度的重要性加以分析：“随着成熟度的提高，叶片的香气量只会增大，青杂气、刺激性只会减少，尼古丁也会适中，能满足工业降焦的需要，具有较强的可用性。改进烟叶质量，最重要的是强调烟叶成熟度。成熟度好的烟叶，燃烧完全，产生的焦油量较少。”

为了让更多的人正确理解烟叶成熟度，他以同美国菲莫公司合作期间的一些事例阐述其中的含义。

1997 年，一位美国专家在河南烟区心疼地说：“中国人把金子变成了石头！”“金子”和“石头”的天壤之别，说的就是烟叶成熟度不够。原本创汇率极高的烟叶产品，却成了不值钱的填充料，每公斤相差 10 倍的价钱。

与美国菲莫公司合作时，有件事对朱尊权触动很大。河南省宝丰县的农民按技术规范生产，坚持成熟采收，不料后期因雨水，烟叶发生了赤星病，出现大量焦斑，残伤面积超过 20%。按当时国内的烤烟分级标准，烟叶残伤面积超过 5%就不能被定为一级烟，超过 10%就不能被定为二级烟，接近 20%就成了等外烟。

交售时，这批残伤烟叶无疑被烟草公司收购站打入等外烟，每公斤收购价仅为 0.6 元，而美国菲莫公司却愿以每公斤 6 元的价格收购。

外商以如此之高的价格收购如此之“差”的烟叶，这让烟草公司收购站的人大跌眼镜：“高价收购为哪般？”朱尊权说：“因为成熟度好，烟叶残伤面积虽然大，但所占重量不到烟叶总重量的 5%。而且，这些焦斑经过打叶就都被吹掉了，剩下的烟叶质量都非常好。所剩烟叶就算只有原来的一半，每公斤收购价不过是 12 元，非常合算的。美国人要的是香味，以适应减害降焦的需要。”

我国的烤烟分级标准在理论上是合理的，但在烟叶收购时仍不能体现成熟度的要求，而且对残伤枯焦斑块要求很严，对农业生产贯彻烟叶成熟度的要求形成阻力。

朱尊权很清楚，这种价格上的差异反映了观念上和体制上的差异。在我们看来不合格的“伤残”烟叶，在外国人眼里却是优质烟叶而被充分利用。其实，与美国菲莫公司开展技术合作之前，朱尊权就一直呼吁：“目前，影响技术实现的关键在于机制。过时的烟叶等级差价政策影响了烟农的收益，导致烟农落实烟叶成熟度要求的积极性不高。如果按照目前的烟叶收购标准和价格，提高烟叶成熟度，烟农的收入会减少，这样就使得烟农根本不可能认真抓烟叶成熟度。因此，无论是从烟叶可用性的角度，还是从政策引导的层面，调整烟叶等级差价政策是提高烟叶可用性的一剂‘良方’。”

可以看出，以上言论与观点，体现出文以载道的意义。文是烟草之文，道亦是烟草之道，鞭辟入里，入木三分。不消说，这种声音对全国烟区大抓烟叶成熟度起到的引导与推动作用，是具有路标与喉舌意义的。

事实证明，一个行之有效的措施，执行起来难免经历种种关隘，但是在新观念跟前，旧习惯的延伸空间终究是有限。从20世纪90年代末开始，广大烟区逐步把烟叶成熟度当作烟叶生产的重中之重，下大力气抓紧抓好抓落实。

随着认识的提高和观念的改变，朱尊权提到的某些不利于烟农提高烟叶成熟度的问题已经有所改变。从烟农的利益考虑，2000年制定的国家烤烟分级标准即对烟叶残伤面积作了新规定。这一改变，既体现出朱尊权所持观点的前瞻性和指导性，也体现了烟草业的求真务实、与时俱进，凸显责任烟草、和谐烟草的担当。

除了烟叶成熟度外，烟叶的可用性也一直是朱尊权说不完的话题。这个话题从20世纪带到了21世纪。

进入2000年，针对一些烟区因上、下部烟叶没有销路，造成积压，干脆采取“上部烟不采，下部烟不收”的做法，朱尊权又有话要说：“这样做不应该，影响农民收入，造成资源浪费。”

起初，某些人听了不以为然，认为这么做是合理的，后来仔细想想，还是朱尊权说得对。

烟叶生产要遵循自然规律。按常规，亩产量150—160公斤是烟叶产量、质量、效益的平衡点。这个产量是每株烟叶留18—20片有效叶，并且全额收购的产量，而不是打掉脚叶、不采顶叶的极端化生产方式的产量。

朱尊权是这样分析的：“烤烟的自然生产规律是，脚叶、腰叶、上部烟叶与顶叶各占一定比重。打掉脚叶，不采顶叶，可以提升中部烟即所谓优质烟的比例，这个看似很好的办法事实上并不可行。要维持相同的产量规模势必要扩大种植面积，然而，是否有足够的土地资源、会不会冲击粮食生产、有没有轮作空间等伴随而来的问题将难以解决。再说，由烟苗长成烟株，上面每一片烟叶的投工投料并无差别，如果仅仅因为卷烟配方用不上就简单地打掉，实在可惜。”

“事实上，各个部位的烟叶都有一定程度的可用性，成熟度好的上部烟叶和品质好的脚叶可以作为上等卷烟的调味料与优质填充料。”朱尊权强调，“上、下部烟叶不摘不收不是办法，关键要改变观念，从技术上采取措施，农业上改进上、下部烟叶的品质，卷烟配方上研究利用上部烟叶与下部烟叶的组合优势。如果真正做到不同部位烤烟的可用性提高并合理使用，既可以降低成本，又能降低卷烟的焦油量，提高安全性，也不至于浪费资源。”

基于朱尊权的分析和建议，烟区果断叫停了“上部烟不采，下部烟不收”这种不周、不妥的做法。

7

朱尊权这个年长的烟草人，在各个时刻都能意识到烟草行业存在的问题，因为他是烟草人和烟草科技专家。双重角色注定他对这些问题得悟其更深、更敏感、更认真，也更执着。

与美国菲莫公司合作期间，朱尊权年近 80 岁的身影经常出现在各合作烟区，下了车就下烟田、访农户、督促检查方案的落实。烟叶收购期间，他又亲自到烟叶收购站，按照合作技术要求，一丝不苟地检查验收烟叶质量，不合格的烟叶绝对不能“登堂入室”。对他来说，就是以严格的眼光淘汰不合格的烟叶。

有人笑他过于认真，他却不在意，只是埋着头有条不紊地做自己该做的事情，顶多说说，有要求就要按要求执行，不能让合作方案形同虚设。

朱尊权只一句话，只几个字，反而让“笑”的人不好意思，对眼前这位皓皓白发的老者不急不躁的涵养和特立独行的韧劲更添敬意。

不自见，故明；不自是，故彰。无论是过去的艰难时刻，还是如今的顺境之时，无论是出发点，还是落脚点，朱尊权都从实际情况出发，既虚心听取周围中肯的建议，又不为各种非议所动。

与朱尊权长久共事的人能发现，他有一种把对于工作的热情转化为冷静，集祥和、善意、责任于一体的思维方式和行为方式，工作起来气定神静、忙而有序。这份自信源自实力，也来自对工作的态度。“职责”两字已融入他的生命、他的血脉。

2002 年六七月间，笔者有一段陪同朱尊权、左天觉、国家烟草专卖局原副局长金茂先、中国烟叶公司原总经理赵元宽等老一辈烟草专家考察全国主要烟区的经历。令我难忘的，不光是他们的渊博学识、丰富经验，还有他们的敬业、执着以及对中国烟草事业的挚爱、深情。他们的睿智、敏达和充沛精力，让我思悟到何为“人勤黄昏迟”。

在考察中，他们奔赴 6 个省市，行程万余公里，参观考察 17 块烟田、4 个烟厂、4 个技术中心、4 个科研院所，参加 14 次座谈会。光从数字上看，已让人不胜其累，何况朱尊权当时已是 83 岁高龄。

7 月 12 日，到云南大理宾川县烟区考察那天，气温很高。坐了一个多小时的汽车下车后，朱尊权的双腿微微有些发抖。大家劝他先休息一下，他却说没关系。一路上，他总是用这句话反过来安慰旁人，让身边的人放心。像往日一样，稍微活动活动肢体，戴上草帽，朱尊权就径直走进热浪滚滚的烟田。

他走在最前面，边看边问；沿原路返回时，他走在最后面，仍然是边看边问。每次看烟田时，朱尊权的情绪都特别好，脚步

2002 年，考察小组在郑州烟草研究院门前合影（左六为朱尊权，左五为左天觉，左七为金茂先，左八为赵元宽，右二为本书作者）

比任何时候都稳健。与烟草打了一辈子交道，他对烟田总是那么倾心。他看得仔细，问得也仔细，从育苗到移栽到田间管理再到主要技术的实施几乎都要问到，并有针对性地指导，提出改进意见。

在福建调研时，朱尊权将新烤好的烟叶放在鼻端轻嗅以感觉香味，放在脸上轻擦以感觉油分。当地农民看到城里来的老专家如此珍爱他们的劳动成果，感慨不已。在湖南，原定考察的烟区刚下过大雨，泥泞的田埂湿滑难行。年轻人望而却步，83 岁的朱尊权却一脚踏上去，径直往田里走；在云南陆良，暴雨过后，乘坐的吉普车因路况太差抛锚了，可是他仍坚持“到实地去看看”……

“朱老，您晒黑了，手臂也被晒脱了皮。”随行的人为之动容，他却说：“只怪这两年下烟田的时间太少了。”

2002年7月考察结束后，国家烟草专卖局的领导专门听取了朱尊权、左天觉等4位专家考察全国主要烟区和有关重点企业以及科研院所的报告。时任国家烟草专卖局局长姜成康对朱尊权等人的发言给予了高度评价，他指出：4位老专家、老同志对中国烟草发展提出了非常有高度、有深度、有见解的建设性意见，对今后中国烟草工作如何实现“稳定性、连续性、开创性”有很大的启发。

其实，朱尊权退居二线后，一直没闲着，一方面担任两次中美合作的组织者、领导人，另一方面指导生产、著书立说、培养学生、推进国际交流、引进先进技术和现代管理。1990年至1991年，他组织专家将左天觉的著作《烟草的生产、生理和生物化学》译成中文出版。左天觉赞叹：“这项英文有800多页、中文有500多页的大工程，证明了朱尊权兄的毅力。”还有中国烟草学会副理事长、《中国烟草学报》主编、《烟草科技》主编、中国烟草总公司科技委员会副主任、中国烟草学会工业专业委员会主任、全国评烟委员会主任、国际烟草科研合作中心科技委员会委员、《中国大百科全书》烟草工业部分主编、《英汉烟草词汇》终审等诸多职务和称号，使朱尊权的生活旋律几乎都是在紧张、忙碌的节奏中延续着。种种业绩为这位老人的晚年生活确实又添了绚丽的一笔……

最可贵的是，朱尊权经历了数十年的风云变幻，即便遭遇“文化大革命”施加的磨难，对共产党的忠诚如初。他怀着执着的信念，多次提出入党申请。早在1950年回国后不久，朱尊权就向党组织递交了入党申请书。他说，要立志做一个无产阶级的知识分子，立志以共产党员的标准要求自己。由于工作需要，他曾长期担任民盟的基层领导职务，并任河南省侨联委员，留在党外做统战工作。

1984年7月10日，65岁的朱尊权终于被吸纳为中国共产党

1997 年国家烟草专卖局在郑州庆贺朱尊权（前排中）当选中国工程院院士

党员。这天，郑州烟草研究所职工活动室布置得庄严肃穆，一面鲜红的党旗端挂在墙面，“新党员入党宣誓会”的横幅映入眼帘。

朱尊权怀着激动的心情在入党宣誓仪式上说道：“今天是我几十年夙愿实现的日子。我面向党旗庄严宣誓：‘为共产主义奋斗终身。’我要把这个日子作为前进道路上的起点，以此为新的人生坐标，更加严格要求自己，为我国的烟草科技事业工作一辈子、奉献一辈子。”

朱尊权向来不善于用激越的词语表达心愿，而此刻，喜悦的心情完全让他沉浸在无法抑制的激动中。

“我已退居二线。工作岗位和工作性质的改变，要求我在新情况下考虑新起点，这就需要探索。我应该用较多的精力考虑烟草行业现代化的重要科技问题，特别是吸烟与健康问题、扶持新人问题……著名科学家华罗庚同志的最大心愿是工作到生命最后一刻。这也是我的心愿，而且是完全可以做到的……”

这里应该提到的是，1985 年 6 月 12 日，华罗庚在日本逝世。临终前 10 分钟，他还在讲台上认真讲学，他生前的最大心愿最终得到了实现。

一个决心下定、孜孜以求的人，从不会怀疑实现目标的可能性。朱尊权秉着“完全可以做到”的信念，一步一个脚印朝着“生命不息，工作不止”的人生目标走下去。

朱尊权的名字不可忽视地与“中国烟草科技”联系在一起。

历届国家烟草专卖局、中国烟草总公司领导都对这位德高望重的老专家敬重有加。

中国烟草总公司首任经理李益三多次向朱尊权商请工作，并请他担任中国烟草总公司总工程师（后被朱尊权婉谢）；1997 年，上任不久的国家烟草专卖局局长倪益瑾到郑州烟草研究院专门看望朱尊权，号召郑州院科技人员向朱尊权学习，继而又向烟草行业科技人员发出向朱尊权学习的号召。

2004 年，时任国家烟草专卖局局长姜成康盛赞朱尊权：“他热爱祖国、敬业求实、无私奉献的精神和淡泊名利、谦虚谨慎的思想作风，对烟草行业精神文明建设起到了重大的推动作用。特别是他的学风、道德水准，在烟草行业科技工作者中堪称表率和楷模。他是我国烟草科技工作的奠基人和带头人，为我国烟草事业的发展作出了卓越贡献。”

如果说工作已经成为朱尊权生活的主要内容、生存的一种状态，并不算夸张。

他经常想到许昌市襄城县一个叫山头店的地方，那里有几块烟叶试验田让他牵肠挂肚。2002 年，他指导技术人员在那里做了一些对比试验，看能否找出恢复和提高河南烟叶质量的一些办法。

大凡了解烟草的人，都知道河南许昌是烟叶生产大区。被誉为世界优质烟叶生产带的北纬30度线从这里穿过，优越的生态条件造就了河南烟叶烟香浓郁、烟气饱满的浓香型特色，对卷烟积香聚香、定香提味，发挥着不可替代的重要作用。

然而20世纪90年代，河南烟叶生产一度陷入低谷，种植面积萎缩，烟叶在名牌卷烟配料中的比重下降。久负盛名的“烟叶王国”，不得不面临阵痛与反思。

对河南烟叶造成影响的因素有气候、土壤、施肥、连作等，原因复杂，其中什么是最主要的？补救措施在哪里？怎样重现昔日荣光、带动河南烟草重振雄风？朱尊权认为值得探寻，不容回避，是必须做的。当一切都在努力之中，一切都顺利进行时，2002年夏天一场罕见的特大冰雹袭击了试验烟田。被砸坏在田里的烟株，只为试验提供了少量数据与信息。2003年，朱尊权又继续组织人员把试验做下去……

“一个人活在世上，必须有自己真正爱好的事情，才会活得有意思。”朱尊权说，他喜欢工作，完全是出于一种真性情，而不是为了某种外在的利益，例如金钱、名声之类。他觉得工作本身非常美好，就像一个园丁，在他喜爱的花圃里培育了许多美丽的花木，为它们倾注着自己的心血。在自己的园地上耕作时，他心里非常踏实。

这大概是对德国哲学家海德格尔所谓“人，诗意地栖居”的另一种形象阐释，也是朱尊权这位80多岁的老人为何一直能保持心态平和、精力充盈的答案。这个答案，决定了幸福的深度和生命的质量。大家看到，这个本该在家里安享清福的老人，身后却是一串深深浅浅的脚印。对生命体验日益增酽、对烟草有特殊情思，促使他抓紧一切机会做一切力所能及的事，仿佛成了一只永远能抽出新丝的蚕。

朱尊权沉浸在与他本性合拍的生命节奏和状态中。

8

2002年5月18日，北京。

从正门步入中国农业展览馆的大厅，满堂的明亮色彩首先会给你一个灿烂的心情。

展厅正中央的前面，是江泽民在延吉卷烟厂视察生产车间时的彩色照片。正面大墙上书写着1999年8月他在全国技术创新大会上的讲话——创新是民族进步的灵魂，是国家兴旺发达的不竭动力。大墙左右两边悬挂着毛泽东、邓小平手执卷烟的巨照，照片中的两位伟人春风满面，仿佛此时此刻就置身在大厅的人群里。

这里正在举行以“科技创新，降焦减害，关注健康，奉献社会”为主题的全国烟草行业（1981—2001年）技术创新成果展览。

展厅里还有另外一幅巨照引人注目，照片的说明是——中国工程院院士、郑州烟草研究院名誉院长朱尊权。

与照片上主人公对视的是照片前一双双充满景仰的眼睛。他们知道，这位80多岁的老人是中国烟草行业科研队伍的领军人物，中国烟草科研事业的成功是以他和老一辈科研人员的创造性工作为基础的；他们也知道，科学技术成为改变20世纪历史的杠杆，人类会永远崇拜与之有关系、为之作出过突出贡献的人。

当人类的速度借助于飞机和汽车等交通工具，人类的力量借助于各种机械设备，人类的智慧借助于电脑，中国烟草也借助科技得到发展。

在这个同一空间、不同时间并置的展厅中，琳琅满目的展品比所有言辞都能让参观者切实体会到烟草界楫击于科技浩荡中流的雄姿。

以贵宾身份被特邀来京参加展览开幕式的朱尊权神采奕奕地步入大厅，以一位老烟草人特有的心情感受着中国烟草的巨变。

展区正中央高擎的地球仪映入他仰视的眼帘，上面突出的是中华人民共和国版图，其他国家和地区的版图则全部平铺在地，地球仪就置于其上缓缓转动。他不禁联想到："登高而招，臂非加长也，而见者远；顺风而呼，声非加疾也，而闻者彰。"中国烟草科技进步的轨迹，正是在与国际合作交流的背景下得到了延伸。

想到这里，朱尊权的思绪不由得飞出置身的展厅。一次别开生面的国际烟草科学大会，成为他最为温暖的记忆——

1988 年，羊城秋色如春光般明媚，南国的海洋季风把天空吹得一片湛蓝。

来自世界五大洲 60 多个国家和地区的 400 多名代表，汇集在溢彩流光的广州花园酒店会议厅，气氛显得非同寻常的温馨和高雅。

10 月 9 日至 13 日，第 9 届国际烟草科学大会在这里举行。这是一次世界烟草界的盛会。

朱尊权刚走进会场，时任国家烟草专卖局局长江明、副局长金茂先，中国烟草学会理事长、国家烟草专卖局原局长李益三分别迎上去。

"朱院长，辛苦了！"话语里饱含着真挚的情意。

朱尊权伸出右手分别与 3 位领导相握、问好，左手迫不及待地伸向旁边的左天觉："天觉兄，谢谢您！"然后伸出双臂紧紧拥抱对方，用这种无言的方式表达内心的感激。

朱尊权比谁都清楚，中国成功举办这次会议，离不开左天觉这位爱国华人的鼎力相助。最初，中国加入国际烟草组织也离不开左天觉的功劳。

左天觉在 1992 年获得国家烟草专卖局颁发的"国际科技合

作奖”；1993 年，被中国国家科学技术委员会授予“中国国际科技合作奖”，是获得这一奖项的第一位海外华人。左天觉这位中国烟草总公司高级顾问，也是中国烟草学会第一位外籍会员，从正式受聘为顾问时就明确表示：“我不接受顾问费！”而他一直为中国烟草科技事业不遗余力地奔忙着。

很难想象一个烟草大国与国际烟草大潮流无关。此前，朱尊权多次与左天觉商讨中国烟草进入国际烟草领域的重要性。朱尊权认为：“中国进入创新型烟草行列，仅凭现有科技发展水平和科技创新成果还远远不够，与中国经济社会发展以及参与国际交流合作和竞争的要求也很不相称。应尽快提高烟草科技创新能力，缩小与发达国家之间的差距，要以全球视野谋划和推动中国烟草的科技创新。”

朱尊权的观点，得到了左天觉的支持：“中国是烟草大国，不应该把它摒除在世界烟草的科技舞台之外。”左天觉作为国际烟草界的权威人士，出语很有分量。

在左天觉、朱尊权等人的建议下，1984 年，中国烟草总公司申请加入了国际上最广泛的烟草学术组织——国际烟草科学研究合作中心（Cooperation Centre for Scientific Research Relative to Tobacco，CORESTA）。朱尊权出席了同年在维也纳召开的国际烟草科学大会，中国大陆人第一次在世界烟草舞台上亮相。令中国烟草人自豪的是，朱尊权当选为国际烟草科学研究合作中心科学技术委员会委员；1986 年，中国烟草总公司又被选入国际烟草科学研究合作中心领导层，出任由 12 名理事组成的理事会理事。

国际烟草科学研究合作中心成立于 1956 年，总部设在巴黎，是国际烟草界最具权威性的学术组织，每两年举行一次大会，设有农学、植物病理学、烟气、工艺 4 个研究学组。其宗旨是开展国际烟草科学研究合作与交流，奖励有成就的烟草科技工作者，对有培养前途的青年学者颁发奖学金以资鼓励，并给他们提供深造的机会。

加强中国与国际烟草科学研究合作中心其他成员国的多边和双边合作，提高中国在国际烟草学术界的地位和声望，是中国烟草界高层领导和朱尊权多年的心愿。

“能不能在中国举行一次国际烟草科学大会?”1985 年，国家烟草专卖局局长李益三、副局长金茂先和朱尊权在北京征询左天觉的意见。

“当然能。”他们的提议与左天觉的想法不谋而合。

“能在家门口举办这样高规格的会议，是中国烟草界的骄傲，有利于中外烟草科学技术前沿性的交流。只有交流才有学习的机会，才能相互促进、共同进步。”朱尊权说。

国际烟草科学研究合作中心是一个多学科的组织。在国际烟草科学大会上发表的论文和发布的研究成果，在世界烟草科学领域具有很强的代表性。世界各个国家的烟草公司对这个会议非常重视，派出的代表团阵容强大。除了大批论文作者出席会议外，还有一批固定的科学家和烟草公司负责人参加会议，从而显示其在国际烟草科技舞台上的实力。

由此可见，国际烟草科学大会无疑是国际烟草学术交流的“奥运会”，申办难度可想而知。

机会需要争取。

左天觉的地位和作用是促成此事的重要杠杆，1986 年初，他飞往日内瓦，与正在那里开会的国际烟草科学研究合作中心秘书长莱德兹商谈，这个人是关键的支点。

莱德兹这个法兰西人在左天觉的“劝说”下，带着对东方大国的浓厚兴趣实地考察后，欣然同意 1988 年的第 9 届国际烟草科学大会在中国召开。

口子终于撕开，但这还只是“问路石”，并不表明大功告成，因为还需要国际烟草科学研究合作中心理事会投票赞同，这才是

“笑到最后”的关键。

1986年10月，国际烟草科学研究合作中心在意大利西西里岛召开两年一度的国际烟草科学大会。国家烟草专卖局瞅准机会，委派朱尊权参会，主要目的是代表中国烟草界申办1988年的国际烟草科学大会。

朱尊权带领郑州烟草研究所科研人员刘立全、安徽烟草研究所所长方传斌赴会。3人在开会前一天晚上到达地中海最大和人口最稠密的岛屿——西西里岛，中途转了两次飞机，历经24个小时。

“刘立全、方传斌所长你们两人一起参加烟气学组和农业学组的学术交流会，以及大会其他活动，把大会上的经验记录下来、带回去。我和左天觉先生负责做国际烟草科学研究合作中心科学技术委员和国际烟草科学大会秘书处的工作，一定要把1988年的国际烟草科学大会申办权拿下来。”到达的当天晚上，朱尊权等3人开了一个简短的会议。朱尊权布置任务，把工作安排好。

由于旅途劳顿和时差，第二天，朱尊权感冒了。

“朱所长，您休息休息吧，别把身体累坏了。”刘立全和方传斌劝说道。

“时间这么紧，我能休息吗？”说完，朱尊权拿着已准备好的文件资料，转身走出酒店房间。

在接下来的3天里，刘立全和方传斌几乎见不到朱尊权的身影。直到第三天下午，也就是国际烟草科学研究合作中心理事会会议表决，全体通过由中国举办1988年第9届国际烟草科学大会的决议后，朱尊权才带着无比兴奋和略显疲倦的神态出现在他俩面前。

“成功了，成功了！”刘立全和方传斌几乎跳了起来，“朱所长，您立了大功，辛苦了！您也是第一次来西西里岛，咱们今晚祝贺祝贺吧！”

“不必了。”朱尊权摆摆手，接着说，“这几天，你们俩也忙得够呛，今晚早点儿休息吧。明天一大早，我们就要搭乘航班打道回府了，也没时间看看迷人的地中海风光，委屈你们了。”

“在短短的3天内就申办成功，全靠朱所长的名望、人格魅力和辛劳。”朱尊权他们回到北京，向时任国家烟草专卖局副局长金茂先汇报时，他连连称赞效率高、战斗力强、任务完成得圆满。

……

两年后，当第9届国际烟草科学大会在中国广州召开之时，正值金风送爽的深秋。这是中国烟草行业第一次承办大型国际烟草科研会议，也是以朱尊权为代表的老一辈烟草科技工作者多年勤奋耕耘、逐步被国际烟草界认可的标志。

来自五大洲的400多名代表，带着好奇与惊讶进入金碧辉煌的主会场。从这里，许多人得到了一个信号——中国烟草渐入佳境、蔚为壮观的日子不会远了。

朱尊权以国际烟草科学研究合作中心科学技术委员会委员身份被邀请作大会特邀报告，这也是中国烟草科学家第一次在国际烟草科学大会上作特邀报告。

从座位到讲台，距离不长，而朱尊权心里升起一阵感慨，他想到了中国烟草的第一步、第二步……中国烟草在改革开放新时期的每一步前进，都伴随着对国际社会更深刻的理解和对国际游戏规则的进一步认同。打开国门、以开放的心态去吸收人类进步的一切精华为我所用的趋势，已经替代了闭关锁国、拒不认同世界大潮的观念。一个“环球同此凉热”的时代到来了。

这届国际烟草科学大会在中国召开，显示出改革开放以来中国烟草在世界科研领域已经取得令人满意的成果，中国烟草科研工作者在国际科学圣殿上已经开始崭露头角，为推动今后烟草研究取得新成就开辟了航道……

1988年10月，朱尊权在第9届国际烟草科学大会上作报告

尽管一脑子思绪，朱尊权一直自如从容。他毕竟是见过世面的人。他如同所有登上这个讲台的人一样，绝不枉费此时每一分钟给听众留下深刻印象。

“为了弄明白中国烟草是如何走上今天这条道路的，系统地回顾一下中国烟草业的历程也许不无裨益。中国烟草发展史大体可分为4个阶段：16—19世纪末，为烟草传入和发展时期；20世纪初到1949年，为烤烟、卷烟传入和初步发展阶段；1950年到1978年，为自力更生政策下的烟草事业发展阶段；伴随着70年代终结的，是1979年以后改革开放政策下的烟草事业发展新时期……”

以“中国烟草的传统与创新”为主题的报告，随着朱尊权流利、清晰的英语传递给会场各个角落的每位听众，以朴实的文字高歌了经历时间考验而步入发展轨道的中国烟草历程。他着重介绍了新中国成立前后的烟叶生产与发展、卷烟与科研概况，还介绍了绝无仅有的中国“特产”——新混合型卷烟，即药物型卷烟。

在听众饶有兴趣地耳闻此种卷烟的神奇魅力后，站在讲台上的朱尊权又补充了几句：“每位代表的礼品袋中，都有几包大家感兴趣的新混合型卷烟。哪位代表如果感冒、咳嗽，不妨试一试。治愈了，告诉我；没好，找医生。”

笑声和掌声一同响起来。外国人对中国人的评价一向是：中规中矩，表情单调。可是从朱尊权身上，他们对中国人有了新的认识，并非像线性思维那么死板。

朱尊权的自信与风度增加了报告的分量。会后，代表们见到朱尊权，都送给他一个愉快的表情：“听了您的报告，仿佛读了一次中国烟草发展史的缩写本。”

“以前，我们都是听外国人讲，现在终于让外国人听我们讲了。”朱尊权难掩心中的喜悦。

了解内情的人知道，做过功课、下过功夫的效果就是不一样。

为了此次登台亮相，朱尊权没少花时间练习睽违已久的英语，还有与之配套的语气和表情。

“从题目选定、内容组织到文稿起草，朱老都是亲力亲为，反复、广泛地征求意见，力求准确。经过仔细斟酌，他选定以中国烟草的传统与创新为报告主题，先写成中文稿，再翻译成英文。”朱尊权的学生、郑州烟草研究院副院长谢剑平充满敬意地说。

文稿形成后，朱尊权又开始练习英文演讲。

“朱老早年就接受了很好的教育，又有长期在美国生活、工作的经历，英文的熟练程度毋庸置疑，用‘练习’二字似有亵渎朱老的含义，但当年他确实是这样做的。”谢剑平回忆说，朱尊权找来了录音机，自己先读，录下来，自己先听，然后请同事、学生一起听，要大家提意见，看有没有不准确的发音、有没有断句不当的地方、哪些地方应当加强语气等。当对个别读音有不同看法时，朱尊权亲自翻查词典，力求准确无误。当年，谢剑平等几个刚毕业的研究生也分别有会议口头报告任务，自我感觉差不多就行了，看到69岁的朱尊权尚且如此，吓得赶紧分头积极准备去了。谢剑平感慨道："朱老治学恰如治骨角、治玉者，反复切磋，反复琢磨。"

不久，国内外的烟草界同行从"CORESTA"这本国际烟草科研合作中心的刊物上，看到了以英、法两种文字刊载的朱尊权这篇演讲稿。

为了保证这次会议的高水准，朱尊权借鉴往届国际烟草科学大会以博士作服务人员的成功经验，选派他的学生谢剑平、刘立全及国内其他几位年轻的会议代表作为会议服务人员，在合肥经济学院方宇澄教授的领导下为大会服务。他们在会前认真做好检查幻灯机电源、调好幻灯机与屏幕焦距、摆放幻灯片、试放幻灯片等工作，方便会议代表宣读论文。会后，参会的国内外烟草界学者对大会服务非常满意。

"当时与我国尚无外交关系的以色列和南朝鲜代表也辗转参加了会议。这次会议是我国烟草走向世界的里程碑。在我国改革开放初期，能成功地举办这样的大型国际学术会议，国内科研界罕见。"国家科委的一位负责人称赞道。

大会结束前，国际烟草科学研究合作中心秘书长发表了一番热情洋溢的讲话："这次会议规模之大、提交论文之多，都是历次会议少见的，中国提交论文数量之多也是少见的。过去，极少有来自中国大陆的代表在国际烟草科学大会上发言。这次，有13位中国代表宣读论文，占大会发表论文的四分之一强，而且水平不低。希望更多的中国烟草企业和科研工作者参与到国际烟草科学行列中来。"

"在这里，我们收获了信心，尤其是对中国烟草发展前景的信心；在这里，我们收获了共识——创新是时代的强音。”国外会议代表纷纷表露心声，不吝赞赏之词。

1988 年的国际烟草科学大会如同一个分水岭，也如同出征的战鼓。中国烟草从此以更稳健的步伐、更积极进取的精神状态，融入到世界烟草的大潮中。各种高规格、大规模、新水平的全球烟草会议，也开始在中国人的视线中频繁出现——

1988 年，国际标准化组织（ISO）/ 烟草及烟草制品技术委员会（TC126）会议在北京召开；

1997 年，第 10 届世界烟草或健康大会在北京召开，江泽民出席会议并讲话；

1999 年，国际烟草科学研究合作中心农学与植病学组联席会议在苏州召开；

2001 年，国际烟草科学研究合作中心烟气与工艺学组联席会议在西安召开。

……

“中国烟草科技进步的轨迹，在国际合作与交流的背景下延伸，在国际同行眼中也越来越醒目、清晰。中国烟草的影响力明显增强。曾经看似遥不可及的梦想，正逐一变为现实，未来的篇章必将更为绚丽。”多年间目睹了中国烟草科研水平的提高以及在国际烟草学术界地位的提升，朱尊权感到由衷的喜悦。

9

想当初，朱尊权提出弱者生存之道的“借鉴战略”是一个很有效的方法，被中国烟草总公司及时采纳。它刺激和推进着中国烟草更新观念的心理节奏。如今，后来者居上。中国烟草的科技发展步伐越来越快，在世界烟草舞台上也有了一席异军突起的瞩目位置，已经由“跟跑”变成“赶超”和“引领”，并在坚持有别于他人风格进行产品设计的前提下，找到了适合国人习惯的生产与消费模式，把中国特色的卷烟定位为世界卷烟的主流产品之一，打开了中国烟草的开阔地带。这一切都是科技发展创造的新机遇。

“现在的情形放在以前真不敢想啊!”朱尊权的脸上透出说不尽的喜悦。2002 年 5 月 18 日，他缓步走在全国烟草行业(1981—2001 年）技术创新成果展览的展厅里，一路看下去，像一位老农面对秋收后殷实丰茂的粮仓。

想当年，为了庆祝新中国成立 10 周年，在云南玉溪卷烟厂，工人们用热水喷烟叶、铁板炒烟丝、栗炭火烘烤烟支的土办法制造卷烟，第一箱“红塔山”卷烟就这样诞生了。这种生产方法在今天看来，或许钝拙，但中国烟草人刻苦攻关、开拓创新、产业报国的满腔热情，从那时起就从未止步。

新中国成立以来，中国卷烟品牌经历了从白手起家到奋力追赶，再到“群体崛起”的蜕变，民族卷烟品牌已牢固地统领国内市场。

尤其是中国烟草总公司成立以后，造就了中国烟草行业巨大的变化，其变化之大远远超出了人们曾经怀抱的各种梦想。1981 年，生产“中华”卷烟所用设备还是 20 世纪 30 年代从英国运来的机器。英国莫林斯公司老板的孙子来访时觉得很惊讶——我爷爷用过的设备，你们还在用！现如今，新一代机器已在全国各卷烟厂的车间布置好了，激光导航小车负责自动装料、运送，保证物畅其流；生产过程中的参数修改、数据监控、数据采集，全部由电脑控制，现代尖端科技无所不在、无所不能。

各种新式装备有一个共同之处，就是能够更多、更快、更好地生产出更符合消费者口味、更为低焦低害的产品。

“每一个数据、每一件实物，展现的是中国烟草波翻浪涌、飞流急湍的科技创新大潮。2002 年的这次展览会，让社会各界对烟草行业为国家经济建设和发展作出的积极努力、对烟草行业的科技创新能力与科技发展水平，尤其是多年来致力于卷烟降焦减害和保护消费者健康所做工作，有了一个初步的了解和认识，对进一步提高我国烟草行业整体形象，促进烟草行业在新世纪实现持续、稳定和健康发展具有重要意义。”朱尊权掩饰不住内心的激动，对前来采访的记者畅叙衷肠。

展会上各企业展出的运用高新技术开发的混合型、新混合型、低焦油的卷烟新产品，引起了朱尊权极大兴趣。在曾经工作过的上海卷烟厂展位前，该厂出品的低焦油“红双喜”卷烟，让他深有感触。之前，他通过品吸，对这一产品作过较高评价：“把烤烟型卷烟的焦油量每支降到 8 毫克以下，还能保持这么好的吸味，很不错。”还有不少企业的产品通过调整烟支规格、补充有益微量元素、添加高选择性吸附剂、添加复合降害制剂等手段，使卷烟烟气中的有害成分及对身体的有害影响不断减少。一言以蔽之：同样的吸味，更低的危害。这正是烟草行业孜孜以求的目标，也正是此次展览中众多低危害卷烟产品的共同属性。

很多年前，朱尊权就倡导这样一个观点：依靠科技进步，把精力放在提高产品质量、减少卷烟危害上来，不断提高产品的技术含量，促进产品升值。

如今，朱尊权看到，市场的变化催促着烟草科技创新加快步伐，市场的绿灯正在为高科技含量的新产品闪亮。全国众多卷烟生产企业遵循“关注人的需要，关爱人的健康”的经营思想，致力于高品质、低危害卷烟的研发工作。尤其是随着减害降焦科技重大专项陆续启动实施，烟草行业相继在烟草基因组计划、超高速卷接包机组、卷烟减害技术研究、特色优质烟叶开发、卷烟增香保润、中式卷烟制丝生产线、造纸法再造烟叶等方面，取得一系列重要科技成果。烟草行业整体科技实力明显增强，这让朱尊权非常欣慰。

10

不难想象，郑州烟草研究院的展位进入朱尊权视线时，他的眼神中涌现的光芒。

那里是他一生中最熟悉的场所、最热爱的地方，数十年朝于斯、夕于斯。从家里到院里那段不远的路途，已经由他的脚步丈量了40多个春秋，1.4万多个日子，风雨无阻。

郑州烟草研究院所在的那条二七路上，声光电化，车水马龙，向世人宣告着日新月异的现代文明。谁能想到，几十年前，这一带还是人影凋零、空荡萧然的景象。20世纪60年代中期，烟草所准备在二七路上建一座办公楼。为了避免实验室的仪器受过往车辆影响，朱尊权打算用天平在马路边做个振幅小测试，把天平放在路边老半天，却迟迟等不来一辆汽车。

现如今，这条路上多的是车轮的碾压，多的是人群的簇拥，成了郑州市区最繁华的商业地段，令人眼花缭乱的“摇身一变”简直令人不敢想象。

“几十年的光景真是如逝如风啊！”朱尊权感叹了一声，仿佛记忆启幕的前奏，流水般的岁月漫卷而来——

1952年，他在上海参与主持组建的烟草研究室就是郑州烟草研究院的前身；1958年，烟草研究室扩建为轻工业部烟草工业科学研究所，并于当年迁往郑州；1985年，烟草研究所划归中国烟草总公司；1988 年，中国烟草总公司决定在原烟草研究所基础上改制为郑州烟草研究院。它经历了初创期、成型期、发展期 3 个阶段，一步一个脚印，一步一个台阶。这 3 个阶段浓缩在名称的更换中，名称的更换又折射出它自身发展和品位提升的轨迹——从无到有、从粗到精、从被动到主动、从落后到先进，由扶栏学步的稚童，成长为意气风发、疾步飞奔的壮年，早已成为全国烟草行业科研开发和技术创新体系的主角以及 50 多个科研机构的排头兵、领头雁。

说起 1988 年由所建院的过程，还有一些“插曲”。

当时，中国烟草总公司某些人对由所改制为院颇有微词：“人员不够，实力也不太强，建院条件不成熟，还是保留‘所’的称号。”

身为烟草研究所名誉所长的朱尊权却有不同的观点：“没有梧桐树，哪有凤凰来？当年，烟草总公司不也是先有庙，后有和尚吗？不也是由小到大、由弱到强吗？一个单位不能只是被动地守摊子，而不主动出击。只有兵强了、马壮了，仗才会一仗比一仗打得漂亮。”

激情创业，闯关攻坚，成长进位。进入 20 世纪 90 年代以后，郑州烟草研究院已发展成为国家烟草专卖局唯一直属的综合性科研机构，主要从事烟叶栽培调制技术、烟草基因、卷烟加工工艺和配方、烟草化学、香精香料、打叶复烤、膨胀烟丝、烟草薄片、烟草加工设备、计算机应用、烟用仪器仪表、标准、检验、信息等方面的应用基础和共性技术研究，承担卷烟厂、烟叶复烤厂的工程设计和技术改造任务，学科覆盖范围从烟草栽培直至卷烟生产的全过程。

……

郑州市二七路上那条如弦的金水河，缓缓叮咚着经年不绝的弹拨。坐落于金水河两岸 40 多年之久的郑州烟草研究院为了寻求更大、更广阔的空间，为了在未来的舞台上大显身手，在2001年，推动新院建设紧锣密鼓地开工了。

从往事到现实的距离越长，生命的纵深感便越大，历史感也越强。当新的潮流涌来的时候，朱尊权又开始冷静地思考一些问题：新院建成后，在竞争愈演愈烈的环境里，如何出新成果？如何去实现新目标？如何获得维持增长和竞争所需的资金？这些思考构成了在转折期来临之前，朱尊权常说的“亦喜亦忧”的缘由。

他在想，郑州院这个有着几十年历史、烟草行业唯一的综合性科研单位，无论是科研设备、工作环境，还是人才结构，都与中国烟草产量占世界三分之一、卷烟消费者数量占世界四分之一的大国地位相差甚远，更不要说与其他烟草巨头的科研机构相比了。

如果只有新大楼、新设备，但科研成绩、人才建设、管理水平上不去，就失去了建新院的意义，这关乎中国烟草的前途。

对这道考题，需要成功的实践作出回答。让朱尊权欣慰的是，骄傲与压力同在、光荣与责任共存的忧患意识植入了“郑院人”的心扉。

2001年12月8日，新院奠基仪式结束后，郑州院领导层开始了对新院建设的憧憬，同时确立了“建新院，创新貌，奋力再上新台阶”的工作方针，以及科研工作坚持“狠抓规范，狠抓改革，狠抓创新”的工作重点，以“出成果，出人才”为目标，突出抓好重点科研项目。

2004年12月8日，郑州城风和日丽、晴空万里，郑州烟草研究院新院广场旗帜招展、国歌嘹亮。朱尊权以名誉院长身份，与全体职工在此举行简约而庄重的新院启用仪式。

新院位于郑州市高新技术开发区，占地150多亩，具备烟草农业、烟草工艺、烟草化学、香精香料等领域高水平的实验条件。中试车间、研究生与客座研究员公寓，还有学术报告厅等功能齐全的建筑，井然有序地散落在花园式院区内。“做国内一流、国际先进的研究院所，成为全国烟草行业最高水平的研究开发基地和权威机构”，是郑州烟草研究院的新目标。

立足于新的发展起点，郑州烟草研究院更加重视人才工作，在改革发展的各个时期，实施了人才队伍建设等一系列工作，努力造就一支与烟草行业改革发展总体相适应的人才队伍。

2010 年 7 月，朱尊权在全国发行的《科学时报》上看到一则招聘广告。来自郑州烟草研究院的招聘烟草基因组计划重大专项首席科学家、国家烟草基因研究中心主任的广告，连续 3 天占据该报头版的“半壁江山”。

朱尊权拿着报纸，高兴地对时任郑州烟草研究院院长闫亚明说：“院里这次招聘活动，注定会是烟草行业高素质专业人才队伍建设中浓墨重彩的一笔。就烟草在国民经济中的重要程度而言，引进和培育一批大师级人才是烟草行业继续发展的必然要求。只有国际化的人才，才有国际化的事业。”

“是啊，无论是行业外如钱学森、钱三强等学术界专家，还是行业内您这样的烟草大师，无不有着深厚的全球化教育科研背景。”闫亚明自 2000 年任郑州院“一把手”以后，对朱尊权等老一辈科学家始终敬重有加。

他与朱尊权的想法一致：面对日趋激烈的国际烟草竞争格局，通过“筑巢引凤”的方式吸纳更大范围、更加优秀的人才，共同推动烟草行业又好又快地发展，是烟草行业和郑州烟草研究院实现科技上水平的重要抓手。

“只有具备更加开放的科研环境，才能培育出更多真正需要的大师级人才。”朱尊权说，科技创新人才不能闭门造车，也不能纸上谈兵，要在一个又一个的持续创新实践中成长起来，对于“大师级人才”来说，尤其如此。而就这一点来说，郑州院具有明显优势。

朱尊权亲眼见证了新一代烟草科研工作者的创新精神，感受到他们对科研的使命感与责任感——

在应用基础研究方面，郑州院是孜孜不倦的先行者。每年，都从郑州院涌现出大量的发明专利、科研成果，为烟草行业科技发展注入新鲜的元素；作为技术依托单位，它承担了中式卷烟制丝生产线、卷烟减害技术、卷烟增香保润等多个科技重大专项。

在推动烟草行业技术创新方面，郑州院是不可或缺的智囊团。它将科研经验、创新成果毫无保留地传递给企业，注入卷烟品牌的生产之中，为全国重点骨干品牌的崛起、为中式卷烟市场竞争力的提升贡献力量。

在科研成果方面，郑州院实现了历史性的突破。它参与研究的项目不仅获得了烟草行业科技成果最高奖，而且先后在2003年、2004年、2010年获得3项国家科技进步奖二等奖，实现了烟草科技工作在国家最高层面获奖的突破。

在人才培养方面，郑州院是烟草行业科研人才的一面旗帜。“高筑黄金台，广延人才至。”经多年建设、培养，郑州院科研人员队伍逐步呈现规模适度、结构优化、布局合理、素质优良的局面，成为全行业从事烟草研究的专业技术人员最集中的单位。强大的人才资源，正是郑州院培育“大师级人才”的优势之一。

2010年4月29日，这是值得中国烟草界乃至亚洲烟草界庆贺的日子。这一天，由我国烟草行业提出的“烟草及烟草制品一箱内片烟密度偏差率的无损检测——电离辐射法”正式被国际标准化组织（ISO）批准发布。此前两年多的时间内，经国家烟草专卖局的具体组织，郑州烟草研究院积极沟通、深入研究，在多方精诚合作之下，如今中国烟草终于叩开了国际标准之门。这是朱尊权多年倡导的“只有国际化的人才，才有国际化的事业”的具体例证。

更让朱尊权自豪的是：2011年12月8日，中国工程院公布

2011年新当选的54名院士名单。他的开门弟子，郑州烟草研究院副院长、研究员谢剑平当选为中国工程院院士，成为继朱尊权之后全国烟草行业第二位中国工程院院士，标志着烟草行业科技领军人才培养取得新的重要突破。

朱尊权一直记得郑州烟草研究院新院建成之前，国家烟草专卖局党组寄予厚望："要确立郑州院在行业科技工作中的权威地位，充分发挥郑州院在科技方面的牵头、指导和推动作用。"如今，"牵头、指导、推动"这6个字，不仅成为郑州院内的景观和标志，更镌刻进郑州院每个人的心中，努力践行着，以创新的理念保证郑州院的旗舰位置和强大生命力。

"烟草科技发展，没有停靠站，只有加油站。中国烟草整体强大的局面，最终需要所有烟草企业的进步作为支撑。"朱尊权一直以这样的视野和认识表达自己的追求与期望。同样，作为中国烟草科技的奠基者、带头人之一，亦是烟草界后浪推前浪、一代又一代继往开来的中国烟草史的见证人，他相信，烟草行业如同进步的历史一样，是一天天前进着的，正像一句经典歌词所言：明天会更好！中国由烟草大国成为烟草强国的跨越之路，已在途中。

11

现实生活中总有那些有美不言的人。不言，似乎留给我们回味的东西更多。这些东西又沉淀在心里，这大概就是为何觉得沉重和敬慕的原因。

在国家烟草专卖局、郑州烟草研究院等各方面的再三劝说下，2002年6月，朱尊权终于开启了因坚持“低调”而一直紧闭的“为他写传”的大门。

在时任国家烟草专卖局办公室主任周瑞增的积极动员并具体策划和推进下，2004年2月，《朱尊权》一书由中央文献出版社出版。

而让朱尊权开启“写传”之门，又是一件多么不易的事情。

2012年9月，周瑞增在题为《怀念朱老》的文章中再现了劝说朱尊权同意写传的一段经历：

经请示国家局领导同意后，我请郑州烟草研究院的领导帮助给朱老做做工作，能够整理出版朱老的回忆录。不久，闫亚明院长回复我说，朱老不愿为自己出书，工作不大好做。因为，朱老的基本思维是生不立传，自己即便有一点成绩，也是组织的培养、领导的支持和集体的努力，个人没有什么好写的。

听了闫院长的话，我深受感动，对朱老的敬重之情更加油然而生，同时也更增加了想为朱老出书的愿望。于是，我请张红同志陪同到了郑州院并与朱老促膝长谈，开始时朱老仍表示推辞，并强调很多工作都是王承翰、孙瑞申等老专家和院里新老领导、新老同志一起来做的，表现得十分低调和谦逊。

后来我向朱老诚恳地讲道：我这次到郑州是专门给您做“思想工作”的。您是我国烟草行业目前唯一的中国工程院院士，写您不是单单写您个人，而是要写像您一样的从旧社会走过来的一代爱国知识分子，是写新中国和烟草科技工作者的集体。而且您是德高望重的长者，把您80多年的经历和追求写出来，也是为了教育青年、激励后学。为您出书，不能完全从个人意义的角度看问题，而是要看到它的行业及社会意义。

此后，在郑州烟草研究院的大力支持和张红同志的辛勤努力下，较好地完成了《朱尊权》一书的编写工作。时任国家局局长姜成康对出版此书高度重视，亲自为书作序，对朱老的贡献和朱老的精神给予了高度评价和高度概括。

……

作为《朱尊权》的作者，笔者也十分真切地感受到了朱尊权谦逊、率真的美德。即便在各方劝说下做通了老人家的工作，首肯写传之事，但他还是多次强调“我个人没什么好写的”，并由此流露出“为难”的表情：“为一生平凡的人写传，我认为意义不大。领导的安排，同事们、朋友们的鼓励以及作者的认真与热情，难以推却。”

笔者想起了这样一个故事：在希腊海神殿的石柱下，一些人搜寻着拜伦的名字。他们抬着头在高处寻找，因为觉得他是一位伟大的诗人，名字理应高高在上。结果，他们找到了，却是在不用抬头的位置，是拜伦亲自用手写体刻写的，小写字母，端正，而且是他低头刻写的。

这种姿态吻合了中国古代哲言集锦《菜根谭》里的那句话：“文章做到极处，无有他奇，只是恰好；人品做到极处，无有他异，只是本然。”

朱尊权的姿态无有他异，也是一种本然。那么，他是否不好沟通、不好接近呢？恰恰相反，他是一位很容易让人放松、安静，让人产生崇敬之情的老人，因为他和蔼、热情，为他人着想，还执着并有责任心。

回眸自己一生的岁岁年年，朱尊权说得最多的是对时光飞逝的惊异，很多事情仿佛在昨天、在眼前，其实已经过去几十年了。回忆，有时是件很愉快的事，有时又令人伤感。不管是哪种情境，朱尊权的表情一直从容、平静。他不是那种讲起话来特别兴奋的人，也不见很多老人回忆往事时因思绪陡增而常会出现的脆弱。他只是面带微笑，与对方保持目光接触，给人一种坦诚感。

2002年，为写作《朱尊权》一书，接受笔者采访的朱尊权已

83岁。这位老人从头说起自己过往的事，过程并不像旁人想象的那般，庞大得像一片长无边际的思索之海。很多时候，我们的话题说得热热闹闹，或许这样的采访更像聊天，所以，笔者把采访的内容整理出来后发现，有些文字太过平淡，与朱尊权的经历比起来，好像有什么重量级的文字被遗落了。

不过，再一想，朱尊权习惯将一切作为都蕴含在不事张扬中，文字只是为了给读者一个更贴切、清晰的主人公印象。或许在朱尊权看来，这样更恰如其分。

笔者在有些章节里写下的一些赞叹式语句段落，在朱尊权审稿时被他删去了。那些赞叹是由衷的，朱尊权的“删除”也是由衷的。其实，这又添加了一份赞叹留在笔者心里。

笔者在采访中发现，熟知朱尊权的朋友、同事对他的评价惊人的一致：生活中的淡泊，待人中的友善，工作中的执着，事业中的深情，治学中的严谨。

他们的声音和他们的表情一样，所有叙述、感慨均是由衷的——

金茂先（国家烟草专卖局原副局长）：“朱院长是德高望重的著名烟草专家，是我国烟草科技工作的主要奠基人之一，为我国烟草科技事业的发展作出了突出贡献。为他写传记很有必要，不仅是重现朱老的历程和成就，更主要的是给年轻的烟草科技人员树立学习的榜样。”

周瑞增（北京市烟草专卖局原局长）：“朱老当年放弃优厚待遇，冲破阻力，毅然回国投身社会主义建设，很不简单。多年来，他无论身处何境，信仰始终不变，对党忠诚，对事业执着，对名利淡泊。我们从中体味到中国老一辈烟草科学家的高尚情怀，这是烟草行业一笔宝贵的精神财富。”

袁行思（中国烟草总公司原副经理、郑州烟草研究院原院长）：“朱老对烟草事业有一颗赤诚之心，一直兢兢业业、勤勤恳恳。现在，他年事虽高，工作干劲却没减，其志可嘉，令人感佩。我常劝他‘悠着点’。”

闫亚明（时任郑州烟草研究院院长）：“朱老爱党爱国、执着敬业。现在，他已是80多岁的高龄，但仍经常工作在科研、生产和培养青年学子的第一线。这种忘我精神以及高尚品格无论怎么宣传都不过分，值得我们年轻一代科技工作者敬重和学习。”

江文伟（郑州烟草研究院原副总工程师）：“朱老是一个正道直行的人，干工作从大处着眼，因人胜任，好钢都用在刀刃上，不搞四平八稳。他执着于观念创新，视野开阔，考虑问题缜密，要么三天不说话，一开口事情就有谱了。”

黄嘉礽（郑州烟草研究院原副院长）：“朱院长善于为他人着想。有一年，我主持了一项院职工集资的事，大伙儿都高高兴兴的，只有朱老问了我一句：‘你个人不会犯错误吧？’其中的用心非常明了，他是担心我出事。”

刘峘（郑州烟草研究院原副院长）：“在中国烟草行业，能当选为院士，不仅是前无古人，也许可以说后来者也很难。朱院长的工作经历无愧于党、无愧于国家、无愧于人民，这是他应得的荣誉。”

谢剑平（时任郑州烟草研究院副院长）：“朱院长以丰富的学识、修养和扶植年轻人的热心，赢得了大家的尊敬。他真心实意地爱才若渴，实为人师而又不以师长自居，实为烟草科技界叱咤风云的人物，却依然保持低调、稳健的作风，具有科学家的高尚风范。”

冯茜（郑州烟草研究院研究员）：“厚貌深辞的朱老和他夫人姚雪英阿姨，在我成长的道路上起了关键的引导作用。在我人生最低潮的时候，他们夫妻俩给了我战胜疾病、克服困难的勇气和信心。我从两位老人身上学到了不少做人的道理，培养了不服输的性格。”

钱鸿意（郑州烟草研究院退休干部）："朱院长个人受到历史变迁的极大影响，但一直未放弃对信仰的追求和自我完善的过程。这一点可以从他对党忠诚，以实际行动加入党组织上得到证明。"

钱瑞祥（郑州烟草研究院退休职工）："我在1958年与朱院长一起从上海来到郑州。那时，我还是一个小青年。当时，我抱着试试看的想法，不行的话，还是要回上海的。我能够留下来，是受朱院长和其他老同志影响，榜样的力量是无穷的。"

谢德平（平顶山市烟草公司原生产科科长）："种树不乘凉是他的情怀，施恩不图报是他的人生宗旨。朱老是位很有德行的前辈，对基层科研人员非常支持、关爱，经常下基层指导我们的工作，但他从不在科研成果上留自己的名字，甘愿当年轻人的梯子。"

……

类似感言，如果罗列下来，还会有很多。

每采访完一位朱尊权的同事和朋友，笔者心里就多了一份敬佩，也多了一份担忧和压力——面对这样一位重量级人物，笔者的文字怎能够铺就他沉甸甸的过往生命的步履？笔者胸臆间时常鼓荡着无力表述的意绪：心里有，纸下无；心到了，手却怎么也到不了。

如此，不如摘录一段1997年朱尊权当选为中国工程院院士后，时任国家烟草专卖局局长倪益瑾发来的贺信。或许读者可以从热情洋溢的措辞、凝重激越的笔调之中，看到最淋漓的展示、最有力的注解——

朱尊权同志：

欣悉您当选中国工程院院士，荣获国家设立的工程技术最高学术称号，我谨代表国家烟草专卖局（中国烟草总公司）并以我个人的名义，向您表示热烈的祝贺和崇高的敬意。

您在新中国成立初期就响应党和国家的号召，毅然放弃在美国的优厚待遇回国参加社会主义建设。近半个世纪以来，您为祖国烟草科技事业的发展辛勤耕耘、努力拼搏，成绩卓著。无论是在生产第一线，还是在科研院所，您总是孜孜不倦地从事科学实验、指导生产、著书立说、培养后生、推进国际交流、引进先进技术和现代管理，为提高中国烟叶和卷烟质量、发展烟草科技事业，作出了极其重要的贡献，表现出渊博的学识和驾驭科技工作的能力。您是当之无愧的中国烟草科技工作奠基者和学术带头人。您淡泊名利、忘我工作，充分体现了热爱祖国的崇高精神和无私奉献的高尚风范。您是当代科技人员的榜样和楷模。

这是一件可喜可贺的大事，中国烟草行业 50 多万职工中诞生了第一位中国工程院院士。1998 年初，庆贺大会在郑州烟草研究院隆重召开。

时节非春，气象皆春。国家烟草专卖局及河南省委、省政府有关领导与郑州院的全体职工欢聚一堂，中国工程院院长朱光亚、国家烟草专卖局局长倪益瑾发来热情洋溢的贺信。

与会者欢欣鼓舞。“热烈祝贺朱尊权当选为中国工程院院士”的横幅挂在郑州烟草研究院大门口外最醒目的位置。

深刻而整体地了解一个人，不光要了解他的才能，还要了解他的心灵。我们可以从“当选院士”这件事，再次触摸到朱尊权的精神情怀。

事情是这样的。在朱尊权看来，当选院士纯属“无心插柳”的意外。从头到尾，整个过程中，他几乎没有投入应有的精力和关注。最初，他只是例行公事，按照上面的要求，递交了个人申报材料。后来，中国工程院要他再补充一些论文。见此情形，他干脆“借坡下驴”，不把“申报”当回事了。

“我想，几十年来，我只是尽己所能为烟草行业做了一些工作，够不到院士的份儿上。我年纪也大了，不如把名额让给有贡献的年轻人。再说，中国工程院当年分8个学部，农业、轻纺、环境属于同一个学部，是8个学部之一。这个学部的院士名额以农业的比重为最大，轻纺只占20%，而轻纺中的轻工业这一块又只占其中的10%。轻工业有20多个大行业，我们烟草行业是其中之一，又是一个有争议的行业。你想想，当选院士的概率会怎样?”

如果按照朱尊权个人的心性，他是绝对不会劳神费心地去争取院士头衔的。这并不是说他没有进取心、不在乎荣誉，而是说，他绝不会在科研工作之外，为了一个院士头衔去做任何别的事情。

对后来的事，朱尊权确实没管没问。补充论文的事，都是由郑州院帮助弄好的。

中国烟草总公司和郑州烟草研究院的领导从朱尊权轻名利、重事实的态度，进一步认识到这位老科学家高尚的精神品格和学风涵养，也看到科学家之言在重大决策中的分量和意义，更看到中国烟草科研领域需要朱尊权这样的领军人物。

中国科学院院士、中国工程院院士是一名顶级科学家的终极荣誉，是一名科学家的研究成就和科学贡献达到国家最高水准的标志。1997年5月，推荐朱尊权为中国工程院院士候选人的材料被送进了北京。

同年6月下旬，中国工程院院长朱光亚通知朱尊权已当选中国工程院院士的来信摆在了朱尊权的桌上。

朱尊权同志：

我十分荣幸地通知您，您于1997年5月当选为中国工程院院士。当选名单已经国务院批准，特此通知，顺致祝贺。

朱光亚

1997年6月20日

“朱院长当选中国工程院院士啦!”

喜讯很快传遍了郑州烟草研究院，全院的同事都为朱尊权感到高兴、感到欣喜。

“朱老，您可得请客呀!”

最初听到当选院士的消息，身在福建烟区的朱尊权始而惊奇，继而莞尔，再后半信半疑——因为他还是原来的想法：自己是不够资格的。数量众多的候选人和多层次的严格遴选保证了院士的高水准，如果把这种遴选称为精英中的百里挑一，那是名副其实的。

当一切被证实后，朱尊权说，这是机遇凑巧了。

在庆祝会上，朱尊权的确很激动，并由此带来少许的语无伦次。他最想表达的感受，就是他曾经反复说过的两句话：“如果我的工作得不到大家的支持，无疑我的工作就很少有价值。所有的荣誉应该是属于大家的。”

朱尊权没有把辉煌的一笔记在自己的荣誉册上。面对荣誉，他反而感到压力和窘迫。他生性随和，最怕隆重的仪式，最怕把自己摆在焦点的位置上，给弄出个煞有其事的模样。

他是个十分认真而坦诚的人，最不愿意僭越荣誉来装点自己。有一次，一家媒体刊登了一篇有关他的长篇报道，文中某些地方与事实有稍许出入，其实并无大碍，而他却执拗地“计较”不能掠他人之美，把别人的功劳算在自己头上。

这次也一样，他自始至终认为自己不够当院士的条件。现在既然当上了，他很喜悦、很高兴，但他认为，所有这些，都是拜烟草所赐，是烟草行业的骄傲，是郑州院及一切多年共事的同志们的荣誉。他只是尽己应尽之力，没有必要宣扬他个人。

“当选中国工程院院士，出乎本人预想，亦喜亦忧。喜的是烟草行业、郑州院有了一名院士；忧的是名实难符，深感有愧。我一直认为，这项荣誉应该属于多年共事的集体。”这种想法，最终使朱尊权提出把郑州院大门口那幅刚挂上去不久的庆祝横幅摘下来，否则，他会感到心绪不宁、诚惶诚恐。他希望热闹的庆贺场面尽快偃旗息鼓。

几十年的风风雨雨，朱尊权都能够逾越，他自信自己面对艰苦和危难时的身心承受能力，并且从容沉静，但他从不具备对于赞美的坦然。赞美似乎是使他不适或尴尬的东西，他甚至觉得“难受”。

他说，喜欢自己选择的事业，就够了，就如愿以偿了，就此生无憾了。他从没有想过沉甸甸的荣誉在身的“体会”。在工作上，他希望成功，但并不是非成功不可。这是因为，工作是他的感情需要，而努力工作，才是给他成就感的最大快乐。

中国烟草总公司建立之初曾想请朱尊权出任总工程师，他婉拒了，但他保证，凡总公司交来的任务，一定尽心尽力完成好。他的愿望不是从中得到些什么，而是应该做些什么。

凡涉及烟草的事情，他几乎都关心。早在1988年，他就与一批烟草界老专家倡议，全行业共同建设一个旨在收藏、保存、研究、展示、宣传中国烟草文化的中国烟草博物馆。国家烟草专卖局党组十分重视老专家们“馆开博物，广教后人”的提议。2004年7月，见证中国烟草历史、折射中国烟草文化的中国烟草博物馆亮相于中国近代烟草工业发源地——上海。2005年4月，朱尊权和烟草行业300多名离退休老同志一同参观中国烟草博物馆。展厅里，一幅幅图片、一张张图表、一件件实物、一段段视频，让朱尊权感慨万千。他欣然题词：“烟草飘香数百载，有功有过；减害增益为人民，化过为功——夙愿尚待不懈创新。”

为了使中国烟草博物馆生动再现中国烟草的发展历史，让更多的人了解烟草、认识烟草，从2000年筹建到2004年竣工期间，朱尊权多次赴沪，同参与筹建的各方人员就布展内容、布展形式和布展效果进行商讨交流。其间，他与烟草文化历史专家、负责中国烟草博物馆陈列大纲编写工作的陈志明多次长谈，以切身经

2005 年 4 月，朱尊权（左二）与袁行思（左一）等人参观中国烟草博物馆

历提供了大量的史料线索，使陈列大纲得以深化和完善，更契合中国烟草历史发展的真实进程。开馆一年后的 2005 年，当中国烟草博物馆决定对烟草农业馆进行局部调整并将调整大纲寄给朱尊权等烟草界专家征询意见时，当时已 86 岁高龄的朱尊权冒着高温酷暑，在家中对烟草农业馆调整大纲进行逐段逐句的修改，并第一个将修改好的调整大纲通过快件方式寄给博物馆。

2008 年 11 月 7 日，参加完在上海召开的国际烟草科学大会后，已 89 岁高龄的朱尊权陪同左天觉再次参观了中国烟草博物馆。在与博物馆领导交谈时，他希望博物馆组织专门研究人员，沿着 20 世纪 80 年代广西合浦出土的瓷烟斗这个线索，深入进行烟草传入中国时间问题的研究。

2009 年秋，中国烟草博物馆派员来到郑州向朱尊权汇报这项研究课题的初步结果后，他兴奋地说："中国烟草文化源远流长，对发现的历史线索继续探寻，说不定有更多的惊喜等着我们。"

这让在场的人看到了一名老科技工作者的真性情、一种与烟草割不断的情缘，还有振兴烟草事业的责任心和紧迫感。

12

对于朱尊权这位把人生准则范畴扩大到“独善其身”之外的科学家来说，他的事业着力点是推动烟草行业整体进步。他不光注重科学研究，更注重扶植培养年轻人。20世纪80年代初，他抓住国家建立硕士研究生培养点的机会，为郑州烟草研究所争取到培养中国轻工业科学院研究生的资格。轻工业部当时共10多个研究院所，只有少数几个单位获得此项资格。

郑州烟草研究所自1982年招生以后，为烟草行业培养了一大批不同层次的专业技术人才。进入2000年后，郑州院招收硕士研究生的指标逐年增加。从2004年起，还与中国科学院联合培养烟草化学研究方向的博士研究生。

谢剑平、刘立全、施雄伟3人是朱尊权的开门弟子。1981年底，在即将大学毕业之际，他们分别收到了轻工业部烟草工业科学研究所（郑州烟草研究院前身）的研究生录取通知书。

刘立全回忆说，1982年初入学时，由于来晚了，到郑州后未能拜见朱尊权，就匆忙赶往北京学习基础课。“一次，朱老师到北京开会抽空去看望我们。在未见到朱老师前，我想，朱老师是名人，名人的架子一般都比较大，难说话，难打交道，因而顾虑重重。见到他后，顾虑顿消。他和蔼可亲，平易近人，嘘寒问暖，令我倍感亲切，一下子拉近了与我们的距离。”

“朱老师见到我们的第一句话就问我们生活和学习上有什么

困难、需要什么帮助。当时，我们的学习压力确实很大，要学习的科目多、难度大。”施雄伟是3人中年龄最小的，第一次上英语课就被不会说一句汉语的美国教授罗伯特“训斥”了一顿。罗伯特拿着花名册连着点了施雄伟3次名，他居然因为听不懂没应答。罗伯特责怪施雄伟“没长耳朵”，当着全班同学“请”他站起来，指着他的脸“按图说教”：“这是嘴、这是眼、这是耳朵，明白吗?”说得施雄伟又羞又气，当场眼泪狂奔。

“我们仨都是南方人，不适应周末学校食堂一天只供应两顿饭。学校周围也没有餐馆，大家实在饿得难受。”谢剑平倒出心中的“苦水”。

听了3位学生的“汇报”，朱尊权笑了，他说：“不要着急，只要坚持就一定会过关。你们这点困难比起我当年在美国学习时候的小多了。当初，我在一个陌生的国度里，克服了听力和语言障碍，还有许多意想不到的困难，就是靠坚持。”

朱尊权鼓励他的学生：“一定要坚持住。十年动乱之后百废待兴，国家需要你们，学习机会难得，你们一定要珍惜这个来之不易的学习机会。只要坚持，只要不放弃，我相信你们一定会克服各种困难，顺利完成学业的。”

接着，朱尊权脸上露出慈父般的关爱：“生活上，你们可以买点饼干或点心之类的食品，睡前吃点，周末吃点。你们没钱，我这里有。”

听了朱尊权一席语重心长的教诲，3人信心倍增。施雄伟从学校借来录音机，把罗伯特的讲课内容全部录下来，晚上回宿舍消化。期末考试，他的英语得了“A”。

就这样，在朱尊权和其他导师的关心、鼓励下，他们3人都以优异成绩顺利完成了一年半的基础课学习。

1983年仲夏，谢剑平、刘立全、施雄伟3人回到郑州烟草研究所做毕业课题。朱尊权和导师组的其他老师一起，根据当时的国际烟草研究热点、3 人的学习情况和个人爱好，给每人确定一个毕业课题。

“我们几个人都是从校门出来就直接进入研究单位，对科研立项、资料整理和选题论证都不熟悉，几份开题报告写得很像教课讲义，而且比较粗糙。朱老就和导师组的其他老师一起帮助我们修改开题报告，设计实验方案，制订实验计划，购买实验设备，联系实验场地。”施雄伟说。

“实验过程中，朱老要求我们 3 人每周汇报一次课题进展情况。实验遇到困难，他及时帮助我们解决。当时，我们不会吸烟，朱老和导师组的其他老师就给我们评吸。”谢剑平说。

“我的毕业课题是《薄荷醇吸附剂的研究》，主要是瞄准瑞士本卡顿公司最先进的保持薄荷味的滤嘴吸附剂技术。为了帮助我顺利完成毕业课题，朱老把与瑞士本卡顿公司交流的技术资料、吸附剂样品，以及与日本烟草公司交流的含吸附剂的滤嘴卷烟样品都交给了我，并购买了 4 种国内外著名品牌的薄荷卷烟样品给我作对照。他对我的论文一遍又一遍地修改，达 20 次之多，前后历时约 2 个月。”说起这段往事，刘立全满怀感激。

1985 年 8 月，谢剑平、刘立全、施雄伟顺利通过毕业论文答辩，获工学硕士学位。

“第二导师孙瑞申先生曾深情地跟我们说：‘你们能顺利拿到硕士学位，朱老师的功劳最大，你们可千万不要忘记他呀！’是的，我们当然不会忘记朱老和导师组其他老师的辛劳。”谢剑平说，最令他们感动的是，朱尊权为了突出学生的成绩，在论文署名时高风亮节，将学生的名字写在最前边，而把他的名字署在最后边。

在培养年轻人方面，朱尊权不是简单地从物质上让大家得到实惠，而是从长远着眼，重视青年科技人员的提携与成长。他考虑最多的是如何让年轻人在工作岗位上成长进步得更快一点，尽

1985年夏，郑州烟草研究所举行85届食品工程（烟草）硕士学位证书颁发大会（前排左五为朱尊权，左一为袁行思，左三为孙瑞申，右三为王承翰）

快适应形势发展的需要。

他认为，有担当才有希望。有效的办法是给年轻人压担子，促进一批优秀青年科研骨干脱颖而出、担当重任。

“担子从哪里来？多找课题。课题越多，担子就越重，也越能得到锻炼。”朱尊权鼓励年轻人从接地气上找课题。他自己很乐于下基层，经常带领年轻人到农村、工厂，深入现场，了解实情。朱尊权即使年过90岁，身影还经常出现在烈日炎炎的烟田。

工作中与朱尊权接触较多的尹启生、蔡宪杰说：“朱老对烟农、对烟叶有种特殊情感，每次到烟区，总会安排时间进农家、访民情、办讲座、谈想法，边访谈、边调研，带着问题来，带着思考去。”朱尊权经常对身边的人说，搞科研的人走出机关、走进基层，目的就是为了“问症”开“药方”，实现“百尺竿头，更进一步”。

“接地气才有底气，才能了解生产过程中存在的难题，然后加以区分：哪些是我们已经解决了的，哪些是因为推广不力未能得到应用的，哪些是我们尚未涉足的需要立项研究的。”朱尊权每次外出，一般总有年轻人一同前往。年轻人愿意跟他学，他也希望他们多接触实际、接受锻炼。

对于培养年轻人，朱尊权主张多设目标，不设障碍，不光给年轻人压担子，还充分肯定他们的科研能力、技术才能，对他们的政治觉悟也十分信赖。1988 年，一次在研究选派人员出国培训时，因为几年前曾发生过出国后未能按期归来的现象，郑州院个别院领导心存疑虑。朱尊权却不以为然：“培训是为了提高，深造是为了回来，锻炼是为了工作。见多才能识广，我们需要‘请进来’，也需要‘走出去’。现在面临的环境完全不同。中国烟草如果不注重创新，不了解竞争对手，不改进自己的弱点，势必在今后的竞争中面临退出。从这个意义上说，出国培训是激发创意和引导创新的重要起点。只有工作是国际水平的，造就的人才才可能走向世界。”

朱尊权不相信年轻人一出国就不回来。他坚信年轻一代的政治觉悟，相信每个立志献身祖国经济建设的人是不会离开祖国的，会有一颗报国之心。

在很多年轻人和晚辈后生眼里，朱尊权是前辈，是名人，是专家，是权威。同时，每一个与他接触过的人都知道，他更是一位慈祥的长者、和善的同事和知心的朋友。除了时刻不忘为中国的烟草科技事业培养更多人才，朱尊权对青年一代的生活、学识、行为也极为关心、赏识和尊重。他们也被他的仁善、谦逊、率真所打动。

下面，不妨听听郑州烟草研究院几位职工的讲述——

徐启新（院长办公室原副主任）：“那一年，我刚进院，恰逢节前组织打扫卫生。为了把 4 楼实验室的玻璃外侧擦得更干净些，我整个身体站在了窗外。这时，恰好朱老从楼下走过，大声提醒道：‘小徐，快进去，这样太危险了！’我说：‘不要紧，我会小心的。’没想到，朱老不一会儿便气喘吁吁地从楼下爬楼梯上到4楼，坚持要我下来。当时，他已经60多岁，白发苍苍。而我只是一个刚报到不久的大学毕业生，甚至还没有跟他说过话。这件看似微不足道的小事，在我心里记了30多年。”

王平（司机）：“朱老不倚老卖老，听得进意见，而且乐于承认自己的错误。对这一点，我很有体会。有次出差返程前，我帮他整理行李。他认为按我的方法放不下，要换个方向摆。我说：‘照您说的方法肯定不行。’最后，果然放不下。他一看，嘿嘿笑起来，拍着脑袋说：‘哎呀，我老糊涂啦。原谅我，你是对的。’”

赵明月（研究员）：“记得1994年8月，那个时候，我下海的愿望很强烈，请事假远赴广州。两个月后，朱先生打来电话询问我的近况，他说，你学的是烟草专业，丢掉了太可惜。烟草行业需要你这样的专业人才，希望你认真考虑并能回来。听完朱先生的话，我毅然决然地返回了郑州。在此后的10多年里，我的事业取得了快速的发展，获得了多项科研成果。如果不是朱先生的一席话，我真不知道现在还在哪里沉浮。”

李桂贤（秘书）：“2008年8月的一天，我来到朱老的办公室。他亲切和蔼地请我坐下，详细地讲了叫我来的目的。11月份，国际烟草科学大会将在上海召开。会议特邀朱老出席，作关于中国烟叶生产科研现状与展望的专题报告。朱老对这次专题报告非常重视，早早地就准备好了英文讲稿。这次叫我来，是专门让我作为听众和老师，听他试讲并帮助纠正发音的。听到这里，我顿时紧张起来。一个有着多年海外生活经验、毕生致力于烟草科技发展并在行业内有着极高威望的耄耋之年的老人，竟然请我这个初入行业的年轻员工来参与试讲评议并纠正发音，我真的没想到。”

刘克建（工程师）：“多年前，我陪同朱老外出调研，院里特意为我们准备了一部手机，主要为方便朱老。当时，我的女朋友

打电话过来。有两次正好我和朱老在一起，我就匆匆挂掉了。朱老问：‘是女朋友？’

‘嗯’。我回答。

‘关系怎样？’

‘快成家了！’

‘那就要对人家好点啊！’朱老责怪似的看着我。

‘可是，您在和我说事呢！’

‘这算啥事啊？小刘，你们两口子的感情才最重要！’”

……

也许，朱尊权自己也没有察觉到他平日里不经意的言行举动，已深深印在后生晚辈的心里，这些对他们来说甚至是一种震撼、一种感动。他不仅以渊博的知识和严谨的科学态度教育并培养新一代的科技工作者，他的情操和道德风范也影响着一批又一批后来者。正如美国烟草专家史密斯所说：“我结识的朱尊权博士是一位学者、仁者、韧者，不光胸襟广阔、卓识高远，而且还是位虚怀若谷、虚心好学、礼让后生的前辈，这么好的人是值得当作父亲去尊敬、去爱戴的。”

13

2002年9月，在朱尊权的安排下，笔者认识了他的家人——妻子姚雪英、女儿朱勇进。之前，有人跟笔者说起过姚雪英阿姨的美。有备而看她的出现，果真。不说岁数，她是美人；说到岁数，更是美人。

很难相信，这位70多岁的老人的肌肤看上去仍然如凝脂一般，她年轻时的美自然让人怎么想象都不为过。朱尊权和姚雪英的女儿朱勇进也很漂亮。在外人眼里，这是一个和睦、幸福的家庭。

事实确实如此。

好的姻缘是要靠珍惜之心来维系的，珍惜便是缘。朱尊权与姚雪英的缘，便是在彼此同声相应、同气相求的珍惜中延续的。曾经的一封书信、出门前的一次拥别……已经成了这两位老人共同拥有的无数细小珍贵的回忆。

有人说，朱尊权“怕”老婆。笔者“有意”去求证，他毫不避讳：“在家里、在生活上，我一般都听老姚的。”说这话时，老人有一种“多一事不如少一事”的怡然自得。原来，这种“怕”是尊重，是省心，归根到底还是爱。

其实，他们夫妻俩很少说起对方。他们之间太亲近了，两人对自己感情的起伏，从来不愿用太多的语言，如果说起，也是只言片语。一次，在河南省妇联颁发的捐助证书上，捐赠人的姓名

朱尊权与家人（左为姚雪英，右为朱勇进）

排序是朱尊权在前、姚雪英在后。朱尊权对郑州院工会负责人说："今后在捐助证书上，一定要提醒省妇联的同志将老姚的名字写在前面，因为她比我更牵挂这些需要帮助的孩子，她比我付出的心血更多。"

在不少人眼中，朱尊权、姚雪英夫妇如同两棵并肩而立的大树，一个是另一个感情寄托的支撑，另一个又是这一个爱意栖息的绿荫。根紧握在地下，叶相触在云端，终身相依。

朱尊权的秘书王瑞华说："朱老从不带家里的钥匙，下班回家都是姚阿姨开门。只要听他在门口轻轻叫一声'雪英'，姚阿姨便会笑意盈盈地打开门，然后牵住朱老的手。顿时，温馨的家庭气息扑面而来。每次出差，朱老都要带着姚阿姨为他准备的一个苹果……"

笔者不由想起美国著名学者柯林斯在他一部著作中的一段自序："随着岁月的流逝，你的爱人爱汝弥深、敬君日盛，这才是人生成功的最终定义。"

没有谁会否定，家庭生活的成功是最令人欣羡的成功。

在朱尊权家里，最为醒目的当属挂在墙上的一张照片。这是一张摄于20世纪80年代末的照片，一家三口幸福相拥，丈夫朱尊权充满爱意，妻子姚雪英端庄典雅，女儿朱勇进娇柔美丽。

关于这张照片，时任郑州烟草研究院工会副主席许书平还说了一个故事。

有一年，郑州院布置一个文化展厅，需要朱尊权提供一张家庭生活照。谁都知道朱尊权不愿意宣传个人的脾气和性格，许书平对能否完成这项任务心里一点儿底都没有。

"朱老，院里办展，想请您提供一张家庭照片。"

"行。"许书平的话刚出口，朱尊权就爽快地答应了。

他很快从办公桌抽屉里拿出了一张彩照，当时并没有马上把照片交给许书平，而是一边仔细地端详，一边把拍摄的时间、在家中哪个房间拍的、当时情景怎样一一道来，像是说给许书平听，更像是说给他自己听。

“别弄丢了，用完后请还给我。”朱尊权认真地说。

随后，朱尊权递交照片时一个不经意的动作再次温暖了许书平。“他的手指是那么自然地、轻轻地、慢慢地抚过照片，像是要拂掉上面的灰尘，又像是有些深情的留恋……”拿着被朱尊权取名为“全家福”的照片，也是唯一一张他同意公开的家庭照，许书平感动了很久，“它深化了我们对一个哲理的认识：千姿百态的人生，滋生出千万条道路，而最后的归途只有一条，叫生活。”

朱尊权、姚雪英夫妇从容不迫地活在自己的空间里，活出自己的模式来。女主人早已全身心地进入恬淡的境界，恬淡得几乎足不出户，使她的生活臻于纯真的化境——说自己知道的话，干自己应该干的事，做自己想做的人。就像大树的年轮一样，始终围绕着圆心生长。是什么让她如此含蓄、如此满足？一颗平常心而已。

可贵的是，为了平淡的生活，姚雪英并未放弃生活中可能存在的精彩，这种精彩的本质便是细致的体贴和永恒的爱意。比如，她会把电视和书籍里有关健康、育儿诸多方面的生活小常识记录下来，然后热情、详细地向需要得到这些信息的邻居、同事们介绍。邻居们如果有困难，只要她能够帮上忙，定会视为一己之责，倾力相助。

与姚雪英的“热情”一样，给人印象深刻的还有她的“认真”。认真仿佛是她与生俱来的秉性。

20 世纪 60 年代初，朱尊权一行到云南路南县一个村镇进行烤烟分级标准验证，该镇距著名的石林风景区只有 10 来里路。工作结束后，云南省农业厅一位老农艺师建议朱尊权他们在返回昆明时顺道去石林景区看看。朱尊权与国家标准局的一位处长和这位农艺师 3 人徒步走到石林，参观完后，在石林住了一宿。结果，石林的那张住宿发票，在朱尊权报销差旅费时，被姚雪英毫不留情地从账单上撕了下来。

她就是这么一个认真的人。朱尊权不会在乎老伴儿对自己的认真，但姚雪英这种性格不是人人都能欣赏的。她一直在郑州烟草研究院干财务工作，认真就是她的工作原则，而且一视同仁，因此得罪了一些人。姚雪英有时也“反省”自己是否过于认真，她仔细想想，觉得坚持原则没有错，应当认真的还得认真，不管别人怎样看。

认真落实到她自己身上，便是“律己”。

“文化大革命”初期，郑州所的工作几乎瘫痪。而姚雪英每天仍到所里上班，她的想法很简单：“财务室只有两人，那位同事已经回上海了，剩下的工作就应当由自己来承担，这是我的本职。”

虽然朱尊权经常有出省、出国的机会，但姚雪英没有搭过一次“便车”。有一次，国家烟草专卖局的红头文件上指明朱尊权携夫人参加会议，可她仍然坚持“不能占公家便宜”。对公家的东西，她锱铢必较，哪怕用公家的纸张写封私信，也会对自己说“不”。

说起朱尊权、姚雪英夫妇公私分明的品质，郑州烟草研究院退休员工李棋说了两件事：1998 年，朱尊权提出给家里安装一个坐便器，因为自己年龄大了，蹲便困难。李棋很快组织人员给他采购便池并进行安装，谁知朱尊权已让家人把便池买好了，不让公家出钱。还有一次，朱尊权在湖北老家的亲戚来郑州看望他，郑州院把他们安排在宾馆住下。事后，朱尊权硬是自己结了费用。他说，不能搞特殊，不能占公家便宜。同事们都知道，作为一个作出突出贡献的老专家，朱尊权有贡献而不居功自傲，有条件而不贪图安逸，有权力而不搞特殊化，创造了累累硕果却不断反省自己，除了工作，从不向组织提出任何要求。

14

不可不提的是，几十年间，“广施博爱，济贫扶困”的美德一直根植在朱尊权、姚雪英夫妇心里，构成了他们生活中一道绚丽的风景。当国家有灾情和困难时，不管单位是否组织捐款，他们都会慷慨地捐出一定数目的薪金，或是购买衣服、被褥捐赠给灾民。他们究竟捐了多少钱、多少物品，几十年下来，已难以计数。很多是他们不具名寄出去的。

“20 世纪 60 年代初，正逢三年困难期间，人们的生活都很困难，尤其是上门讨饭的比较多。每当遇到这种情况，朱老和姚雪英阿姨就会把家里的饭菜毫不保留地端出来给人家吃。”郑州烟草研究院职工石永新对往事记忆犹新。有一个情景给他留下了难忘的印象。当时只有 8 岁的石永新放学回到家，看到一个讨饭的老大爷正坐在院门口吃朱尊权送来的饭菜，身边还放着朱尊权送给他的御寒的衣服和鞋子，老人感动得泪水纵横。

1966 年 11 月，姚雪英到河南濮阳县新习公社参加抗旱回来后，匿名从郑州寄去 1000 元，帮助新习公社购置抗旱机具。如果不是对方把感谢信送到单位，同事们还不知道朱尊权、姚雪英夫妇用化名寄出 1000 元帮助新习公社打机井。当时的 1000 元可不是个小数目，相当于一个工作多年的工程师近 20 个月的工资。

用粮票、物品救济有困难的同事和朋友，在那个时候也是朱尊权和姚雪英经常做的。

多年间，郑州烟草研究院机关党委、人事处几乎每位同志，都做过他们夫妻俩为“希望工程”“春蕾计划”以及灾区捐款的联系人和承办人。

“这方面，朱老和他的夫人从不宣扬，外人知道得很少。”在郑州烟草研究院原党委书记刘国富的印象里，朱尊权、姚雪英夫妇的许多资助、捐赠，旁人都不知道。有些捐赠，是从受赠方寄来的回执、感谢信或奖励证书中得知的。有些情况，还是从朱尊权、姚雪英夫妇委托代办的同志那里透露出来的。究竟捐赠过多少钱物，恐怕连他们夫妻俩都说不清楚。

时任郑州院工会副主席许书平对此最有发言权：“随着年纪的增大，朱老亲自去办理公益捐助事项已显得力不从心。自 20 世纪 90 年代开始，他不得不将这些事情交由院里相关工作人员处理。至此，他的善举才得以公开。”

光说 2008 年 5 月 12 日汶川地震后，朱尊权、姚雪英夫妇在第一时间就捐出了 6000 元。随后，朱尊权将 5000 元作为特殊党费交给了党组织。同年 10 月，在寒冬即将来临的时候，这两位老人又向灾区捐献了 2000 元和两床崭新的棉被。

作为一个科技工作者，朱尊权最清楚知识对于孩子的未来有多重要。当他和姚雪英得知全国有近 1000 万儿童因家庭贫困得不到救助而徘徊于校门之外时，他们心痛了：“朗朗的读书声不能因贫困而消失，不能让孩子输在起跑线上。”了解到“希望工程”“春蕾计划”可以帮助孩子们实现读书愿望，他们开始不断捐款。

“尊以大礼，仰如救星。”经常有一些在心里深深铭感对恩人的全部爱戴和感激的信件，落到他俩手上。而他们只是把自己的所作所为，看成平凡的人在平凡的日子里做了些平凡的事。他们有自己看问题的角度：“也许有些事大到尽了力还不能办到，但没有什么细节因细小而不值得我们去关爱。在我们的脑海中，经常会出现一幅很美的图像：失学儿童背起书包蹦蹦跳跳地去上学，他们一定很开心。这样也会使他们从小懂得珍惜、懂得关爱，也能促进精神文明建设良性循环。还有，让别人受用了，自己的心情也一定会好，真正的快乐源于内心真诚的喜悦。”

2004 年六一儿童节，河南省妇联打算安排朱尊权作为热心社会公益事业捐资助学的代表，在晚会上与社会公众见面并在电视节目中进行转播，被朱尊权婉言谢绝。还有一次，河南省妇联要给朱尊权拍一组照片用于“春蕾计划”的宣传画册，同样也被他谢绝了：“能实实在在做一些事情就好了。”

朱尊权认为，将爱心倾注到这种凝聚着无穷精神财富的事业中去是有价值和回报的，只是这种价值和回报属于未来、属于全社会。

据郑州烟草研究院统计，1994 年至 2009 年的 15 年间，朱尊权共捐资助学 105 人，各种捐款 10 万余元。同事们说，老人捐出的不仅仅是看得见的钱和物，老人献出的是他那无私的爱和浓厚的情。

15

几十年间，朱尊权、姚雪英夫妇一直以关爱社会、关爱他人的方式来表达内心世界的阳光和风景，而他们自己的生活却十分简朴。当走进他们家的时候，眼前的景象会止不住让你惊讶。

2002 年 9 月，笔者到朱尊权、姚雪英夫妇家采访时，他们住的还是 1984 年单位分配的 90 平方米的房子，而且没有任何装修。摆放的家具、电器也十分简单。谁也不会想到，朱尊权这位薪酬甚高的中国工程院院士和他拿着离休干部工资的老伴姚雪英，对物质生活近乎无所追慕地省俭。

世间万事万物，大概最不需要统一认识的就是对幸福生活的追求。为什么朱尊权、姚雪英夫妇对生活的欲望这般朴实平淡？用日新月异的城市景观审视他们的生活状态，难免有些唏嘘。

“没别的，习惯了。”他们的回答就几个字，远远没有发问者那样感慨多多。他们对环境的最大要求就是习惯，就是简约之境给内心带来的平静。

20 世纪 90 年代初期，郑州烟草研究院新建了宿舍楼，职工住房条件有了较大改善。院领导让朱尊权搬新家，他不搬；2000 年，国家烟草专卖局拨款郑州院在外面的小区购买高品质住房让他搬去，他仍旧不搬，表示要在院内和职工们住在一起。朱尊权的住房是 80 年代初期建的老房子，面积小，设施简陋。院领导十分关心他，多次动员，劝他搬家。他却说：“大家都是这个条件，等院里盖新房了，再和大家一起改善吧。”

朱尊权的学生、郑州烟草研究院研究员赵明月也多次动员他换套宽敞的房子住：“从我认识您的那天起，您就住在单位分配的这套单元房里，您也该‘与时俱进’了。”朱尊权却饶有兴趣地给赵明月背诵起刘禹锡的《陋室铭》：“山不在高，有仙则名。水不在深，有龙则灵。斯是陋室，惟吾德馨。”赵明月由此体会到：“朱先生追求的是一种‘谈笑有鸿儒，往来无白丁’的高洁傲岸的学者生涯。”

确实，在朱尊权看来：“弱水三千，只取一瓢饮。哪来那么多讲究和排场？”他把生活置于简单的原则之下，描绘着对生活的领悟：“日子不就是要过得闲疏而平常、亲切而自然吗？”

其实，朱尊权这简单的几个字、几句话，就足以让我们心存的问号，换成感叹号或句号。平静是心灵自由，也是幸福本身，正如朱尊权说的：“人之所以活得惶恐与浮躁，是把多余的物质当作人生目的了。”人生或许本就应该存一份清气、多一份清雅吧。

后来，院领导挨着原有的住房，为朱尊权家增设了两室一厅，还搞了装修、购买了家具。结果，朱尊权和姚雪英两位老人并没有把他们的生活空间延伸过去。尽管近在咫尺，他们还是愿意在原来的居室里转悠，安静自处。新增设的两室一厅只用来接待来访的客人。他们的日常生活，一般是靠热情孝顺、已成家立业的女儿、女婿和一个钟点工来打点。

直到2004年，郑州院的新住宅楼盖起，朱尊权才和职工们一道搬进新房。

朱尊权、姚雪英夫妇倾心的生活就像他们的性格一样，波澜不惊、内敛雅致，用宁静平淡至极的生活节奏，将生活表达得既真实又丰盈。真就真在几十年间，不管外界如何起起伏伏，他们只是一以贯之地用自己的方式生活；而丰盈来自乐在其中的兴趣爱好。老两口有自己心仪的东西：姚雪英喜欢听音乐，音响里飘散的曼妙旋律，带给她享受生活的快乐与充实；朱尊权则爱好京剧、足球、茶道……

闲暇时，朱尊权喜欢给大院里的孩子们变小魔术，惹得一个个孩子握着朱爷爷的手掌翻来覆去，看“秘密”究竟“藏”在哪儿？

出差时，朱尊权与年轻人一起看足球比赛电视直播，为连进三球的“帽子戏法”高声叫好。

在郑州院的离退休职工文体活动中，朱尊权86岁时还参加了并不擅长的跳棋比赛。面对五颜六色的棋子，老人露出孩童般迷茫与无助的神情，逗乐了旁边围观的同事。

朱尊权87岁时，与院里的老同志一道徒步登上嵖岈山，站在山顶伸出“V”形手势，向后面的同事挥手示意，露出“胜利者”的喜悦。

在家人和同事眼中，他不仅富有“童趣”，还是一个“潮人”。使用电脑初期，赵明月常被朱尊权叫到办公室，询问操作电脑的问题。起初，赵明月还能一一解答，但后来就招架不住了。对于电脑，朱尊权学得越来越“深入”，也用得越来越熟练。

2005 年的一天，朱尊权又把赵明月叫进办公室，神秘地说：“明月，把你的手机拿给我看看。”朱尊权饶有兴致地询问关于手机的问题。“我女婿要送我一份礼物，我看就叫他送一个跟你一样品牌的手机。”没过几天，朱尊权把他的新手机拿出来，像小孩一样兴奋。久而久之，手机这种年轻人的最爱也成了这位年近九旬老人不可或缺的掌中之物。

兴趣广泛的朱尊权每每说起自己的爱好，宽泛丰富的话题往往使他一下子就变得神采奕奕，眼睛特别有神，令人想起他工作中的某些细节……

他最喜欢的心境是坦坦荡荡延续自己的路、自己的生活，从事真正在乎并孜孜以求的事业。面对种种名利，这位本来比别人更能够“当仁不让”的老专家、比别人更拥有话语权的“老权威”、比别人更可以摆摆老资格的“老烟草”，从来都甘愿低调而与世无争。

“天下有三种不同的人。第一种人是造时势，建事业。第二种人是看别人造时势，建事业。第三种人根本不知道什么是时势和事业。朱尊权兄是属于第一种人。”2004 年，美籍华人、著名烟草专家左天觉在《朱尊权》代序中写道，“积年累月，他总在寻适当条件，去造时势，建更大事业。”

真力弥满，万象在旁。不著一字，尽得风流。没有谁会否认朱尊权是第一个在烟草人头脑里建立最高荣誉的中国烟草科技界泰斗。从结果推至缘由并非无迹可寻，性格的发展就是整个命运的轨迹：“不争而遍山野，不郁而幽深谷，不艳而扮三春。”人要有花朵的纯粹才会被阳光恩泽。它浓缩了一个简单而朴素的道理——这是一个人在奋斗之后的自然产出。蓄势已久，水到渠成。

蓄势的过程，何尝不是求索与奉献的过程。或者说，执着的精神使朱尊权与命运有了某种机缘。当然，朱尊权往往不会这么回答。他认为："千般滋味要的是心中滋味。感觉源自内心。如果你正从事你十分热爱的事业，那么，很难想象你不会去努力把它做得很好。一切都是顺其自然的，不会迫切地对结果忧虑。"

有人说，朱尊权的人生轨迹实如一本教科书，其中阐述着"桃李不言，下自成蹊"的深刻蕴意。一个人只有有所不为，才能守定自己真爱的有所为。朱尊权就是这样坚守的。他的"为"是顺心而为，也是顺时而为，套用一句时髦话，是与时俱进。对待传统既含英咀华，又敢于摒弃、自我否定。他说："兵无常势，水无常形。20 世纪 50—80 年代，我提出的某些学术观点和概念，无论它们在当时怎样激起反响与共鸣，放在今天，有的确实成为'过时的话语'。在新形势下，需要新思路、新的运作模式。"

无论从深度还是从广度来说，当今的变化都远远大于过去任何时候。中国烟草整体上正发生着深刻的变化：稳中求进、减害降焦、中式卷烟、结构调整、国家利益至上、消费者利益至上，基本代表了现代中国烟草的关键词。

朱尊权的思维路径早已经逸出了"过时"的视野，而是顺应时代的要求，再次站到了全行业的高度，对与未来发展相关的问题发表建设性见解："烟草行业应该重视经济成长的关键在于具有效率的经济组织，在于行业深化改革、转型升级……"

在朱尊权的头脑里，那些过时、陈旧的概念和观点都会由于改革发展的合理理由而被"洗"掉。当"立足于过去"的老办法行不通时，他不习惯固执地固守；相反，"忘记过去"、把自己定位在将来才是他一贯的主张。

因为时间的推移，有了世纪的更替、岁月的积累，塑造了一位烟草专家的精神世界。朱尊权的品质内涵，不单单有大师之为的可敬，还有童稚之心的可爱。他说："烟草在人们看来是'害人'的东西，而我自己又从事这项工作，所以，我平时也抽烟，把自己当成消费者中的一员，心里会觉得安稳些。”

一句平淡的话也会有深深的震撼力。原来，大师也好，普通人也好，真正打动人而留存于心的，是那些最平淡、最本原、最简单的生活体验。

一丝而累，以至于寸，累寸不已，遂成丈匹。朱尊权起承转合的人生长河，正是经由长年累月、点滴涓细汇集而成。80 岁之后，除了腰椎间盘突出，多年的“毛病”偶尔从体态上反映出来，他的身体和精力依然矍铄充沛。他那内在精神修养充溢于外表的柔和目光，似在静静诠释：只要心空朗朗，就有落叶如歌……

当熟悉的往事渐渐遥远的时候，新的未来也一步步临近。

第九章

创新不止：先生之风，树立不朽垂范

1

2000 年以后，朱尊权已过伞寿之龄，而他的热忱、睿智一如既往。

提起我国烟草行业的“大师级人物”，大家想到的第一个人就是朱尊权这位新中国烟草科技事业的奠基人——

对烤烟香气进行浓香型、清香型、中间香型 3 种类型划分，开创了新中国烟草配方工艺的理论；研究制定 16 级烤烟国家标准，促进全国烤烟分级走上规范化轨道；研制新中国第一个高级卷烟品牌“中华”牌卷烟，打破国外高档卷烟垄断；开发中国第一种低焦油卷烟，降低吸烟对健康的危害；主持中美合作改进中国烟叶质量试验研究，开发国产优质烟叶；打开通向世界的烟草学术大门，带领中国烟草走上国际舞台……

朱尊权对于中国烟草行业这些重大的历史性贡献，使他无愧于烟草行业科研领域“大师级人物”这一称号。诚如他的学生、中国工程院院士谢剑平所言：“凡涉及中国烟草的‘第一’‘首先’，几乎都有先生的足迹，都有先生的身影。”

杰出的智慧表现为对固有规则的把握，也包含对事物发展形势的准确研判。进入 21 世纪后，朱尊权依然以自己的远见卓识，提出富有创造性、前瞻性的意见和建议。2001 年，他提出：在经济全球化的今天，面对国际卷烟强势品牌的市场挑战，把中国特色的卷烟定位在世界卷烟主流产品之一很有必要，要通过比较优势提升中国卷烟的市场竞争力。

两年后的 2003 年，国家烟草专卖局审时度势，首次提出发展中式卷烟。朱尊权以多年的积累与洞察，对这一创新性命题的理论内涵进行了深入分析与阐释：中式卷烟不仅是一种提法，而且是一个方向。应当以市场为导向，保持和发展中国卷烟的特色，满足中国卷烟消费者当前和潜在的消费需求，具有独特香气风格和口味特征，拥有核心技术。

在朱尊权眼里，中式卷烟并不是凭空构想的概念，而是在百年来我国卷烟工业发展过程中和广大卷烟消费者习惯选择中逐步形成的，也包括新中国成立以来，大批科研人员用一系列开创性烟草科技成果奠定的基础。

追溯中国卷烟的发展历程不难发现，中国烟草在发展具有自身特色的卷烟产品方面已经有过努力和尝试。新中国成立初期，朱尊权及其团队实施的一系列富有开创性、先驱性的战略举措，使中国卷烟在新中国的土地上首次亮出了自身风格——一套中国独有的卷烟加工工艺技术开始形成，不同于以往英式风格的中国式烤烟型卷烟的演变拉开了序幕。

20 世纪 90 年代初，国家烟草专卖局提出“发展混合型、改造烤烟型、稳定雪茄型、开发疗效型”的卷烟发展战略，加快了混合型卷烟的发展速度。1999 年召开的全国烟草工作会议，又提出“全行业要高度重视低焦油混合型卷烟的研制开发和市场开拓”的要求。

尽管实践的过程中有成功、有失败，但不断探索让中国烟草对卷烟发展方向的把握更为清晰，发展中式卷烟正是在此基础上作出的慎重决策。

中式卷烟包括中式烤烟型卷烟和中式混合型卷烟，其中，中式烤烟型卷烟占主体地位。中式卷烟的基本概念以及“高香气、低焦油、低危害”的发展方向确定以后，烟草行业各卷烟工业企业从农业种植、特色原料、配方设计、加工工艺、品牌文化等多方面，进行了积极的研究与探索。

朱尊权意识到，当自主创新成为保持烟草行业持续健康发展的关键因素的时候，更应当对中式卷烟的内涵加以丰富，突出创新重点，培育具有较强竞争优势的中式卷烟代表品牌。

他认为，丰富中式卷烟内涵、提升中式卷烟水平，根本的办法是“减害”。

《烟草行业中长期科技发展规划纲要》中也提出了减害的任务，但对最关键的减害技术途径重视得还不够，奋斗目标也欠明确。朱尊权直截了当地指出：“发展中式卷烟应该把减害或少害作为亮点，才有特色。”

中式卷烟概念的提出，让朱尊权看到了更大的创新空间。他主张，除了加大烟草行业内的科研力量外，还有必要联合医药等各界专家，组成攻关小组共同解决烟草减害这一难题。完全可以利用中草药的药效来降低烟气对呼吸道的刺激，从而达到减害降焦、增香保润的目的。这是中式卷烟不可忽视的特色。

在朱尊权的减害理论体系中，有一个很重要的观点：“烟草减害，需要多方联手。烟草科学与工程学科面临的问题是复杂的。吸烟与健康的矛盾涉及的科学技术问题很多，有医学的、药学的、毒理学的、农学的、化学的、物理学的、流体动力学的等等，仅仅靠烟草一个行业难以解决。集合社会多方面科技力量，共同协作，才有可能逐步实现理想的状态。”

在朱尊权看来，中草药是中华民族数千年积累下来的瑰宝。挖掘中草药资源，加大中草药的开发利用力度，在保持中式卷烟产品香气、吸味等消费质量的前提下，让中草药在烟草行业发挥独特的功效，从而降低卷烟产品的有害物质，不仅仅是减害降焦的有效手段，更是国外卷烟企业无法模仿的。

自 20 世纪 80 年代中后期以来，烟草界和医药卫生界从未懈怠卷烟减害的职责与使命。1986 年，中国烟草总公司和中国烟草学会联合医药与科技界知名专家在承德召开了药物型卷烟研讨会。2004 年 6 月 18 日，国家烟草专卖局又在厦门举办了中式卷烟降焦减害发展论坛。在美丽的海边，在现代化大型国际会议中心，来自烟草行业的专家、代表和医学、化学界的专家、学者100余人聚集一堂，以辩论会、研讨会、互动式讨论等形式，围绕“关注公众健康，促进和谐发展”这一主题，共同探讨新形势下中国烟草发展与中式卷烟降焦减害问题，并联合发出了中式卷烟降焦减害倡议书，朱尊权以自身地位与威望成为第一倡议人。

与会代表认为，此次论坛的举办和“从2004年7月1日以后生产的盒标焦油量在15毫克/支以上的卷烟不得在国内市场销售”的决定，充分表明了中国烟草对世界卫生组织《烟草控制框架公约》采取的积极态度，也表明了中国烟草对社会与公众的责任和义务，同时再次表明了中国烟草强调的是国家利益和消费者利益。

中国医学科学院肿瘤研究所原副所长、中国科学院院士陆士新认为，这次论坛以“关注公众健康，促进和谐发展”为宗旨，具有创新意义和开拓性。他希望医学界主动与烟草界加强合作，打造中式卷烟的医学、生物学技术平台。

在与会代表跨行业创新的共同探讨中，中式卷烟降焦减害发展论坛落下了帷幕。两天的头脑风暴、智力激荡，形成一个深层次交融和完美的诠释——创新，是烟草发展的主旋律，是永不落幕的精彩。

2

在“技术创新上水平”的大背景下，当时烟草行业最热门的话题莫过于“减害降焦”，而这一提法最早也出自朱尊权。

2005年，国家烟草专卖局倡导实施降焦工程，朱尊权的新观点应时而出：降焦只是手段，减害才是目的。他建议把多年沿用的“降焦减害”方针调整为“减害降焦”。国家烟草专卖局领导欣然采纳，并在2006年召开的全国烟草科技大会上明确地将“减害降焦”作为烟草行业科技工作的主线，使科技研究思路进入更为宽泛的领域。

“降焦减害”与“减害降焦”在外人看来无非文字排列顺序不同而已，但意义大不相同。“这一调整，看似移花接木，却隐含着他老人家深入的思考，体现了老人家的大智慧、大手笔，为中国烟草行业的发展明确了主攻方向。”谢剑平对朱尊权这一科学创见非常钦佩。

朱尊权之所以提出“减害降焦”，是因为降焦是一维的，而对于减害的作用机理必须通过多维空间才能表达，只有用系统眼光才能解决好这个问题，必须有系统的谋划战略。这既是一个长期过程，也是当今最紧迫的任务。

作为见证者、参与者、领导者，朱尊权一直站在全局高度，一步一个脚印，主导和推动着“降焦”“降焦减害”“减害降焦”3个阶段的实施工作。

改革开放初期，受国际烟草科研发展的影响，我国烟草行业同样把卷烟焦油量作为衡量卷烟危害性的主要指标。烟草行业科研立项围绕“降焦”这一主线，先后发展了添加滤嘴、使用高透卷烟纸、加长滤嘴、烟丝梗丝膨胀、烟草薄片等一系列行之有效的降焦技术，推动我国卷烟焦油释放量由1983年的27.3毫克/支降至2011年的11.5毫克/支，28年间共降低15.8毫克/支。就焦油释放量这一点而言，我国卷烟水平与欧美的差距已经大为缩小。

但随着人们对烟气性质的理解进一步深入以及分析手段的发展，将焦油作为卷烟危害性评价指标的合理性受到了广泛质疑，卷烟烟气中的有害成分成为新的危害性评价指标。

2003 年，中国政府签署了《烟草控制框架公约》，在烟草成分管制与披露上又向前迈出了一步，促使卷烟生产企业在降低卷烟焦油释放量的同时，更加严格地控制卷烟烟气中主要有害成分的释放量。针对这一形势变化，烟草行业开展了降低卷烟烟气中有害成分的技术研究、卷烟烟气中 44 种主要有害成分的分析研究等一系列重点项目研究。其中，降低卷烟烟气中有害成分的技术研究，获得 2003 年度国家烟草专卖局科技进步奖特等奖、2004 年度国家科技进步奖二等奖。

此时，随着我国烟草科技的发展，对中式卷烟特点的理解更加全面深入。

由于所用原料本身的特点，同美式、英式、日式卷烟相比，中式卷烟尤其是中式烤烟型卷烟在降焦方面处于劣势地位，总体焦油释放量高于国外混合型卷烟。

但卷烟焦油是成分复杂的混合物，有害成分只是其中的极小部分，不足 0.6%。中国烟草界敏锐地意识到，单纯使用国际烟草通用的卷烟焦油释放量标准不能全面反映卷烟烟气危害性。对于中式烤烟型卷烟而言，当焦油释放量降低到一定程度时，必然对其香气风格和口味特征产生损害，难以满足消费者的感官需求。而中式烤烟型卷烟的烟气生物毒性与国外混合型卷烟相比并无明显差异，部分有害成分（如亚硝胺）甚至低于国外混合型卷烟。显然，从减害的角度看，中式烤烟型卷烟有自己的比较优势和发展空间。

世事洞明皆学问，人情练达即文章。针对中式卷烟的特点，烟草行业在朱尊权的建议下，明确提出降低卷烟危害性的工作思路由“降焦减害”转变为“减害降焦”，把减害降焦作为卷烟科技创新的主基调，中式卷烟研发工作应遵循“稳步降焦，重在减害”的原则，这为中国烟草参与国际竞争开辟了一条新的通道。

这些源于朱尊权这位老科学家深厚的知识积累和理论功底、浸透着朱尊权心智和汗水的科学创见，不仅为开创我国特有的中式卷烟工程理论体系奠定了基础，而且开创了具有中国特色的卷烟减害降焦研究新思路——实施减害降焦研究项目，不仅要使企业掌握针对品牌的降焦技术，同时要使企业对卷烟产品的质量观念从单一的感官质量更新到“感官＋安全”甚至“安全＋感官”，真正促进卷烟水平的提升，奠定参与国际市场竞争的实力。

朱尊权富有指导性与实用性的科学见地，在我国烟草科技界吹起了一股强劲的时代新风。

3

2011年1月14日，中共中央、国务院在北京隆重举行国家科学技术奖励大会。人民大会堂里灯火通明，鲜花吐艳，气氛庄重而热烈。喜讯传来，由国家烟草专卖局、中国烟草总公司推荐的卷烟危害性评价与控制体系建立及其应用研究项目，获得了2010年度国家科技进步奖二等奖。

“奖项的获取，标志着烟草行业中式卷烟减害工作的进展赢得了社会的认可。”负责制定实施整体实验方案的时任郑州烟草研究院副院长谢剑平，言简意赅地概括了这一项目开发的意义。

早在2004年，以郑州烟草研究院为代表的烟草行业科研机构就应国家烟草专卖局的要求，对该项目展开了预研。“中式烤烟型卷烟的烟叶原料、吸味风格和烟气化学成分等，与国外混合型卷烟相比有明显差异。中式卷烟不同于外国卷烟，应当走符合国情的减害降焦之路。”朱尊权提出，“降焦只是手段，而减害才是我们真正的目的。焦油中的有害成分只是其中的极小部分，当降焦达到一定程度时，不能眉毛胡子一把抓，要突出'牵一发动全身'的重点领域。采取措施对卷烟有害成分进行选择性降低，才是这个领域研究的突围之路。而中式烤烟型卷烟又恰恰在减害方面有自己的比较优势，应该走自己的路子。”

扬己之长，破解难题。朱尊权的这项建议得到了国家烟草专卖局的认可。2005 年，卷烟危害性指标体系研究项目正式启动。从实际出发，中国烟草行业并未照搬国外混合型卷烟单纯降焦的做法，而是确立了“稳步降焦，重在减害”的原则。

“知害”是“减害”的第一步。于是，“中式卷烟减什么害”的问题逐渐浮出水面，这一考题成了烟草行业科技工作者全力探究的方向。

国外科学界对烟气有害物质的研究由来已久。美国确定的有害成分有 149 种，加拿大确定的有 46 种，著名的霍夫曼名单列出了 44 种。显然，对于中国烟草，这些“庞大”的名单不具备实践上的操作性。

“这些名单从科研角度讲都有可取之处，但对于建立符合我国国情的减害定量性指标难以借鉴。”谢剑平直言，“对几十种有害物质的研究都有突破不太现实，烟草行业亟须从中选择出重点物质进行攻关，促成可以直接应用于生产制造环节的减害降焦技术，使国内形成统一的卷烟产品安全性评价标准，这才是最重要的。”

郑州烟草研究院等科研机构在国家烟草专卖局的统筹安排下，积极稳步开展卷烟减害技术研究。卷烟危害性评价与控制体系建立及其应用研究项目，成为降焦减害领域的前导性课题。

然而，烟支经过燃烧，能释放 4000 余种化学成分，对如此之多化合物组成的烟气成分的危害性进行识别，是国际烟草研究的难点问题之一。

由郑州院牵头，军事医学科学院放射与辐射医学研究所、湖南中烟工业有限责任公司、川渝中烟工业有限责任公司、南开大学、红塔烟草（集团）有限责任公司等单位强强联合组成项目组，集中“火力”攻关。

项目组建立了卷烟危害性识别体系和卷烟安全性毒理学评价体系，为定量评价卷烟烟气对人体的危害程度提供了完善的研究平台。

谢剑平说：“危害性识别体系与毒理学评价体系，分别从不同侧面评价烟气的有害成分。为了全面、客观地评价卷烟烟气的危害性，必须找到两者的关联。从通俗层面理解，烟气是‘因’，危害是‘果’。项目组要做一道复杂的‘连线题’，找到因果之间的对应关系。”

经过多方努力，项目组最终取得了阶段性成果，确定了 7 种卷烟危害性控制成分：一氧化碳、氢氰酸、亚硝胺、氨、苯并芘、苯酚、巴豆醛，并以此设立了卷烟危害性定量控制指数及低危害卷烟产品分级评价指标，构建了卷烟危害性控制方法体系。

这项研究成果公布后，引起了烟草行业上下的共同关注。时任国家烟草专卖局局长姜成康说：“7 种成分的确定，明确了烟草行业减害的主攻目标，引领了低危害卷烟产品的发展。”该项目获得国家知识产权局 10 项专利授权。从更宽的视野来看，重点围绕上述 7 种成分为减害主攻方向的中式卷烟，将借此确立和巩固在有害成分释放量指标研究上的优势地位，为将来中式卷烟核心竞争力的提升奠定技术理论基础。

如今，7 种卷烟危害性控制成分的确立，为烟草行业进一步开发选择性减害技术提供了更为清晰的目标。烟草行业加快了卷烟减害工作的步伐。

该项目研究结果在国际烟草研究领域的反响同样强烈。国际知名烟草公司雷诺公司与该项目完成单位签署了卷烟危害性控制方法合作研究备忘录。在2008年召开的国际烟草科学大会上，谢剑平作为该项目第一完成人代表研究团队，向全球烟草界公布了这一研究结果。

该项目的成功在于：它以影响人体健康的卷烟烟气毒性成分和毒理学指标为研究对象，针对卷烟危害性评价及其控制的难题开展研究，研发了一系列烟气捕集新方法，解决了烟气复杂基质中微量毒性成分分离的难题，建立了一整套卷烟危害性评价与控制方法体系，并已在部分卷烟重点骨干品牌上应用，在控制降低卷烟危害性技术研究和开发低危害卷烟产品方面取得了明显的成效。

这些成果和荣誉让谢剑平等人自豪，也让朱尊权看到了年轻一代的才能和实干精神，并由此而欣慰："我们在减害指标的选定等方面以及定量指数的确定上，取得世界一流的成果，比国外烟草科技先走了一步，站到了世界烟草科技研究的前沿阵地，这是中国烟草科技的第一次!"

"当然"，朱尊权也看到，"这个项目首次在国际上回答了'我们减什么'的问题，但'为什么减''怎么减'等新问题还摆在烟草行业科技工作者的面前，正所谓减害之路，任重道远。在掌控中式卷烟减害降焦的核心技术方面，还有艰难的路要走。"

"不过，我相信通过产学研合作、多学科交叉联合攻关，中式卷烟减害理论的内涵将会得到完善与丰富，中式卷烟在烟气有害成分释放量、卷烟烟气危害性和减害核心技术方面的优势会更加彰显，从而形成一批我国拥有自主知识产权的减害核心技术。"展望未来，朱尊权很有信心，"基于这些技术研制的低危害中式卷烟或可在不远的将来出现。"

几乎每个时期，中国烟草科技都有成功的案例让人惊叹，都能看到朱尊权的身影。就像时任郑州烟草研究院副院长赵继先赞叹的那样："每隔一个时期，朱老都会提出一些导向性的科研项目，并亲自参与科研攻关，不出成果不罢休。还有更重要的一点是，每搞成一个项目，他都会带出一个或几个年轻的学科带头人，这是非常难能可贵的。这充分展现了他对烟草科技事业后继有人的热切期盼以及对烟草事业高度负责的精神。”

4

说起烟草，怎么都无法绕开“控烟”这个话题。

2003年5月21日，是一个历史性的日子。经过4年、6轮政府间谈判，世界卫生组织第56届大会通过了《烟草控制框架公约》。这是世界卫生组织在全球范围内通过的第一个法律文件，也是针对烟草的第一个世界范围的多边协议。作为该公约缔约方之一，中国再次向世界表明了对世界卫生组织工作的支持以及对控烟工作的重视。

2006年1月9日，这一公约正式在我国生效。

无论从国际国内控烟形势，还是从顺应国际卷烟市场形势的发展来看，我国对于卷烟减害降焦政策的推行力度有增无减。自20世纪80年代中国烟草总公司成立后，烟草行业对减害降焦进行了孜孜不倦的探索，尤其是在2000年之后，国家烟草专卖局出台《中国卷烟科技发展纲要》等一系列战略举措，持续推进卷烟减害降焦工作。从20世纪80年代起，以朱尊权为代表的烟草行业科研工作者就已经着手低焦油卷烟的研发，着力开展降低烟草有害成分的研究，推动了各种减害降焦技术和低焦油卷烟产品的飞速发展。可以说，每一次卷烟有害成分的降低都凝聚着烟草科研人员的心血，每一款低焦油卷烟产品的问世都是烟草行业对

"国家利益至上，消费者利益至上"共同价值观的忠实践行。

然而，伴随着来自全世界的不断高涨的控烟呼声，烟草这一特殊商品一直以来背负着关于健康问题的责难。作为中国烟草科技界的领军人物，朱尊权体会得尤为深刻。

2006年，朱尊权进京参加两院院士大会，在电梯里遇到了另外3名院士。其中一位院士认识朱尊权，和他打过招呼后，就笑着对另外两位院士说："不认识吧？这位是郑州烟草研究院的朱院长，专门搞毒的，烟草！"

一听此言，陪同朱尊权参会的年轻工程师刘克建脸色一沉，正要说什么，却被朱尊权用严厉的目光制止。然后，朱尊权转过头去，很客气地和3位院士微笑寒暄，没有一句不敬之词。也许那位院士感到言语失礼，走出电梯口时，主动伸出双手与朱尊权握手告别。

"朱老，这人太不尊重烟草了。"刘克建吐出心里的话。

朱尊权沉默了一会儿，开口说："咱们做好自己的事情就行了，不要管别人怎么说。"

"那也不能把烟草比作毒品呀！从小处讲，变了味、走了调；从大处讲，不公平、不公正。"

"这是因为外界对烟草缺乏真正的了解，也是社会不够和谐的反映。孔子曾说过'和而不同'，你对这句话作何理解？"

"应该是说'和谐'是'不同'事物的协调共存。"

"是啊。一段时间以来，我们看到，社会上违背'和而不同'规律的情况时有出现。就说烟草行业，一方面是上缴利税占国家财政收入的十分之一，另一方面是针对公众健康的反烟、控烟呼声。可是，在有如此'不同'的情形下，我们的态度和行动始终是理性而积极的，烟草行业一直努力寻求两者之间的和谐之道。应该看到，在卷烟综合减害降焦技术方面，烟草行业已经取得了重大突破和进展。"

“朱老，您在20世纪80年代初就关注卷烟减害降焦，致力于这方面的理论研究和实际运用工作。您说过，吸烟的确危害人体健康，但也不宜过于夸大。那么，在新的形势下，怎样才能正确处理烟草生产与烟草控制的关系？就像您刚才说的达到相对的和谐?”刘克建问。

“关于卷烟，我以前有过唯实是从的评说，烟草中的一些有害物质并非烟草独有。烟气中的一氧化碳含量比起其他工业过程的释放量、比起一家一户每天烧饭时煤气的释放量、比起各种车辆的尾气排放量来，可以说是微乎其微。影响人类健康的因素是多方面的，但一个不可回避的事实是：吸烟，多害少害，总之有害。公众的忧虑合情合理。烟草行业不会也不可能回避吸烟与健康的问题，理解各级卫生组织和相关机构为控烟付出的努力，支持为维护公众健康、为保护世界环境采取的各种措施，同时也希望全社会为各项控烟措施和行为注入更多理性。”

朱尊权认为，控烟在很大程度上是为了降低烟草制品对于人类健康和人类社会的危害，而减害正是控烟的重要手段。关注公众健康，大力推进技术创新，积极研究开发卷烟减害技术，为消费者提供优质、低害的卷烟产品，这些已成为烟草行业参与控烟的重要手段。

“小刘，你作为烟草化学方向的技术人员，应该更有体会。”

“您说得很在理。近些年，我们更加注重加强与医药、卫生部门及科研机构的合作。随着烟草行业科技进步和技术创新工作的持续推进，尤其是随着烟草化学的不断发展和卷烟加工工艺技术的不断进步，减害降焦工作取得了很大成绩。”

“事实上”，刘克建补充说，“大凡对烟草科技不抱成见、有所了解的人，还是会作出相对客观的评价的。近日，一位科技报社的记者采访谢剑平副院长和我们团队后，在文章中直言内心深感‘愧疚’，并说‘在自己原来的观念里，认为按行业和社会的重视程度不同，科研是有轻重之分的，现在看来，这只是自己主观意识中的无知’。”

“我也常常思考：为什么在‘吸烟有害健康’已成为口头禅的时代，全球还有 10 多亿人不肯戒烟，其中包括不少知识分子和医务工作者。不吸烟者也会患肺癌，长年吸烟同样不乏长寿者。看来，烟草界确实需要客观、公平的评判，解决任何问题都不能脱离我们的国情和实际。我也希望通过控烟，一夜之间就可以实现全面禁烟的目的，但就目前而言，减害降焦应该是我国唯一可行之路。吸烟是成年人的自主选择，是一种社会性的消费习惯，我们需要加强‘吸烟有害健康’的宣传教育，而在短时间内完全取消这种消费习惯是不现实的。那么，唯一的做法就是减少吸烟引起的危害。减害是缓解烟草矛盾必然的、现实的、唯一的选择，也是烟草科研工作者及相关科学家的主要职责。”

朱尊权一直强调：在人们不能完全戒除吸烟习惯的情况下，生产和消费焦油量低、有害成分少的卷烟总归要相对好一些。

可以说，以上言论是朱尊权几十年的思考，也代表了烟草界的基本立场和观点。

烟草界一直认为，作为一个负责任的行业，履行控烟义务，中国烟草责无旁贷、一以贯之。但同时，他们也呼吁，吸烟有着数百年的历史，还存在客观的市场需求，这就决定了控制烟草是一个长期的、复杂的系统工程，任何片面的、激进的处理方法都不利于问题的解决。控烟工作的开展需要烟草行业参与，只有各方面共同努力，才能保证经济与社会的协调发展。

再则，中国卷烟生产的前提在于严格执行国家指令性计划管理。烟草企业生产多少卷烟完全遵照国家下达的计划指标执行，是国家赋予的责任。

还有一个事实，朱尊权认为同样不可忽视：经过多年的发展，作为国民经济的支柱产业之一，烟草行业每年上缴的税金对于增加国家财政积累十分重要。这个行业已经形成从烟叶种植、收购、加工、储运到卷烟生产、销售以及科研、教育为一体的综合性产业，并带动了包括烟草机械、烟用丝束、香精香料、各类烟用纸张及烟标印刷等辅助材料加工在内的相关产业。烟叶和卷烟的生产、销售涉及200多万农户和500多万零售商户及国民经济的各个方面，全国有近5000万人的就业与生活同烟草业密切相关。

因此，面对全球化控烟，烟草行业坚持“履行公约义务，维护国际形象；关注公众健康，维护合法权益；坚持科学原则，维护国家利益；促进平衡发展，维护社会和谐”的基本立场，支持科学、有效的控烟措施，并建议有关部门采取有效措施，真正为我国履约控烟工作健康开展创造良好的舆论环境。

综上所述，朱尊权实事求是地指出：“在国际组织、政府、公众的监督下，合法的烟草经营还是有必要的。只有烟草业和整个社会对烟草持理性态度，才能使烟草业获得合理的生存和发展环境，也才能逐步实现控制烟草生产和消费的目标。”

朱尊权还认为：“《烟草控制框架公约》无疑会进一步促进全球新一轮控烟运动的开展，同时，也一定会更加推动烟草科技的发展，促进低危害卷烟产品的开发，使卷烟产品的相对安全性进一步提高。在未来一段时间内，低焦低害仍是我国卷烟发展的主要趋势。这也是烟草专卖体制的应有之义。”

朱尊权的观点并非溢美之词，也非主观臆断，皆源自“真声音、真心话”。毕竟，众多烟草人心里都有一份挥之不去的烟草情结，工作在烟草领域，实事求是地维护行业形象、维护经济社会大局，也称得上是一种社会责任感。

朱尊权多次表示，中国烟草已经深刻地融入了世界，控烟之路也必将坚定不移地走下去。在控烟行动中，中国发挥着重要的作用，因而，在这场备受瞩目却又可以预期的冲击中，为了履约控烟承担与自身理念及发展水平相适应的责任和义务，将是中国烟草的重要选择。

5

2011年春节之后上班的第一天，朱尊权一早就来到办公室，因为上部烟叶的事一直在他心里牵挂着。节前，关于“提高上部烟叶可用性及在‘大品牌’中应用的技术研究”项目的年度总结初稿，他已看过了。结果显示，该技术能增加20%以上的上部烟叶供一、二类卷烟使用。这表明，多年孜孜以求的，上部烟叶从低次走向优质、继而进入高档卷烟品牌的梦想照进了现实。朱尊权无比高兴，他要乘春节后首日上班之机，将项目组人员召集来开个小小的庆功会，并就即将召开的年度总结会内容跟大家商量一下。

说起上部烟叶这个项目，时间要追溯到3年前。面对烟草行业卷烟品牌快速增长带来的原料保障难题，朱尊权在2008年再次提出，将重点聚焦在提高上部烟叶的可用性上，从农业、工业、标准和价格等几个方面综合研究，使上部烟叶在卷烟大品牌中得到更多应用。因之，他领衔主持的“提高上部烟叶可用性及在‘大品牌’中应用的技术研究”项目于2010年4月启动，并取得阶段性成果。

一株烟从上到下，一般分为上、中、下3个部位。为什么要进行上部烟叶使用价值的研究？在给出答案之前，不妨先看看朱尊权和闫亚明院长是如何分析的。

朱尊权说，从国际经验看，好烟叶不仅仅在中部，也在上部。可是我国一些卷烟企业在配方技术上仍存在着保守思想，生产高价位卷烟仍摆脱不了以中部上等烟为主体的传统观念。尤其是对于重点骨干品牌而言，对优质原料高度依赖，曾使其一度面临“买不到好烟叶，就等于买不到烟叶”的局面。

闫亚明指出，根据烟草行业“卷烟上水平”战略任务的要求，各卷烟品牌不断提升结构，一、二类卷烟产品所占比重也越来越大，因此，高档优质原料不足问题更加突出。从传统上讲，我国配方技术人员大多认为中部烟叶是最优质的，中部烟叶在卷烟品牌中得到大量使用。但按自然规律，一株烟的中部烟叶只占40%左右，显然无法满足需求。

朱尊权强调，片数、重量与中部烟叶相当的上部烟叶，以前由于成熟度不够等原因被认为品质不高、可用性较低，不能进入一、二类卷烟的配方。如果能够通过技术研究解决成熟度这一问题，使上部烟叶的可用性达到生产一、二类卷烟的配方要求，则可大幅度增加优质烟叶原料的供应量。可以说，这是解决烟叶供需结构性矛盾、全面提高烟叶利用效率的根本性措施之一。

行文至此，答案早已呼之欲出。随着国家烟草专卖局确定减害降焦的战略目标以及实施烟叶资源配置改革，提高上部烟叶可用性是烟草行业不可回避的重要研究课题，既能满足卷烟工业对优质原料的需求，又符合中式卷烟减害降焦的发展方向。

这也引起了卷烟工业企业的共鸣。它们认为：未来解决原料“瓶颈”问题的主要手段，将更多地向深挖资源潜力靠拢。这是因为，烟叶生产虽多年保持稳定发展，但原料供需的结构性矛盾依旧如影随形。一方面是卷烟品牌良好的发展形势让人欢喜，另一方面是烟叶结构、质量不能满足卷烟品牌发展需要令人担忧。进入“十二五”时期以后，卷烟对优质烟叶原料的需求更是频繁告急，优质原料保障问题随着“卷烟上水平”的推进提升到了前所未有的高度。

辩证地看，烟叶结构性缺口矛盾，可以说是烟草行业发展的一面镜子。仅2011年度，烟草行业就为国家创利税7000多亿元，卷烟结构和卷烟品质提升的客观要求毋庸置疑。

提高烟叶可用性，尤其是上部烟叶的可用性，无疑为解决原料供需结构性矛盾提供了一个新的路径。

针对上部烟叶可用性，朱尊权在10年前就曾指出，上部烟叶占一整株烟叶的三分之一，提高上部烟叶可用性这项课题意义重大。

举例来说，20世纪50年代，美国主要生产无滤嘴卷烟。当时，烟叶的可用性以腰叶最好，价格也最高。到了90年代，美国卷烟的焦油量降低至平均每支12毫克左右，因而，卷烟工业要求以香味更浓、烟碱含量略高的上部烟叶为主料烟，补偿腰叶香味的不足，上部烟叶的可用性提高，烟叶的使用范围拓宽。故而，“万宝路”牌即使产量近千万箱，也不受烟叶供应的困扰。可见，烟叶的可用性是在不断变化的，各等级烟叶价格也随着可用性的变化而波动。

朱尊权强调上部烟叶的可用性，还因为万事万物都有与生俱来、恪守遵循的规律和宗旨，一株烟草同样如此。

根据烤烟的生长规律，上部烟叶由于养分供给充足、光照充分、干物质积累丰富，具有成为优质烟叶的优势和潜力。美国、津巴布韦、巴西等国家的上部烟叶可用性较好，也进入了我国高档卷烟配方。而我国当时的上部烟叶质量与国际优质烟叶和工业要求相比存在较大差距，主要表现在成熟度不够，从而限制了上部烟叶的使用范围。

“如果成熟度改进了，上部烟叶的杂气会减少，香气会进一步提升，不但能够拓宽烟叶的使用范围，对于减害降焦也有积极的作用。”这一由来已久的观点，曾被朱尊权反复强调过。

可以说，近10年来国内烟草研究者开展了大量提高上部烟叶可用性的技术试验研究，获得了不少技术结论。也有不少烟草研究者以文献综述形式，探讨了提高上部烟叶可用性的措施、途径或对策。

但是，已有研究多为小面积、小范围的试验研究，大多局限在烟草农业栽培技术方面开展研究，没有从农业和工业两个方面并结合当前与实际相关的政策、机制等复杂因素，开展提高上部烟叶可用性的技术研究。试验研究结果没有得到大面积农业推广，也没有得到卷烟工业的认可。问题的焦点还是因为烟叶的成熟度不够，导致可用性较差。

看来，提高烟叶成熟度确实是一个复杂的过程。对于维系烟草行业命脉的烟叶生产，朱尊权最为关注、发声最多的也莫过于成熟度这个话题。多年前，他就在相关文章中这样写道：“上部烟叶不能做到成熟采收，既有传统认识、烟农切身利益的原因，又有政策、机制等方面的问题。在现行烟叶收购差价引导下，烟农往往关注中部烟叶的质量，而忽视上部烟叶的质量。这导致了上部烟叶往往欠熟，不能满足工业需求，被长期排斥在高档卷烟产品的配方之外，继而又形成上部烟叶由于可用性差而收购价格低廉的怪圈。”

朱尊权呼吁：“未来做好成熟度这篇文章，需要在‘做新做实做深’上下功夫。除了在技术改进措施上发力外，还要对过时的等级差价政策和烤烟分级标准进行创新，调整烟叶等级差价政策、修订烤烟标准，维护烟农利益，真正构筑起全方位提高上部烟叶成熟度的新格局。”

坐而论道，不如起而行道。2008—2009年，90岁的朱尊权带领郑州烟草研究院、河南中烟工业有限责任公司、河南省烟草公司等单位的相关人员，开展了提高上部烟叶工业可用性的技术预研工作。

提高上部烟叶的可用性，从技术上讲需要解决两个问题：一是上部烟叶 6 片一次性采收，什么时候采？二是因为上部烟叶水分低、烟叶厚，需要的变化时间较长，烘烤技术上怎么调整适应？当然，这不仅仅需要烤房作保证，还需要大量实践的验证。

按照由浅入深、由易到难、逐步推进的原则，2008 年，朱尊权把验证工作安排在河南省平顶山市郏县进行。每当一个项目来临时，对一时吃不准、需探索的技术措施，他会先选择一些地区和领域开展试点，发挥试点的“先遣队”“侦察兵”作用，为项目推进提供经验和实践标杆，避免大的波折。他向来如此，项目任务越繁重，越是冷静，把局部的阶段性试验放在全面规划前提下来开展，全面规划又在局部推进的阶段性试验基础上来完善，做到循序渐进。

5 月、6 月、8 月分别属于烟叶移栽、大田生长、采收烘烤的关键时候，这 3 个时段在朱尊权眼里正是上部烟叶验证工作获取数据的关键时刻。所有数据需要在一环套一环、一个都不能少的农事操作环节中寻找、固定，稍有疏忽或不慎，也许数据的可靠性、科学性就不复存在了。这也是他为何以 90 岁的高龄在关键时刻主持召开多次技术研讨会，又顶着寒风下烟田、冒着酷暑进烤房，坚持到技术示范区现场指导的原因。

叶片既在烟株上固守，又在烤房中悄悄地醇化，这一切都将带来更芬芳的香味、更优秀的品质。朱尊权抚摸着片片烟叶，仿佛听到烟叶发出的欢快歌声。

时间流转，两年过去了。项目组通过优化栽培技术和烘烤技术，研究“上部 6 片烟叶一次采收和烘烤技术”。试验结果显示：项目组的叶片组织结构疏松、柔软，叶片略薄，色度更浓，淀粉含量降低，化学成分协调。

“评吸经过降焦处理的单品种样烟，与同品种对照的优质腰叶比较，香味显著。”这是项目组经两年精心试验后得出的结果，所有数据和结论无须置疑。拿到试验结果的朱尊权并没有急于公布，又组织相关人员进行评吸，综合分析后确认："经过两年的试验、示范与工业验证，我们已经基本掌握了提高上部烟叶质量的技术方法。该研究成果如果能在全国适宜的烟区推广，将能增加20%以上的烟叶供一、二类高档卷烟使用。"

朱尊权清楚，一切试验的目的是为了得出科学的数据，而慎之又慎得出的结论，预示着烟叶生产将揭开新的一幕——提高上部烟叶的可用性，是促进"卷烟上水平"快捷有效的措施，是解决烟草行业烟叶等级结构矛盾的突破口。

如何实现这种历史性的担当？

"我们面对的不是简单地提高上部烟叶成熟度，而是要通过一个平台和载体，担当起我国原料保障的战略支点！"2009 年 11 月 2 日，提高上部烟叶可用性座谈会在国家烟草专卖局举行，朱尊权阐述了新时期烟叶生产的历史重任，"为了提升我国原料供应的广度和深度，应对日趋显现的卷烟结构调整形势，有必要把提高上部烟叶可用性上升为新的行业战略。"

同样一句话，由阅历丰富、德高望重的朱尊权说出来，话语中就不光是言者内心的体悟升华，还有烟草行业大策和路标的分量。

精神矍铄的朱尊权成为会场的主角，谈起话来条分缕析，逻辑非常严密，很难相信这是一位 90 岁高龄的老人。他汇报了提高上部烟叶可用性 2008 年、2009 年的研究结果，又从资源利用的角度，指出下一步研究及推广的重要性——

"从烟叶资源的地位和作用来看，从烟叶资源的形势来看，从利用烟叶资源的状况来看，我们都要把上部烟叶摆在极为重要的地位。烟草行业对烟叶的依赖就如同鱼儿对水的依赖。没有烟叶，就没有我们的过去、现在和将来。"

烟叶、烟叶，会场里谈的是烟叶，参会者手上拿的是烟叶。它们是朱尊权带来的 2009 年河南示范区的上部烟叶，与以往烟叶在质地和外观形象上有着明显不同，让大家刮目相看。

“烟叶是一盘大棋，提高烟叶的可用性涉及烟草行业方方面面，但观点不一、矛盾很多。所以，首先应当在全烟草行业农、工、商各环节统一思想认识，同心协力，相互支持，有计划、有步骤地前进，才能完成这项艰巨的系统工程。”

好风凭借力，送它上青云。显然，朱尊权此番话的用意在于寻求更高层次的支持。

“朱老的讲话有量的统计、质的分析、度的掌握，实实在在，非常中肯。由此可见，在烟叶原料环节进行大胆创新、加强烟叶资源利用，不失为破解原料结构性矛盾的一剂‘良方’，也是卷烟工业企业实现‘原料保障上水平’的努力方向之一。”时任国家烟草专卖局局长姜成康高度评价了朱尊权倡导的提高上部烟叶可用性工作，认为这项工作已见成效；同时充分肯定，随着现代烟草农业建设高歌猛进，我国提高上部烟叶可用性的战略支点日趋成熟。

与会者经热烈讨论最终汇成一个共识：朱尊权的观点，既蕴含着对历史经验的深刻总结，又蕴含着对新形势、新任务的科学判断，具有很强的战略指导性和现实针对性。

有鉴于此，姜成康作出 4 点批示：第一，提高上部烟叶可用性项目应列为 2009 年国家烟草专卖局重大课题，由郑州烟草研究院立项研究，在现有基础上扩大试验区域和范围；第二，扩大上部烟叶可用性项目的承担单位，除研究单位、烟叶公司外，还要让卷烟工业企业主动参与；第三，要把烟叶 42 级标准的修订作为提高上部烟叶可用性项目的重要内容，通过该项目研究对现行烟叶标准进行调整，通过标准引导生产、引导认识观念的转变；第四，相关烟叶价格机制要随之调整，为提高上部烟叶可用性技术的推广提供政策引导和保证。

国家烟草专卖局对朱尊权的见解和观点一直很重视。姜成康的批示传达后，国家烟草专卖局科技司负责人王献生立即到郑州烟草研究院进行沟通。国家烟草专卖局将提高上部烟叶可用性项目列为2009年的重点课题。

担当这个战略支点，郑州烟草研究院无论在硬件还是在软件上都具有独特的优势。“从这个意义来说，我们有责任、有义务肩负起提高上部烟叶可用性技术研究的历史使命。”朱尊权如是说。

郑州烟草研究院成立了由烟草农业研究室、工艺研发中心、标准化研究中心、烟草质量监督检验中心技术骨干组成的项目组，在朱尊权的指导下，牵头开展“提高上部烟叶可用性及在‘大品牌’应用的技术研究”项目工作，并集合国家烟草栽培生理生化基地、云南烟草农业研究院等烟草农业研究单位参与该项目研究。同时，确定将河南中烟工业有限责任公司、上海烟草（集团）公司等卷烟工业企业作为协助单位。这些企业技术力量雄厚，在上部烟叶的配方应用和大品牌培育方面有多年的积累。

他们各司其职，共同向同一个目标聚焦发力。

根据预研结果，以提高上部烟叶成熟度为中心，农业方面重点从烟叶品质最关键的采收与调制技术开展试验研究，选择我国优质烤烟产区，通过多点设置不同的田间采收成熟度、采收方式、烤房温湿度、变黄期时间等因素对上部烟叶质量施加影响的技术试验，找出上部烟叶的适宜采收成熟度标准、采收方式及调制技术，验证通过上部6片烟叶一次性成熟采收调制技术提高上部烟叶可用性的效果，结合各地上部烟叶具体生产实际，形成提高上部烟叶质量的采收与调制技术规程，并进行大面积示范推广，批量生产出可用性好的上部烟叶。

朱尊权关心的不止这些，他认为，作为一个系统工程，“我们这个项目不仅要提出上部烟叶采收和烘烤的关键性技术，还要验证其在工业配方中的作用。在这些研究的基础上，我们还应当对上部烟叶的分级标准及收购价格提出一定的建议，必须在价格机制上取得突破，维护烟农利益，才能在全国范围内实现上部烟叶可用性的提高，进而提高烟叶资源利用率，为确保上部烟叶可用性技术在全国范围内推广奠定基础和提供保障”。

让他欣慰的是，在河南、湖南等省，提高上部烟叶可用性的技术问题基本上已经解决，上部烟叶已较好地运用到高档卷烟的工业生产中。河南中烟工业有限责任公司在朱尊权的指导下，摸索上部烟叶在卷烟配方中的应用技术，使用成熟度好的上部烟叶开发出高档卷烟品牌“黄金叶（天叶）”，并取得成功。如果说“中华”牌卷烟是朱尊权的“起首”之篇，那么，“黄金叶（天叶）”可谓是他的“收官”之作。

提高上部烟叶可用性项目在2012年进行了验收，并在2013年6月份通过了国家烟草专卖局的鉴定，圆满完成。那么，这个项目主要取得了哪些成果呢？项目组负责人闫亚明和尹启生、王兵等有关专家在2013年7月接受《中国烟草》杂志采访时，谈了他们的看法。

尹启生说：在农业上，我们通过优化栽培技术和烘烤技术，研究了上部6片烟叶一次采收烘烤技术，还结合我国各烟叶产区实际，形成了适合河南、云南、湖北、湖南、广东5个产区特点的5套技术方案，在示范区生产出了大批量工业可用性强的上部烟叶。经过我们的尝试，示范区50%—80%的上部烟叶可以进入一、二类高档卷烟配方。

王兵说：以往的研究中，上部烟叶在高档产品、低焦油卷烟中的应用很少被提及。这一项目中，我们在获得大批量可用性好的上部烟叶基础上，选择“中华（硬）”等9个一、二类卷烟规格进行了试验研究，明确了上部烟叶能够发挥“支撑烟气骨架”、提高香气丰满度与丰富度的作用，同时还结合品牌提出了具体的技术建议，为今后上部烟叶的工业使用提供了技术支撑。

尹启生说：在低焦油卷烟方面，我们选择了“芙蓉王（蓝）”等10个低焦油卷烟产品，在其配方中加入一定比例成熟度好的上部烟叶，并通过叶组配方、工艺加工参数优化及香精香料调配等综合技术措施，替代部分中部烟叶，达到了“降焦不降质”的效果。这一成果也证实了上部烟叶对减害降焦的积极作用。

闫亚明说：除了技术上的因素，合理的分级和价格体系是推广提高上部烟叶可用性技术的前提和重要保障。在该项目研究中，我们提出了增设顶部叶组和高度成熟叶组、调整外观分级因素、适当增加残伤比例的建议，可以为以后上部烟叶分级体系的调整提供借鉴；同时，还提出了调整上部烟叶价格等一些具体建议。通过这些探索，能够比较好地调动烟农生产优质上部烟叶的积极性，从机制上保证提高上部烟叶可用性技术的大范围推广。

……

“上部烟叶的利用率是一个大课题，解决好了有望缓解大品牌卷烟上等烟叶原料数量不足的问题，弥补烤烟型低焦油卷烟香味不足的缺陷，而且还能实现烟农增收，可谓一举数得。”朱尊权多年的愿望已经或正在成为现实。随着上部烟叶可用性的改进，原来只能做低档卷烟的上部烟叶逐步进入高档卷烟的配方，烟农从收购价格相应提高中得到了实惠。

6

上部烟叶改进项目在2013年6月19日顺利通过了国家烟草专卖局的鉴定。这样的时刻，最有理由激动和高兴的应该是朱尊权；这个时刻，同事们最应该看到的当是他脸上绽放出的如孩童般的笑容，就像他平日里走进烟田看到烟叶那样的兴奋表情。同事们曾打趣地说：“朱老每当走进烟田看到好烟叶，就像看到宝贝似的高兴，脚步也变得顺溜利索了。”

然而，此时，这位德高望重的烟草科学界泰斗已经逝世一周年，以 93 岁高龄告别了他终其一生追求的烟草科技事业。

“提高上部烟叶可用性及在‘大品牌’中应用的技术研究”项目成为朱尊权人生事业的绝唱，也成为他走向人生终点前最为关注、倾注精力最多的一个项目。

2009 年，朱尊权在 90 岁寿辰的答谢辞中有这样一句话：“如果还能为烟草行业、为郑州院、为烟草科技不断进步再作新贡献，期盼 2019 年再相聚！”他是如此迫切地想为烟草科技事业再多奉献一点力量。即使在病重期间，仍然牵挂着他提出和指导的科研工作，再三表示不能因为自身的病痛影响科研项目的进度。

这不由让人想起他在 1984 年入党时说过的一段话：“著名科学家华罗庚同志的最大心愿是工作到生命最后一刻。这也是我的心愿，而且是完全可以做到的……”

他做到了。凭着一个共产党员的信仰、一个科学家的忠诚，履行了“生命不息，工作不止”的人生诺言。

一个决心下定、孜孜以求的人，从不会怀疑目标实现的可能性。朱尊权秉持“完全可以做到”的信念，一步一个脚印朝着人生目标走下去，直至生命的尽头。

也许同事们的讲述，更能直接、真切地再现他生命中最后 3 年里工作期间那些平凡而感人的场景——

蔡宪杰说：“记得 2008 年 5 月，不顾 36 摄氏度的高温，朱老到河南平顶山烟区调研现代烟草农业建设及烟叶生产，提出了提高烤烟上部烟叶可用性这一项目。当时，很多烟农都热得停止了工作，而朱老却兴致勃勃地查看烟苗移栽情况，直到中午 12 点多钟，在我们几次提醒下才依依不舍地离开烟田。之后两年，每到8月，90多岁高龄的朱老多次冒着酷暑到平顶山烟区实地考察项目进展情况，每到一处，都走进热浪滚滚的烟田，看得非常仔细，问得也很仔细，对于采取的主要技术措施都要问到。大家见朱老浑身是汗，劝他到车上休息。他摆摆手说：‘没关系，出点汗好。’在项目开展期间，他多次到全国各地的烟田进行实地考察，召集了近20余次座谈会、研讨会，并主持项目启动会、中期总结会，两次到国家烟草专卖局介绍项目开展情况，还在全国烟叶生产技术研讨会上宣传项目的成果。”

王英元回忆：“2009年，作为郑州院质检中心的一员，我参与了由朱老组织指导的上部烟叶项目。有一次，朱老到质检中心烟叶实验室察看我们从河南试验区带回的样品。看到成熟度好、叶片疏松的上部烟叶，他眼中闪着欣喜的光亮，并小心地捧起烟叶，送到鼻前闻了又闻，连声说：‘不错，很好，很好！’我们明显感到上部烟叶质量提高带给他的欣喜与开心！临出实验室时，他双手抱拳于胸，对我们说：‘你们辛苦了，烟叶的试验样品拜托你们了！’”

闫亚明也说：“2009年，国家烟草专卖局把朱老提出的上部烟叶项目列为重点课题。由于工、商、研等方面参加的单位和人员众多，需要协调的工作量大，考虑到朱老年事已高，我担任了该项目的负责人，朱老出任高级技术顾问；因而，我和项目组的同事们有了更多机会聆听他老人家出自渊博专业知识的细心指导，感受他老人家虚怀若谷的博大胸怀。在多次项目阶段工作协调会上，朱老认真听取我们晚辈的汇报和建议，建设性地点评和指导，从不居高临下。我单独在朱老的办公室向他汇报项目进展情况和请教一些问题时，他总是虚心听取，认真解答，思路清晰，娓娓道来，还多次饱含着对发展烟草事业的殷切期盼，嘱咐我们项目组成员一定要重视上部烟叶对烟草行业品牌发展上水平的重要支撑作用，一定要把项目抓好和完成好。”

由于担心年事已高的朱尊权身体吃不消，闫亚明多次建议他将一些具体的工作交给年轻人做，朱尊权却说：“你们别担心，只有这样充实地工作着，我才觉得活力无穷。”

然而，2011 年 4 月，整日忙于工作的朱尊权还是累倒了。

4 月 19 日上午，在郑州召开的上部烟叶项目年度总结协调会上，朱尊权作题为《大力推广改进上部烟叶可用性的技术，解决卷烟上水平原料保障意见》的报告。他指出：在工、商、研等参与单位紧密合作下，项目取得了明显成效。此时，他最为关心的就是烟农的利益，这是他挂在嘴边常说的一个事项：“保证烟农收益增加，是推广、改进上部烟叶可用性技术的关键。上部烟叶提高成熟度后，产量有所降低。要保证烟农增加收入，必须解决烟叶等级差价问题。只有这样，才能解除烟农的顾虑，提高烟农推广这项技术的积极性。提高烟农收益、维护烟农利益，也是维护国家利益。我希望在国家烟草专卖局相关政策的指导下，各卷烟生产企业根据上部烟叶的可用性，确定上部烟叶收购标准、价格，将优质优价政策落实到烟农手中。”

出席当天会议的国家烟草专卖局、烟草工商企业、有关科研院所的代表和专家有 80 余人，在务实而紧张的节奏中进行前期工作总结、后段工作部署、实施方案讨论，众多的议程都需要在会上完成。紧张的节奏让朱尊权腾不出思绪考虑别的，结果疏忽了一件对他来说很重要的事情：如厕。直至会议结束，才意识到这一点的朱尊权突然感到身体不适。他原本就患有前列腺炎，再加之准备会议连日操劳，诱发急性尿潴留疾病，排尿受阻的痛苦迫使他住进了医院。

经诊断，需要做膀胱造瘘手术。“哎呀，病得真不是时候。现在是项目进展的关键时期，我得召集小蔡（蔡宪杰）他们先开个会，布置完近期工作再做手术。”躺在病床上的朱尊权跟他的秘书王瑞华说。

“朱老，您就安心手术吧，项目的事交给小蔡他们就行。”王瑞华回答。

“我得把有些事情交代清楚才放心。”

“等手术后再说不行吗?”

“不行。”

“那您到哪儿开会呢？医院离单位远，而且又没地儿。”王瑞华想以没地方开会为由劝阻朱尊权。

“在医院附近找个地儿。”

一听这话，王瑞华急了:“附近哪有合适的地方啊?”

“有啊，医院对面不就有个茶室吗？就把那儿当会议室吧。”朱尊权露出惬意的笑容。

“啊?”

王瑞华一时无语，没想到朱尊权早就自有安排。

“行了，就这么定了。小王，你尽快召集人员，明天开会。”

“不行，茶室的台阶又高又陡，您上不去。”已经做了10年的秘书工作，在王瑞华心里，朱尊权早已不是领导，而是家里的一位老人。

朱尊权沉默了。

王瑞华思忖朱尊权会就此止步，趁热打铁说:“您老就安心吧，一切等做完手术再说不迟。”顺手把一块削好的苹果递给朱尊权。

“不行，会还得开，地方你们找。”朱尊权的口气不容置疑。

“这……”

“不争了。小王，我知道你们担心我，不忍心看着我带病工作，希望我安心养病。可是，如果不把工作布置好，我心里老惦记着，不安啊!”朱尊权脸上又恢复了往日的和蔼，只是眼中露出的神情让王瑞华心里不是滋味——那分明是这位老人从心灵深处发出的请求呀！

“好的。朱老，我这就想办法落实好会议室。”

两个人的“争执”以王瑞华“完败”告终。朱尊权一旦下决心要做一件事，就会千方百计地干下去，谁也阻挡不了。

王瑞华和同事司福智、王平商量，决定把会议地点放在离医院不太远的位于郑州烟草研究院家属区的离退休职工活动中心。

2011 年 5 月 16 日，也就是手术前一天，朱尊权如愿召开了他倡导的上部烟叶项目组部分成员会议，尹启生、王兵、蔡宪杰、王英元、申玉军、李青常等人参加。工作布置好了，朱尊权心里的“石头”总算落下了。

傍晚时分，会议结束。此时的夕阳把天边的云朵烘烤得一片金黄，如同一片片刚出烤房的“黄金叶”，朱尊权脸上又露出了孩童般的笑容，不由道出一句“但得夕阳无限好，何须惆怅近黄昏”的诗句……

5 月 17 日，他安心地走上了手术台。幸甚，手术很成功。

“术后恢复期间，朱老不顾医生劝阻，两次召集我们在病房开会，一开就是好几个小时。”蔡宪杰回忆说。他们多次被好心的护士打断，请求朱尊权多休息休息。“我们也十分担心影响朱老的术后恢复，可老人家总是坚定地说：‘项目上的问题不解决，我哪里有心思去养病呀！’”

为了能更方便地工作，手术后两个月，朱尊权要求做前列腺切除手术。医生考虑到他年事已高和手术中的有关风险，婉言拒绝了。

朱尊权不愿就此放弃。“手术虽然有风险，但也有希望，不妨搏一下。”他跟谢剑平商量后说，“每天挂着个尿袋上班不方便，建议到北京咨询郭应禄教授，听听他的意见，看能不能手术。”

“好。郭应禄教授是我国著名的泌尿科专家，咨询一下很有必要。您放心，单位马上派司福智去趟北京。”谢剑平说。

2011年7月18日晚上，当司福智把专家的建议告诉朱尊权时，朱尊权彻底失望了：“不能手术，我活着还有什么意义呀？”

司福智有些不解，一个无关紧要的手术，怎会让朱尊权如此在意。朱尊权解释说：“我现在带着尿袋，虽能工作，终不方便。给大家带来麻烦，就是社会的包袱；不能贡献，就失去了活着的意义。”

“朱老，您说的‘麻烦’，也就是每个月定期到医院进行术后护理。您没有给我们添麻烦，您放心吧。”司福智的声音有些哽咽。

之后，朱尊权每天不得不挂着尿袋上班。他心里仍然牵挂着上部烟叶项目。久而久之，在办公楼里凡听到“项目现在是什么情况”的询问声，大家就知道朱尊权又来上班了，正在了解项目情况。同样，他的办公室里经常有人们进出的身影，或是汇报工作，或是请教解决问题的办法。大家就在想，朱尊权又在为工作操心了……

值得告慰这位老人在天之灵的是，上部烟叶研究成果已在“黄金叶”等卷烟大品牌中推广应用，项目成效达到了他的期望。

朱尊权以他的倡导，使得烟叶生产进入一个新的境界，给卷烟品牌绘就了一幅新的图画。

国家烟草专卖局原局长姜成康曾说：“忠心报国是中华民族的传统美德。无数志士仁人为着民族的振兴和祖国的繁荣而呕心沥血、终生奋斗，朱老也是这样的人。”的确如此，朱尊权这位时刻不忘自身职志的烟草老人，用高度的精神、热忱与兴趣书写着“职责”二字，更用生命投入其中，即使在到达人生终点之前，依旧展现最后的精彩篇章。

7

2011 年 3 月 23 日，河南郑州，“中华”品牌“突出贡献奖”颁奖暨品牌发展研讨会会场入口处。

“来了！朱老来了！”不知谁喊了一声，站在门口等候的与会代表齐齐地向电梯口望去。

朱尊权在旁人的搀扶下缓缓向会场走来。

他微笑着朝大家招手，走至签到处，提笔认真地写下自己的名字。稍停，他又写下了 4 个字：“爱我中华”。

“今年是‘中华’品牌诞生 60 周年。作为‘中华’烟最初的一名研制人员，我为自己当时能参加这样一项有政治意义的技术工作感到极大的荣幸，也为‘中华’烟 60 年来取得的辉煌成绩感到由衷的高兴。”

会上，朱尊权从过去、现在、未来，畅谈“中华”烟，忆往昔工作，说今日成就，话发展蓝图，兴致盎然。

1951 年，新中国第一个高级卷烟品牌“中华”亮相历史舞台，以独特的品位和魅力征服了一代又一代消费者。“中华”卷烟的先期配方是由王承翰和朱尊权带领研制的，问世不久，便因烟叶告急，导致“中华”烟品质下降。最初生产“中华”卷烟，配方中所用美国烟叶比重较大。在新中国成立之初无法继续进口美国烟叶的情况下，如何确保平稳生产成为紧迫而现实的问题。

于是，朱尊权利用回国之前积累的有关烟叶配伍性知识提出了解决方案，并开始用国产烟叶替代进口烟叶项目研究。在研究过程中，朱尊权总结出浓香、清香、中间香 3 种香气类型，开创了新中国烟草配方工艺的新理念，并结合人工发酵等技术措施，在“中华”卷烟生产中不断减少美国烟叶的用量，逐步实现了完全用国产烟叶生产“中华”卷烟的目标，不仅解决了原料供应问题，也为规范和指导全国各烟厂的卷烟配方起到了关键作用。

1958年，轻工业部烟草工业科学研究所由上海迁至郑州，但朱尊权对“中华”品牌的每一步成长依然十分关注。他说：“‘中华’是中国烟草发展的一个缩影，是我们民族企业的骄傲。我的事业与‘中华’品牌的创立和成长分不开。”

这里说个小故事。一次，有人问朱尊权，现在，制假手段这么高。给您一盒“中华”烟，不许抽，您能分出真假吗？朱尊权笑言：“‘中华’烟就像我的儿子，抓在手里，触觉就会告诉我真假，更不用说去闻它的香味儿。”

到2011年，“中华”品牌已走过60年的辉煌历程。作为最初创立这个品牌的参与者、奠基人，朱尊权为“中华”品牌的今

2011年3月23日，朱尊权（右）领取“中华”品牌“突出贡献奖”

天感到无比高兴，更为“中华”的未来发展感到欢欣鼓舞。

“朱尊权等老一辈科技人员为‘中华’卷烟的创立和健康成长作出的贡献永载史册。”在“中华”品牌“突出贡献奖”颁奖暨品牌发展研讨会上，当上海烟草集团总经理施超把“中华”品牌“突出贡献奖”证书颁发给朱尊权时，会场响起了经久不息的掌声。

而此时对于朱尊权来说，印证的是他与“中华”品牌终其一生的情缘。

夕阳无限，宏志唱晚。中国实行改革开放后，作为中国烟草科技事业的领军人物，朱尊权在年过花甲之时，为了中国烟草科技事业的发展和进步，又把目光投向一片属于科技创新的崭新领域，积极推动中国烟草参与国际间烟草学术活动和交流。

1988 年，第 9 届国际烟草科学大会在中国广州举行。这是中国烟草行业第一次承办大型国际烟草科研会议，也是以朱尊权为代表的老一辈烟草科技工作者多年勤奋耕耘逐步为国际烟草界所认可的标志。朱尊权以国际烟草科学研究合作中心科技委员会委员的身份受邀作大会特邀报告，这是中国烟草科学家第一次在国际烟草科学大会上登台亮相。

一个个突破、一次次创新，填补了我国烟草科技领域的多项空白，极大地提高了我国烟草科技水平，缩短了与国际先进水平的差距。中国烟草在国际烟草舞台上由配角走向前台，挑起了“主角”的大梁。

时隔 20 年后的 2008 年，国际烟草科学大会又一次在中国召开。这一次，朱尊权是以国际烟草科学奖获得者的身份参会。

什么是国际烟草科学奖？

国际烟草科学研究合作中心的奖励包括国际烟草科学奖学金，国际烟草科学金牌、银牌、铜牌和国际烟草科学奖。其中，国际烟草科学奖是最高奖项，通常用以表彰终生致力于烟草科学研究的国际知名科学家。朱尊权是首位获得该奖项的中国专家。

2008年11月9日，上海国际会展中心主会场内气氛热烈，室内布置庄重而典雅，授奖仪式开始。国际烟草科学研究合作中心理事会主席理德用英语简要介绍了朱尊权的贡献后，89岁的朱尊权在欢快的迎宾曲中被引上讲台，他面对的是来自30多个国家和地区的450多名专家学者。在热烈的掌声和欢呼声中，他从国际烟草科学研究合作中心理事会主席理德手中接受了国际烟草科学奖荣誉证书，以奖励他对烟草科学研究毕生的投入和对中国及世界烟草所作的贡献。

接着，他用流利的英语发表了一篇以《中国烟叶生产科研现状与展望》为题的专题报告，介绍中国烟叶生产的基本状况，包括种植面积、烟叶商品量、产区变化和烤烟质量等；总结烟草育种、栽培、调制、有害生物综合治理、农业减害等领域的研究进展，并对中国烟草业的未来发展进行展望。

朱尊权在这篇20分钟的演讲中声音洪亮，内容也令人耳目一新。当他以"I do hope that in another twenty years, 2028, CORESTA would meet in China again and I certainly would be here welcoming you"（我真心希望20年后，也就是2028年，国际烟草科学大会仍能在中国召开，我仍能在这儿欢迎你们到来）结束演讲时，与会的中外专家学者全体起立，掌声经久不息。

"眼前的场面真是感人至深。这是对朱先生毕生耕耘于烟草科技园地的敬佩，同时也是对中国烟草科技成就的肯定。"身处会场的谢剑平尤为激动。

谢剑平还透露：按照惯例，在国际烟草科学研究合作中心主席授奖后，获奖者有一个简短的获奖感言。谢剑平经历的几次授奖现场，获奖者大多是即席随言，看不出有什么准备，"而朱先生却不一样，提前几个月就开始酝酿准备如何做好即席演讲，几乎是把20年前（1988年）'练习'英文演讲的方式又演练了一遍，全然忘却了自己已是 89 岁的耄耋老人。”

颁奖仪式上，两名中国青年学者当选为产品工艺学组和植物病理学组执行委员，并以学组执行委员身份成为国际烟草科学研究合作中心科技委员会委员，这标志着中国学者进入了国际烟草科学研究合作中心的科技决策圈。

入夜，上海国际会展中心大厅灯火辉煌，充满欢声笑语。朱尊权在大家频频敬酒的祝贺声中思绪繁多，固然为自己几十年辛勤工作受到肯定感到慰藉，但更感到奋斗未有穷期，一个又一个围绕烟草降焦减害的科研课题还等待着自己，特别是年轻一代去攻克。

他深知，如果消费者利益是一棵大树，那么，创新就是维护这棵大树植根的土壤。只有不断提升技术水平、提升创新能力，生产出更加低焦低害的卷烟产品，消费者利益才能真正得以保证。

岁月流金，夕阳比朝霞更绚烂。又是一个令人难忘的时刻。

“在中国烟草科研领域，有这样一位老人：他将自己 60 多年的人生岁月倾力投入到烟草科研之中，他的许多论断、许多研究成果在不同时期为烟草科技发展指明了方向，他被公认为中国烟草科技的奠基人之一，他是烟草行业第一位中国工程院院士……这位老人，就是朱尊权。”

2012 年 2 月，中国烟草总公司公布 2011 年度科学技术奖获奖情况，主持人以这段话作为开场白。按照 2010 年修订的《中国烟草总公司科学技术奖励办法》，此次评选首次增加科学技术杰出贡献奖、技术发明奖，不仅奖项设置更成系统，而且评审标准、评选流程更加严格，充分体现出烟草行业科研领域的发展方向和水准。

朱尊权以全票荣获科学技术杰出贡献奖，并成为该奖项的第一个获得者。无论过去还是现在，他用自己的学识、才能、勇气和贡献赢得人们的敬重，赢得“著名烟草专家”这个称谓。

诚如颁奖词所言：耕耘科研 60 载，成绩斐然道不尽。朱尊权在烟草工业原料、降焦减害、著书立说、育人不倦等方面孜孜以求、不计得失，他的学术成就为国内外烟草科技界所公认，他的道德品质为烟草行业干部职工所敬仰，他是现代中国烟草科技事业的奠基人和引路者。而今，已 92 岁高龄的朱尊权成为烟草行业首位科学技术杰出贡献奖获得者，是众望所归，当之无愧。

我们不由得想起朱尊权办公室里几个引人注目的物件。一个是照片：他在抽烟沉思，眼神里闪烁着睿智的光芒；另一个是一幅书法作品，上写“勤精驭化”。朱尊权解释，这 4 个字是他追求的人生境界。也许这四字于他而言不仅是对工作之重的践行、对时序更替的感喟，更有一份对人生价值的思考、对精神境界的追求。这才是“勤精驭化”深层次的意义所在吧。

从 60 年前开始研究烟草的那一天起，朱尊权即与香烟为伴走过漫漫征途。半个多世纪的科研生涯里，他高擎科技创新之旗，为中国烟草的发展奠基、引路，不断攻坚克难。

朱尊权说：“我这几十年就是在不停地研究问题、解决问题。从烟叶种植、加工及卷烟配方到今天的卷烟降焦减害，我感觉，每解决一个新问题、每完成一个新课题之时，是最难忘的时刻。”

朱尊权又说：“吸烟与健康的矛盾是世界十大科技难题之一。能够看到中国卷烟真正实现少害，甚至开发生产出有一定保健作用的卷烟来，是我最大的梦想。要实现这个梦想，还要靠我们年轻的科技工作者们不懈努力。”殷殷话语，道出这位老人对中国烟草事业未来的憧憬。

他曾设想，将来有一天，随着烟草科技的进步，由工艺措施解决卷烟香气与降焦减害之间的矛盾，实现卷烟的有害成分大量减少，再结合中医药缓解卷烟危害，研制出理想的中式卷烟。

“烟草飘香数百载，有功有过；减害增益为人民，化过为功——夙愿尚待不懈创新”。朱尊权在中国烟草博物馆留下的题词昭示着他的心声和期盼，这是一种与烟草血脉相连的情思。

一位哲人说，历史中有属于未来的东西，找到了，思想就永恒。在朱尊权的思维体系中，一直流淌着一个观点：如果我们善于在更大的视野里认识、总结、探寻烟草减害的途径，或许对烟草、对人类更为公正、客观、实在一些。他一生都在努力探求“烟草减害”的清晰答案，并坦言“此生无悔”！

2012 年 5 月 5 日傍晚，晴朗、凉爽。郑州烟草研究院研究员冯茜回忆起当时的一个场景：“我推着轮椅上的朱老，漫步在金水河岸边。他向我讲述了自己一生的经历，特别讲到当前社会对烟草界的偏见，痛心地说：‘我当初选择烟草是为了利国利民、报效祖国，难道我的选择错了吗？不，降焦减害不是伪科学！’朱老回过头看着我，眼中闪烁着无比坚毅的光芒，然后声音低沉但非常有力地说了 4 个字：‘此生无悔！’”

这或许就是朱尊权之所以能够成为中国烟草科技泰斗，为中国烟草作出突出贡献的重要原因吧。

8

人生易老，天亦无情。2012 年 4 月 23 日，93 岁的朱尊权因不能进食再次住进医院，治疗 10 天后，感觉病情好转。5 月 4 日，他又回到了工作岗位。朱尊权每次住院都是如此，只要病情有所好转就争取出院。他说过一句非常朴实的话：住院是花公家的钱啊，能省点儿就省点儿。

然而，在同事准备为他办理出院手续时，医生告知：朱尊权的血样化验结果显示，有发生癌症病变的可能。几天后，朱尊权确诊患了癌症。

确诊后的第二天，朱尊权去了趟单位，在自己的办公室里静静地坐了一会儿。他环顾四周，工作的痕迹无处不在、历历在目、如此亲切。走出家门前，他无语地拉住老伴姚雪英的手久久不愿松开，相濡以沫的恩爱情意唯有来生再续了。他脸上露出微笑，这是向妻子、亲人告别的微笑……

也许他意识到，此番住院当是人生永别的前奏。

日渐虚弱的朱尊权行动不便。为帮助他治疗和康复，郑州烟草研究院安排司福智、王平等人轮流陪护。

5月中旬的一个深夜，浅睡中的司福智被朱尊权下床时的脚步声惊醒。由于患前列腺疾病，朱尊权每晚要起夜好几次。

“您自己下床很危险，为什么不叫醒我？”司福智“生气”地说。

“你们每天这么辛苦地照顾我，见你睡着了，我不忍心叫醒你。”再次躺回病床上的朱尊权平静地说，“早知道一年来这么麻烦大家，还不如当时就去了。如果我不能工作，对国家没了贡献，那就生不如死。”

在生病住院的每一天，即便是输液时，朱尊权都坚持在病房里走动，保持行动能力，他多么希望某一天能再回到工作岗位。在他看来，“活着不是为了自己，要对社会奉献，而绝不愿成为社会的包袱”。

朱尊权不仅以他渊博的知识和严谨的科学态度教育并培养了新一代的科技工作者，他的高尚情操和谦虚助人的人格魅力也影响着一批又一批的后来者。

在他住院期间，青年晚辈把参加护理值班工作视为“有幸”参与。他们唯一的希望就是在有限时间里能多陪陪这位敬爱的老人，能多看看老人的音容笑貌，能以自己的微薄之力，减轻老人的痛苦，哪怕只是一点点。他们更愿意像儿子、女儿那样，为父亲奉上应尽的一片心意。笔者后来采访他们时，大家仍满怀深情地说起当时的一幕幕，甚至潸然泪下。

王英元说："夜深人静时，我会留下外间的一盏灯，希望朱老醒来时能看到灯光，能感受到温暖、感受到大家的关切和依恋；更希望朱老能从昏迷中醒来，看到他的笑容，甚至聆听他的教诲。"

戚万敏也说："当走出病房，告别病重的朱老，我默默祷告：朱老，请您安心养病吧，我们还会轮流守候着您，我还会轮到一次、再一次……"

然而，病榻上的朱尊权日渐憔悴和虚弱，饱受病痛的折磨，脸上没有了往日的红润，眼睛也失去了昔日的光泽，已呈皮包骨的身躯插满了管子。即使这样，他依然非常注重自己的仪容仪表，在客人来探望前，请工作人员将自己扶坐起来，梳理头发，整理衣服，展现微笑与坦然，给人们留下完美的形象，给自己保留最后的尊严。

6 月 21 日，病情加重的朱尊权不得不上了呼吸机。"他对病魔的抗争就像他对待科研攻关一样勇敢坚强，从不叫苦。"有这样一幕留在了李青常的记忆里：那是朱尊权去世前的第 3 天，吸痰的痛苦让他双手紧握。李青常和曹娟赶紧过去，抓住他的双手。朱尊权的手仍然有力，可是已经消瘦无形。"我不知道他想用力抓住什么。我只想握紧他的手，帮老人减轻些痛苦。曹娟的眼圈有些红。我预感这或许是我最后一次握老人的手了，一种酸楚的感觉涌上心头。我们轻声叫着'朱老'，我想他一定听得见。他的手还是那么用力，表情极度痛苦，却始终没有叫出一声……"

"朱老在痛苦的时候会下意识地伸手去拔身上的管子，我们只要轻声地说一句，他就会悄悄地放下手。"河南中医学院第一附属医院医生办公室主任赵敏、主治医生邓伟、护士长李艳，陪朱尊权走过了最后的时光。在 2013 年 8 月 26 日上午，他们拨冗接受笔者采访时说：“因为是朱老的事，我们再忙也要暂时放下工作。”

“我们在医院工作了 10 多年，接触的病人不少，但这是第一次接触如此和蔼、低调、善良、优雅的老人。一开始，医生、护士并不知道他的显赫身份、为烟草行业作出的巨大贡献。他本人从来不说这些，偶尔只跟我们聊聊年轻时的求学生涯、说说有趣的事情。他对烟草科技的贡献，我们都是从探望者的交谈和介绍中听到的。”

“老人家最不愿意的就是给医生、护士添麻烦，而且非常尊重大家的工作。每次帮他做完检查或是护理，他都由衷地说声谢谢，只要腾得出手，必定双手抱拳于胸致谢。”

“老人家对我们十分信赖，发给他的药从不看说明书什么的，也不因为有相关副作用要求换药；每次除了按医生的嘱咐吃药治疗，没提过任何要求和条件。”

“老人家的病带给人体的反应是很痛苦的，可我们没听他叫喊过一声。有时候，我们心疼地说，朱老，实在难受就喊喊吧，或许会好受点。他只是轻轻地摇下头。”

“他就像一位邻家的老爷爷，或者说像我们自己的爷爷。跟老人家相处久了，真的有种如家人的感觉。这样的老人肯定会留在我们的记忆里。”

采访结束时，赵敏又补充了一句：“在当代社会，像朱老这样的人值得宣传。”

……

病床上的朱尊权离不开打针、吃药治疗，还有陪伴他 60 多载的一样物什，那就是卷烟。

“朱老烟瘾很大。护士控制他吸烟，把烟收到柜子里。他就把烟拿出来放在床头。后来，他的手臂动起来不方便了，我就点燃一根烟放到他嘴里。”王平给朱尊权当了10年司机，知道烟对这位老人来说意味着什么。“每次，我都说，只能吸三口啊。他吸一口，我把烟拿出来，弹掉烟灰，他接着再吸；每到第三口，他都狠狠地深吸一口，闭上眼睛隔了好久才松口，让我把烟拿出来。朱老过足瘾了，才睁开眼，有点儿不好意思地对我笑笑。”

朱尊权在病房里抽的烟，是他晚年主持和倡导的低焦油“南京（金陵十二钗）”细支烟。

随着朱尊权病情危重，人们再到病房，已不忍心去里间的病床前打扰他，只是隔着门窗默默地往里凝视，以期把这位老人最后的容颜永远铭记、定格在心里。但有的人还是控制不住悲痛的心情，流下了眼泪。他们转过身去，生怕朱尊权看到他们在伤心。

而朱尊权却会在偶尔且短暂的清醒当中看见，他是用一颗同样难受的心，体味他们每一个人的音容。他与他们，他们与他，彼此再熟悉不过了。朱尊权艰难、吃力地抬起手臂示意他们进来，并努力绽放出一丝笑容。大家明白，他这是在安慰大家、鼓励大家，试图用他的乐观豁达来影响大家、感染大家。

望着病榻上极度憔悴和虚弱的朱尊权，大家是多么希望这位曾经健康、爽朗的老人能再次回到人们身边啊！

然而，2012年7月16日18时50分，朱尊权永远离开了珍爱他的家人、他的朋友、他的同事、他的事业。

时任郑州烟草研究院工会副主席许书平回忆说：那天，她还像往常一样静静守候在朱尊权的病房。朱尊权呼吸平稳，神态安详。闪烁不停的监测仪器上的各种数据也相对稳定。管床大夫在给护士交代完夜间护理的注意事项后，离开病房准备下班。一切都看似正常。

看到朱尊权又安然度过了一天，许书平等人悄悄地松了一口气。忽然，护士急匆匆地跑了出来：“情况异常！”在经过与死神的激烈抗争后，朱尊权还是走了！

……

许书平带领司福智、王平等人，在当天晚上跟随灵车一路护送朱尊权的遗体来到殡仪馆，将朱尊权的遗体安放在停放间。“夜色中的殡仪馆灯光昏暗、氛围萧肃，我们当中竟没有一个人感到丝毫胆怯与恐惧，有的只是撞击到心灵的悲伤。”许书平说。

“为了能使大家有一个适宜的场所来悼念朱老、寄托哀思，我们忙到深夜 2 点多；当夜从殡仪馆返回后，又立即与建设单位联系，对灵堂建设方案再次进行沟通、确认。不知不觉中，天已大亮，可谁也没有一丝困倦和疲惫，想的只是要争取用最短时间完成好灵堂搭建任务。”司福智说。

“数天的悼念活动期间，同事们在一起不分昼夜，或安排接待各界悼念人士，或处理应对各种临时性事务，全然没有感到难耐的酷热和蚊虫的叮咬。有的只是大家全力以赴做好每件事，让家属满意、让职工满意、让院里满意。”王平说。

为了让朱尊权一路走好，相关工作人员就朱尊权遗体告别仪式中的每个环节和可能出现的问题，与殡仪馆领导和工作人员反复沟通、讨论，确保整个过程万无一失。到第 4 天所有工作全部结束后，已是次日凌晨 3 点多。大家才想起前一天的晚饭还没吃，才感到周围那可怕的寂静与漆黑……

后来，许书平和同事们讨论了这样的话题：在朱尊权后事操办过程中，每位同事身上迸发出的前所未有的强大动力从何而来？是什么支撑他们无条件、高质量地完成每项工作任务？“答案只有一个：朱老的榜样力量，朱老的人格魅力！朱老的高尚和纯粹，让生者变得执着而坚毅、勇敢而坚强。”

2012 年 7 月 22 日，朱尊权遗体告别仪式在河南郑州举行。当天细雨霏霏，仿佛苍天也在表达不尽的哀思。

悼念大厅两侧，摆满党和国家领导人为朱尊权送的花圈和挽联。党和国家给予朱尊权这位科学家的荣誉和敬重，是中国烟草史上前所未有的。

国家烟草专卖局领导以不同方式对朱尊权的逝世表示哀悼，对他的家属表示慰问，并送了花圈。河南省委、省人大、省政府有关领导也以电话慰问或送花圈的方式，对朱尊权逝世表示深切哀悼……

望着悼念大厅大屏幕上朱尊权慈祥和蔼的笑容，看着平日熟悉而亲切的他静静躺在鲜花丛中，大家忽然意识到广受尊敬和爱戴的朱尊权真的就要走了，再也抑制不住心中的悲痛和哀伤，泪水又一次模糊了他们的双眼，无限思绪伴随不绝的哀乐奔涌而出——

"朱老，我开车送您上下班，开车送您出差，开车送您去医院。现在，您走了。没有我开车，您在天堂里少不了要走路。您的腿脚不好，要好好保重啊！"王平忍不住痛哭失声。

"朱老，我有幸成为您的开门弟子之一。如果有来生，我还愿做您的学生，您还收愚钝的我做弟子吧！"刘立全悄悄地抹去眼角的眼泪。

"年轻时，我体弱多病，曾一度产生厌世的情绪，是您给我讲海伦·凯勒、张海迪的故事，鼓励我战胜疾病，教会我绝不向任何困难妥协。"泪水早已从冯茜的脸上静静流下。

"朱老，您还记得吗？2008年的全院新春团拜会恰逢您89岁生日，我们质检中心瞒着您准备了生日蛋糕，所有人一起合唱生日歌。您当时高兴地说，要和大家一起过您的百岁寿辰！烛光映衬下，人群中的您满头银发，精神极了。当时，我还盘算着到时候该表演什么节目来庆贺您的百年大寿哩，可如今……"此时的刘洋已经满脸泪水。

"朱老，您已经为烟草科技事业呕心沥血了一辈子、奉献了一辈子，您好好休息吧！"

"朱老，您虽然永远离开了我们，但您的精神永存！您的道德情操、您的高贵品质，值得后人用一辈子的时间去学习、去感悟、去践行、去传承。"

……

哀乐声中，大家围着朱尊权的遗体缓缓绕行一周，泪眼蒙眬中默默地回忆过往、吐露心声，对自己敬爱的人述说内心的告白、作最后的告别。

"朱尊权先生的逝世，使我们失去了一位德高望重的老党员、老前辈、老科学家，是郑州烟草研究院的重大损失，是中国烟草行业的重大损失，是中国工程科技界的重大损失。今天，我们怀着沉痛的心情在这里告别朱尊权先生，就是要传承他赤诚报国、无私奉献的崇高精神，学习他探索真理、勇攀高峰的优秀品质。我们要化悲痛为力量，为中国烟草科技事业的不断进步、为中国烟草的持续稳定发展、为更加幸福美好的明天，奋发努力，再创佳绩，以告慰朱老在天之灵。"中国工程院院士、时任郑州烟草研究院副院长谢剑平萦绕于悼念大厅的沉痛悼词，真切地道出了众人对全国烟草行业科技泰斗、中国现代烟草科技工作奠基人和带头人、国内外著名烟草科学家、郑州烟草研究院名誉院长、广受尊敬和爱戴的朱尊权不尽的追思、缅怀与共同的心愿。

悼念大厅外面的雨越下越大。

大自然似乎也有灵性。当朱尊权这位与烟草打了一辈子交道、为烟草事业工作到最后一刻的科学家撒手人寰时，倾泻的大雨和着人们离别的泪水，为这颗纯正、忠诚的灵魂送行……

尾 声

韶华乍转，又是一年。

2013 年 7 月 16 日，朱尊权逝世一周年之际，他生前的同事在他工作和奋斗的郑州烟草研究院内为他的塑像揭幕。随着覆盖朱尊权半身塑像的红绸被徐徐拉下，人们在晴朗的天空下仿佛又看到他那淳和、谦善的笑容。

在郑州院，人们不相信他们的老院长就这样离他们而去了，也不愿意提起这个伤感的话题，甚至不忍心去清理老院长的办公室。

朱尊权的办公室故物依旧，一切都在告诉人们：朱老刚刚离

2013 年 7 月 16 日，朱尊权塑像在河南郑州揭幕

去，很快就要回来。办公楼307房间门口，仍旧挂着“朱尊权院士”办公室的牌子。大家每当走过他生前的办公室，总会放缓脚步，似乎要看看房门是否还虚掩着，还要听听里面是否传出那慈祥、浑厚的声音。可是，一切都不复存在了。

时隔一年，一座立意鲜明、富有创意的塑像端立在人们面前。只见朱尊权用沉思的目光望向斜下方，仿佛仍要在这块他挚爱的土地上，为他倾尽心血的烟草科技事业不懈地求索下去。

大家心中慈祥的长者、指路的良师、知心的益友——朱尊权，以这样一种特殊的方式，又回到了他们身边。

人们又看到——他用劲地摇动胳膊，与大家握手，满脸笑容。

人们又看到——他向大家表达谢意，口里说着谢谢，双手抱拳于胸。

人们又看到——他风尘仆仆地奔走在祖国大地上，进车间、下烟田、访农户，始终在烟草科技事业发展中发挥着引领和示范作用。

人们又看到——他秉灯伏案，为中国烟草出谋划策，总是把国家、烟农、消费者的需求当作自己奋斗的动力。

人们又看到——他与年轻人一起研究科研项目，既有超前的智慧指点，更用平易近人又富有鼓舞力量的教诲给大家加油鼓劲：打好攻坚战，啃下“硬骨头”。

……

朱尊权塑像揭幕典礼上，时任郑州烟草研究院党组书记、院长闫亚明说，朱尊权塑像的落成，对于郑州院广大员工缅怀朱尊权、领略他的大师风范、感悟他的人格魅力、进一步学习他的精神品格，具有重要意义。

朱尊权不仅留下了一笔科学财富，更给后人留下了宝贵的精神遗产。在他身故后，其生前的亲友、学生及业界同人同事，用朴实感人的文字写下饱含深情的纪念文章。典礼上，《朱尊权先生逝世一周年纪念文集》与大家见面。文章内容既有对忠诚的敬仰，也有对趣事的描写；既有宏观的评价，也有细节的畅述；既有对人格魅力的赞叹，也有学大师风范的心愿。

角度不同，皆是真情实感。点点滴滴，皆能抓住读者、打动人心。

行文至此，笔者想起朱尊权生前有一“怕”，就是怕别人为他写歌功颂德的文章。其实，俗语说得好：功德不在，歌难入耳，颂也枉然。然而，如果有功可歌、有德可颂，大家才会带着真实的而非虚假的感情，带着强烈的而非浮浅的敬意缅怀他、纪念他，从他丰富的人生中吸取营养，鼓励自己，永远向前。毕竟，做人唯高格方能立身，唯真诚方能动人。

征鸿去来，天回地游。在永恒的时光长流中，我们都是过客。人在大地上行走，肩上有负重，脚下才有印。诚如是，有一种责任感驱使着，就会走下去，否则会觉得亏心。这是朱尊权的追求，也是他一生的写照——责任之道，或许就是沉潜之道、求索之道、致远之道、成功之道。

千淘万漉虽辛苦，吹尽狂沙始到金。

朱尊权走了，但他为中国烟草科技事业留下的灯塔，仍将亮下去！

朱尊权院士大事年表

1919 年

2 月 3 日（农历正月初三），出生。父朱绶光，母赵希莲。在家排行第六，是第三子。共有兄弟姐妹 9 人，按年龄顺序依次为：朱尊宪（女）、朱尊民、朱尊谊、朱尊德（女）、朱尊群（女）、朱尊权、朱尊慧（女）、朱尊志、朱尊华（女）。

1925 年

在北京上小学，学校不详。

1926 年

转入山西太原国民学校上小学。

1933 年

在北平育英中学上过一年半学之后，转入山西铭贤中学。

1934 年

回到北平，于汇文中学上高中。

1935 年

12 月 9 日，积极支持北平一二·九学潮。

1937年

高中毕业。

7月，卢沟桥事变爆发。朱绶光要求全家迁移至苏州。朱尊权与朱尊群、朱尊慧、朱尊志、朱尊华共5人赴苏州，赵希莲与朱尊宪、朱尊德暂留北平。

8月，与朱尊慧一起赴南京参加南方联大招考考试。

8—9月，参加之江大学招生考试，与朱尊慧一同被录取，但均未报到。

9月，被中央大学农学院农艺系录取。

10月底，到中央大学农艺系入学。

1939年

基本决定以烟草为专业，开始学习抽烟。

1940年

中央大学农艺系分为农艺组、农业经济组和植保组，选择农艺组烟草专业。

1941年

夏天，与烟草组同学分头调查四川烟区，负责新都、金堂、什邡、绵竹4县，调查历时10余天。

大学毕业，分配至位于郫县的四川省烟叶示范场。

9月，到烟叶示范场下属的两路口镇烟草试验场工作。

1942年

在两路口镇烟草试验场设计了第一批烟草农业方面的课题，但还未进行具体试验，烟苗就被烧毁。

离开四川省烟叶示范场，由烟草农业转向烟草工业。

到中元造纸厂工作，在四川和陕西等地烟厂调研、了解卷烟用纸情况。

1944 年

在中元造纸厂帮助和王承翰等同学支持下，于四川宜宾试验生产卷烟。

1945 年

到西安、许昌、武汉、上海等地烟厂调查和学习。

在朱尊民支持下，决定留学美国。

1947 年

初秋，与朱尊慧一起赴美留学，进入伊利诺伊大学农学院。

经与肯塔基州立大学农学院烟草专业教授魏禄联系，转入肯塔基州立大学，跟随魏禄攻读烟草农业硕士学位。

1948 年

硕士毕业，留在魏禄的实验室工作。

1949 年

同学王承翰频繁来信，邀请朱尊权回国。

恋人姚雪英来信介绍国内情况。

中华人民共和国成立后，萌生回国念头。

离开魏禄的实验室，准备启程回国。

1950 年

3 月中旬，由洛杉矶登上货轮，踏上回国旅程。

4 月，经马尼拉、中国香港、青岛，至天津塘沽上岸，转乘火车到北京，由教育部推荐到华北农科所（今中国农业科学院）特种作物研究室工作。

为避免卷入李森科、摩根的学派之争，决定从烟草农业转入烟草工业。

5月，开始在华东工业部卷烟工业组工作。

11月26日，与姚雪英在上海结婚。

接到研制中国“最好的卷烟”的任务，由国营中华烟草公司实施。卷烟后来被命名为“中华”牌。

加入民盟。

开始小范围出版《烟草科技通讯》。

1951年

“中华”牌卷烟开始在国营中华烟草公司二厂投入生产。

1952年

提议开展烟叶人工发酵研究，对烟叶醇化过程进行人工干预，加快烟叶醇化速度。

年底，国营中华烟草公司并入上海烟草公司。生产“中华”牌卷烟的任务转给上海卷烟二厂，即现在的上海卷烟厂。

调任上海烟草工业公司技术研究室副主任，它是中国烟草总公司郑州烟草研究院的前身。

研究制定烟叶16级标准，先后在华东区所属山东、安徽等省实行，1953年推广至全国。

1953年

第一季度，“中华”牌卷烟品质下降，引起高层重视。

年初，轻工业部烟酒工业管理局在上海召开全国第一次卷烟技术会议，要求制定《卷烟产品规格（草案）》和《卷烟配方统一管理方案（草案）》。与技术人员一起进行论证。

4月，提出“中华”牌卷烟配方改进措施。

在“中华”牌卷烟配方改进过程中，提出卷烟的3种基本香型理论。

开展烟叶人工催化发酵工艺研究，取得成功。

1954年

轻工业部组织召开全国烤烟人工催化发酵推广应用工作会。

2月7日，上海卷烟二厂的烟叶人工催化发酵室开始启用。

10月22日，上海卷烟一厂的烟叶人工催化发酵室正式启用。

上海烟草工业公司技术研究室改归轻工业部主管，更名为轻工业部烟草工业研究室。被任命为第一副主任，全面主持研究室工作。

开始进行卷烟包装纸防潮试验，发现柏油纸防潮效果较好。华东工业部决定用柏油纸作为卷烟包装纸，自20世纪50年代开始，至80年代初结束，使用20多年。

1955年

1955年至1957年，连续组织举办3期全国烟草技术干部培训班，为全国各地烟厂培养了大批实用性专业人才。负责培训班的组织工作，并讲授烟叶品质鉴定和配方等课程。基于培训班的讲义，出版国内第一部烟草工艺专著《卷烟工艺学》。

开展二茬烟和冬烟研究，解决烟叶缺乏问题。

尝试从废烟中提取尼古丁，获得成功。

1956年

参加国家制订的“十二年科技发展规划”，负责轻工业研究课题中有关烟草工业的部分。

1957年

供销合作总社烟麻局制定10级制烤烟分级标准草案。

以特邀代表身份赴京参加全国轻工业系统先进生产者代表大会，在中南海受到毛泽东、周恩来、刘少奇、朱德等中央领导人接见。

组织编写的全国第一本《卷烟工艺学》教材出版。

创办不定期出版物《烟草科学通讯》，任主编。

1958年

开展替代烟叶研究。

9月，轻工业部烟草工业研究室扩建为轻工业部烟草工业科学研究所，从上海迁往河南郑州。

1959年

与广东农科院研究员戴冕合作研究冬烟。

7月，《烟草科学通讯》停刊。

1960年

轻工业部要求大抓烟叶，发展新烟区。由轻工业部牵头，同余茂勋等人一起，主持发展新烟区工作，共持续两年多，足迹遍及全国。

1961年

继续开展替代烟叶研究。

参加国家科委组织的烤烟分级工作组。

1962年

国家科委指定轻工业部起草烤烟分级国家标准，成为起草该标准的主要负责人。在16级标准基础上，提出17级烤烟标准。

1963年

开展烟草工艺方面的研究，如车间的工艺改造、烟厂设计、烟草机械改进、烟丝储存、烟丝风力输送等。

1964年

继续推广和改进白肋烟与香料烟。

继续改进烟叶烤房。

1965年

在河南许昌举办针对农业专科毕业生、为期半年的培训班。

开展烟草化学方面的研究工作，以香料实验和胶粘剂试验为主。

1966年

5月，“文化大革命”开始后，被错误批判为“资产阶级反动学术权威”。

1968年

下放到河南省许昌襄城县乔庄劳动，后调到襄城县郝庄。

1969年

回到郑州，与袁行思等人开始在长春卷烟厂帮助下改进人参烟的工艺，对烟厂所用红晒烟提出改进办法。

1971年

轻工业部烟草工业科学研究所更名为河南省烟草甜菜工业科

学研究所。

《烟草科学通讯》复刊，改名为《烟草科技通讯》，担任主编。

女儿朱勇进出生。

1973 年

《烟草科技通讯》正式定期出版，为季刊，继续担任主编。

1976 年

组织研究人员开始研究用辊压法制造烟草薄片，在新郑卷烟厂中试成功，改进后在全国烟厂推广。

1977 年

在“文化大革命”期间的遭遇被新华社记者黄少良知晓，通过内参向中央反映，引起重视。河南省轻工业厅派工作组进驻烟草研究所。

与受邀回国的左天觉一起到河南许昌襄城县查看烟叶。

重新走上工作岗位，恢复副所长职务，分管业务工作。

秋，受时任轻工业部食品工业局局长苗志岚指定，到河南商丘参加全国烟草工作会议，并作学术报告。

1978 年

河南省烟草甜菜工业科学研究所恢复原名称为轻工业部烟草工业科学研究所。

美国菲利普·莫里斯公司的专家来访期间，与他们进行技术交流。

1979 年

7 月底，轻工业部组织 6 人代表团赴美国考察时，任副团长。

访美期间发现，美国烟草行业的关注重点已经由提高质量、降低成本变为降焦减害。

开始研究卷烟降焦减害问题。

与襄樊卷烟厂合作进行膨胀烟梗丝的研究。

1980年

赴菲律宾参加国际烟草科学研究合作中心的会议，了解滤嘴机械打孔稀释的办法。

邀请美国烟草分级专家来深圳授课，介绍美国烟草分级体系。

1981年

5月，国务院批准轻工业部的报告，决定对烟草行业实行国家专营，筹建中国烟草总公司。

与襄樊卷烟厂合作进行的膨胀烟梗丝的研究通过轻工业部组织的鉴定。

《烟草科技通讯》更名为《烟草科技》，继续担任主编。

1982年

利用机械打孔稀释烟气技术的低焦油混合型卷烟诞生，获轻工业部科技进步成果二等奖。

中国烟草总公司正式成立。

担任轻工业部烟草工业科学研究所硕士学位烟草工业分组评定委员会主任。

1983年

9月，国务院发布《烟草专卖条例》，确立国家烟草专卖制度。

担任中国烟草总公司科技委员会副主任。

1984年

开始担任轻工业部烟草工业科学研究所名誉所长。

1月，国家烟草专卖局成立。

7月10日，加入中国共产党。

7月，左天觉受邀回国，专程指导改进中国烤烟生产时，作为中方专家，陪同左天觉考察云南、贵州等地区。

7月24日，经考察认为，国内烤烟生产存在的技术问题是“营养不良，发育不全，成熟不够，烘烤不当”。

与左天觉共同建议，中国烟草总公司加入国际烟草科学研究合作中心。

1985年

倡导轻工业部烟草工业科学研究所成立香精香料研究室。

3月，被国家科委发明评选委员会聘为发明奖特邀审查员。

5月，中国烟草学会成立，任副理事长，同时任中国烟草学会工业专业委员会主任。

6月，轻工业部烟草工业科学研究所划归中国烟草总公司，更名为中国烟草总公司郑州烟草研究所，任名誉所长。

为郑州烟草研究所争取到培养中国轻工业科学院研究生资格。

1986年

7月，中国烟草总公司统一领导的中美合作改进中国烟叶质量试验研究项目开始，为期3年。

7月31日—8月4日，与左天觉、查普林一起考察湖北省恩施市、建始县等4个白肋烟生产出口基地。

8月4—10日，与左天觉、查普林到贵州省遵义地区考察烤烟生产。

8月21—24日，参加在河北承德召开的药物型卷烟研讨会。

10月26—30日，参加在意大利西西里岛召开的国际烟草科学大会。

1987年

《烟草科技》改为双月刊。

12月13—17日，中美合作改进中国烟叶质量1987年试验总结会在北京召开。

1988年

10月9—13日，第9届国际烟草科学大会在广州召开期间，受邀作大会特邀报告，主题为中国烟草的传统与创新。

8月，中国烟草总公司郑州烟草研究所改制为中国烟草总公司郑州烟草研究院，担任名誉院长。

8月，分别在河南平顶山市和贵州遵义市召开现场观摩会，谈烟叶质量问题。

10月，出席中美合作改进中国烟叶质量试验研究项目总结会议。

被国家烟草专卖局授予全国烟草系统劳动模范称号。

与王承翰、张逸宾、袁行思、江文伟等老专家一起倡议筹建中国烟草博物馆。

1988—1992年，担任国际烟草科学研究合作中心科学技术委员会委员。

1989年

中美合作改进中国烟叶质量试验研究获得国家科委科技进步奖二等奖、国家烟草专卖局科技进步奖一等奖。

5月17日—6月7日，与金茂先等人组成代表团，赴美国参加第3届国际烟草展览会、学术报告会和国际烟草科学研究合作中心科学技术委员会工作会议，并参观考察美国的烟草公司、烟厂、实验室、醋纤厂、打叶复烤厂等。

1990年

组织烟草行业的力量，翻译左天觉的《烟草的生产、生理和生物化学》，次年与该书英文版几乎同时出版。

1991年

5月，当选为中国科协第四届全国委员会委员。

开始编写《中国大百科全书》的烟草部分。

9月，获中国烟草学会颁发的“从业五十周年”荣誉证书。

10月21日，经国家烟草专卖局报人事部批准，成为享受国务院政府特殊津贴的有突出贡献专家。

11月，受聘为河南省烟叶生产技术协调组顾问。

1992年

1月1日，《中华人民共和国烟草专卖法》正式施行。

3月25日，接待日本烟盐博物馆代表团，就两国烟草历史、卷烟加工技术发展史及博物馆经验等方面进行交流。

8月15日，国家技术监督局发文规定，烤烟40级国家标准自9月11日起实施，原烤烟15级国家标准同时作废。

中国烟草学会创办《中国烟草学报》，任主编。

1993年

6月，受聘为湖南省烟草学会顾问。

12月10—20日，应台湾食品工业发展研究所邀请，以团长身份，组成中国烟草学会赴台湾考察团，对台湾烟酒专卖管理体制、烤烟生产、卷烟工业、食品加工和有关科研等方面，进行为期 10 天的考察、访问。

1994 年

5 月 7—25 日，与左天觉一起对广东南雄、湖南郴州、福建三明、江西赣中烟区进行考察。

1995 年

6—7 月，在烤烟 40 级卷烟配方设计研讨培训班上，为学员就国内外烤烟分级标准的演变过程，烤烟 40 级国家标准与烟质、价格，以及烤烟 40 级国家标准对卷烟工业发展的促进作用，进行专题讲座。

1996 年

1 月 15—28 日，赴巴西考察烟叶生产。

中国烟草总公司与美国菲莫公司亚洲集团进行技术合作，开发优质烟叶，为期 4 年。再次与左天觉合作，联合担任该项目的技术顾问。

1997 年

1 月 1 日，《卷烟系列国家标准》开始实施。

6 月 17 日，国家烟草专卖局局长倪益瑾在郑州烟草研究院考察时指出，烟草行业的科技人员都要学习朱尊权的奉献精神。科研人员应当讲究气质、品德和奉献，具有强烈的爱国心和事业心。

7 月 3 日，《中华人民共和国烟草专卖法实施条例》发布实施。

11 月 24 日，当选为中国工程院院士。

12 月 23 日，国家烟草专卖局致信祝贺朱尊权当选中国工程院院士。

1998年

1月7日，国家烟草专卖局庆贺朱尊权同志当选中国工程院院士会议在郑州烟草研究院举行。

5月上旬，考察河南省宝丰县烟草公司科研所的商品化育苗工作。

6月2日，被中国农业大学植物营养系聘为客座教授。

7月4日，到河南省宝丰县出席郑州烟草研究院平顶山烟草农业试验基地挂牌仪式。

9月上旬，在河南省宝丰县考察K326、RG17两个烟叶新品种的生长情况。

11月15—17日，在河南省安阳市与周瑞增一起主持《英汉烟草词典》编委会第一次会议。

1999年

1月12日，被郑州轻工业学院聘为烟草科学与工程专家指导委员会名誉主任。

5月8—9日，参加在合肥经济技术学院召开的烟草化学和烟气分析国际学术研讨会，作题为《中国卷烟的发展方向——低焦油混合型卷烟》的报告。

5月11—12日，在郑州参加国家烟草专卖局主办、郑州烟草研究院承办的跨世纪烟草科技与生产发展研讨会。

7月26日，与左天觉一起考察云南省宾川县白肋烟生产情况。

8月9日，受聘为中国烟草总公司黑龙江公司烟叶生产技术顾问。

10月10—14日，在苏州参加国际烟草科学研究合作中心会议。

10月14日起，开始担任《烟草科技》编辑部名誉主编。

中国烟草博物馆建设工作在上海启动。

2000年

5月10日，与谢德平等人合作的气流平移步进型烤烟烘烤装置被国家知识产权局认证为实用新型专利，专利号为99213518.4。

11月1日，被郑州轻工业学院聘为学术委员会名誉主任。

11月27日，被聘为郑州市老科学技术工作者协会顾问。

2001年

1月21日，荣获“河南省科技功臣”荣誉称号。

6月，受聘为《郑州轻工业学院学报(自然科学版)》学术顾问。

9月2日，赴西安参加国际烟草科学研究合作中心烟气与工艺学组联席会议。

11月30日—12月3日，在湖南常德参加中国烟草学会第4届理事会第2次会议暨2001年学术年会。

2002年

4月29日，赴上海参加中国烟草博物馆奠基仪式。

5月18日，出席全国烟草行业（1981—2001年）技术创新成果展览开幕式。

6月27日—7月8日，与左天觉、金茂先等人考察武烟集团、云南红塔集团、河南农业大学国家烟草栽培生理生化研究基地。

7月，担任中国烟草学会《2001年学科发展蓝皮书》编审组组长，同时担任中国科协《2001年学科发展蓝皮书》编委会委员。

7月，参与编写的《烟草工业手册》获国家烟草专卖局科技进步奖二等奖。

12月，受聘为河南省科协第六届委员会特邀顾问。

2003年

1月，赴广州参加中国烟草学会举办的博士论坛。

3月18日，在郑州参加《英汉烟草词典》编委会第2次会议。

11月6日，参加法国摩迪公司与郑州烟草研究院的学术交流活动。

12月25—27日，到上海参加中国烟草学会第4届常务理事会第4次会议暨2003年学术年会。

中国烟草博物馆在上海建成。

《烟草科技》被美国《化学文摘》和《烟草文摘》收录。

2004年

3月18日，《朱尊权》一书首发式暨烟草科技发展方向学术报告会在郑州召开。

6月18日，到厦门参加中式卷烟降焦减害发展论坛。

11月6日，到甘肃省嘉峪关参加《中国烟草学报》编委会会议及期刊编辑委员会会议。

11月11日，参与编写的全国烟草行业统编教材《卷烟工艺》(第二版)获得国家烟草专卖局科技进步奖二等奖。

11月23—25日，到武汉参加中国烟草学会第5次全国会员代表大会暨2004年学术年会。

2005年

4月，到上海参观中国烟草博物馆，并题词："烟草飘香数百载，有功有过；减害增益为人民，化过为功——夙愿尚待不懈创新。"

5月，到郑州卷烟总厂参观新制丝生产线。

7月28日，在郑州参加降焦减害工作座谈会。

9月8日，考察福建省武夷山烟叶生产情况。

11月25日，受聘为西北大学“吸烟与健康”研究及工程中心名誉主任。

11月30日，在海口参加中国烟草学会工业专业委员会烟草化学学术研讨会，作题为《对卷烟减害的探讨》的报告。

12月8—9日，在南宁参加中国烟草学会第5届理事会第2次会议暨2005年学术年会。

年底，《英汉烟草词典》正式出版。

2006年

9月7日，到平顶山考察烟叶生产情况。

10月22日，到郑州卷烟总厂考察。

10月23日，在郑州参加中国烟草学会工业专业委员会烟草工艺学术研讨会。

11月25日，主持的羊栖菜多糖及其在烟草中的应用获得国家发明专利，专利号为200610128282.9。

2007年

5月16日，主持的羊栖菜水提取液及其在烟草中的应用和羊栖菜乙醇提取液及其在烟草中的应用获得国家发明专利，专利号分别为200610128283.3和200610128284.8。

8月24日，到北京参加中国烟草学会五届四次常务理事会会议。

9月24日，河南省委、省政府在黄河迎宾馆举行全省专家学者中秋赏月茶话会，应邀出席会议，与河南省委书记徐光春谈河南烟草发展。

10月12—13日，赴武汉参加由国家烟草专卖局主办的2007年中国烟草自主创新高层论坛。

2008年

4月2日，郑州烟草研究院与上海坤大智能工程技术有限公司关于羊栖菜提取液在卷烟中的应用专利成果技术合作签字仪式在郑州举行。

5月5日，到平顶山烟区对建设现代烟草农业及烟叶生产进行考察调研。

10月20日，郑州烟草研究院召开建院50周年科技创新座谈会，纪录片《朱尊权与中国烟草科技》同时开机。

11月3—7日，国际烟草科学大会在上海召开，获得国际烟草科学奖。

2009年

11月13日，当选为由中共郑州市委宣传部、郑州日报社等联合评选的"感动中原60人"，同时当选的还有常香玉、任长霞、魏巍、邓亚萍等人。

12月27日，中央电视台《科技人生》栏目播出专题片《中国制造》，介绍朱尊权的事迹。

2010年

1月18日，获得河南省委、省政府颁发的"中原科技奉献杯"奖。

9月6日，接受老科学家学术成长资料采集工程采访，是首批被采集的老科学家之一。

10月20日，郑州烟草研究院与上海坤大智能技术有限公司共同组建的安徽坤大生物工程技术有限公司落成典礼在安徽滁州举行。

2011 年

3 月 23 日，获颁“中华”品牌“突出贡献奖”。

2012 年

7 月 16 日，因病在郑州去世。

7 月 22 日，遗体告别仪式在郑州举行。

参考文献

朱尊权:《中国烟叶分级问题》,《中华烟草》1950 年第 2 期。

朱尊权:《山东烟区考察报告》,《中华烟草》1950 年第 7 期。

朱尊权:《中国烟区的重要病害问题》,《中华烟草》1950 年第 8 期。

朱尊权:《关于烟叶分级中的绑把问题》,《中华烟草》1950 年第 11 期。

朱尊权:《中国烤烟分级标准拟议》,《中华烟草》1950 年第 11 期。

朱尊权:《关于烤烟分级标准的一些问题的意见》,《烟草科技通讯》1957 年第 2 期。

朱尊权:《卷烟提温防霉试验》,《烟草科技通讯》1958 年第 1 期。

朱尊权:《关于改进卷烟质量　提高科技水平的探讨——在全国卷烟质量会议上的发言》,《烟草科技通讯》1978 年第 1 期。

朱尊权:《烤烟的质量》,《烟草科技通讯》1979 年第 3 期。

朱尊权、黄嘉礽、金显琅:《膨胀烟梗丝的研究》,《烟草科技》1980 年第 4 期。

朱尊权:《浅谈卷烟的焦油含量》,《烟草科技》1982 年第 4 期。

朱尊权:《世界卷烟生产及贸易——1981 年卷烟产量有提高》,《烟草科技》1982 年第 4 期。

朱尊权、孙瑞申:《美国烟草生产科研动向》,《烟草科技》1983 年第 2 期。

朱尊权:《怎样解决吸烟与健康问题——借鉴国际经验,试论我国应有的对策》,《烟草科技》1983 年第 3 期。

朱尊权:《对当前如何尽快提高烤烟质量的探讨》,《烟草科技》1985年第2期。

朱尊权:《再谈烤烟生产主攻质量——在1987年全国烤烟生产工作会议上的讲话》,《烟草科技》1987年第1期。

朱尊权、方传斌、刘立全:《参加一九八六年国际烟草科学大会情况报告》,《烟草科技》1987年第2期。

朱尊权、穆怀静、方淑杰:《我国卷烟焦油的现状和问题》,《烟草科技》1987年第6期。

朱尊权:《提高烤烟质量与分级标准的相互关系——参加中美烟叶分级研讨会的体会》,《烟草科技》1988年第2期。

朱尊权:《提高认识、加强协作、把烟叶质量搞上去——在全国烟草农业科技工作协调会议上的讲话》,《中国烟草科学》1988年第3期。

朱尊权:《中国的烟草事业——传统与创新》,《中国烟草学刊》1990年第1期。

朱尊权:《卷烟产品发展方向(一)——1989年9月16日在郑州召开的全国烟草公司生产处长会议上的讲话(摘要)》,《烟草科技》1990年第1期。

朱尊权:《卷烟产品发展方向(二)——1989年9月16日在郑州召开的全国烟草公司生产处长会议上的讲话(摘要)》,《烟草科技》1990年第2期。

朱尊权:《烟叶分级和烟草生产技术的改革(一)——在1990年2月13日中国烟草总公司于广州召开的烟叶分级研讨会上的讲话(根据录音整理)》,《烟草科技》1990年第3期。

朱尊权:《烟叶分级和烟草生产技术的改革(二)——在1990年2月13日中国烟草总公司于广州召开的烟叶分级研讨会上的讲话(根据录音整理)》,《烟草科技》1990年第4期。

朱尊权:《坚定优质白肋烟发展的方向——1990年8月20日

中国烟草总公司在鄂西召开的优质白肋烟生产技术交流会上的讲话》，《烟草科技》1990年第6期。

朱尊权等：《希腊香料烟考察报告》，《烟草科技》1991年第1期。

朱尊权：《参加烟叶生产工作的体会（一）——在1991年全国烟叶生产收购工作会议上的讲话》，《烟草科技》1991年第2期。

朱尊权：《参加烟叶生产工作的体会（二）——在1991年全国烟叶生产收购工作会议上的讲话》，《烟草科技》1991年第3期。

朱尊权：《对香料烟含青问题的看法》，《烟草科技》1992年第1期。

朱尊权、张建勋、孙瑞申：《酰基吡啶类烟用香料的合成研究》，《中国烟草学报》1992年第2期。

朱尊权：《浅谈皖南烤烟生产技术问题》，《安徽烟草科技》1992年第3期。

朱尊权：《当前我国优质烤烟生产中存在的问题——1993年1月5日在全国烟叶生产收购会议上的讲话》，《烟草科技》1993年第2期。

朱尊权：《论当前我国优质烤烟生产技术导向》，《烟草科技》1994年第1期。

朱尊权：《希尔博士谈烤烟生产技术》，《烟草科技》1994年第5期。

朱尊权：《生产优质烤烟特别是上部完熟烟的窍门》，《烟草科技》1995年第5期。

朱尊权：《烟厂必须正确对待烤烟分级新国标》，《烟草科技》1995年第5期。

朱尊权：《当前烟草生产技术几个问题的探讨》，《烟草科技》1997年第1期。

朱尊权：《中美烤烟生产技术合作的启示》，《湖北烟草》1998

年烟草科技专辑。

朱尊权:《当前制约两烟质量提高的关键因素》,《烟草科技》1998 年第 4 期。

朱尊权:《我国卷烟降焦与发展混合型卷烟是一项艰巨的系统工程》,《烟草科技》1999 年第 3 期。

朱尊权:《一项艰巨的系统工程——降焦与混合型卷烟》,《福建烟草》2000 年第 1 期。

朱尊权等:《不同供钾水平下烤烟体内钾的循环、累积和分配》,《植物营养与肥料学报》2000 年第 2 期。

朱尊权:《烟叶的可用性与卷烟的安全性》,《烟草科技》2000 年第 8 期。

朱尊权、王广山、尹启生:《氮肥用量对白肋烟产质的影响》,《烟草科技》2000 年第 12 期。

朱尊权:《关于卷烟类型风格的演变及烟叶应用方面的几个问题》,《中国烟草》2003 年第 10 期。

朱尊权:《从卷烟发展史看“中式卷烟”》,《烟草科技》2004 年第 4 期;又见《中国烟草学报》2004 年第 2 期。

朱尊权:《对中式卷烟的几点看法》,《中国烟草》2004 年第 8 期。

朱尊权:《对卷烟减害策略的探讨》,《中国烟草学报》2005 年第 3 期。

朱尊权:《卷烟减害与自主创新》,《中国烟草学报》2006 年第 1 期。

朱尊权:《重点品牌的原料保障——论政策及农、商、工交接收购方式的创新》,《烟草科技》2007 年第 11 期。

朱尊权:《中国烟叶生产科研现状与展望》,《中国烟草学报》2008 年第 6 期。

朱尊权、胡峰:《论全球化中烟草控制的国际政策协调》,《云南民族大学学报(哲学社会科学版)》2008 年第 6 期。

朱尊权:《调整烟叶等级差价政策是发展现代烟草农业的重要机制创新》,《烟草科技》2009 年第 8 期。

朱尊权:《提高上部烟叶可用性是促进“卷烟上水平”的重要措施》,《烟草科技》2010 年第 6 期。

朱尊权等:《提高上部烟叶工业可用性技术研究》,《烟草科技》2010 年第 6 期。

朱尊权等编:《卷烟工艺学》,轻工业出版社 1957 年版。

左天觉著,朱尊权等译:《烟草的生产、生理和生物化学》,上海远东出版社 1993 年版。

《中国大百科全书·轻工》烟草工业部分,大百科全书出版社 1991 年版。

周瑞增:《学步集》,经济日报出版社 2001 年版。

张红:《左天觉传略》,经济日报出版社 2002 年版。

朱汉春主编:《中国烟草知识大全》,湖北科学技术出版社 1999 年版。

东方烟草报社有限公司:《东方烟草报》。

《中国烟草》杂志社有限公司:《中国烟草》。

中国烟草总公司郑州烟草研究院编:《朱尊权先生逝世一周年纪念文集》,中国烟草总公司郑州烟草研究院,2013 年。

后　记

由于时间及作者水平有限，本书中不少引用没有一一注明出处，仅在最后列出参考文献；书中绝大多数人物引语来自作者对朱尊权的采访录音整理，以及对相关人员的采访记录，谨此说明。

特别感谢中国烟草总公司郑州烟草研究院，东方烟草报社有限公司的大力帮助和支持。“朱尊权院士大事年表”由中国科学院自然科学史研究所罗兴波研究员整理。国家烟草专卖局办公室、郑州烟草研究院对全书书稿进行了审定。他们的把关，丰富了本书的思想内涵，亦提升了本书的科学性、严谨性和准确性。在此一并表示感谢。

张红

2022 年 7 月